高等职业教育连锁经营与管理专业
在线开放课程新形态一体化教材

# 全渠道营销

潘茜茜 杨 刚 主 编
寿 怡 周胜芳 副主编

清华大学出版社
北京

## 内容简介

本书是浙江省普通高校"十三五"新形态教材，读者可扫描书中二维码学习相关知识，也可登录浙江省高等学校在线开放课程共享平台学习该课程，内含微课视频、案例、习题等教学资源。本书围绕全渠道营销的组织和实施，设计了全渠道营销认知、全渠道营销策略规划、全渠道营销模式设计、全渠道营销平台选择、全渠道营销内容策划和全渠道营销效果评估六个项目，系统、全面地介绍了全渠道策略、营销模式、平台工具和数据分析等相关内容。本书结构完整、内容新颖、案例翔实，紧贴全渠道营销新实践，实现了职业素养等思政元素与专业内容的有机融合，在培养学生专业技能的同时全面提升其综合素质，具有较强的实用性和引领性。

本书既可作为高职高专院校和应用型本科院校财经商贸类专业的教材，也可作为全渠道营销相关从业人员的学习参考书。

本书封面贴有清华大学出版社防伪标签，无标签者不得销售。
版权所有，侵权必究。举报：010-62782989，beiqinquan@tup.tsinghua.edu.cn。

图书在版编目(CIP)数据

全渠道营销/潘茜茜,杨刚主编.—北京：清华大学出版社,2022.3(2024.7重印)
高等职业教育连锁经营与管理专业在线开放课程新形态一体化教材
ISBN 978-7-302-60149-4

Ⅰ.①全… Ⅱ.①潘… ②杨… Ⅲ.①电子商务－网络营销－高等职业教育－教材 Ⅳ.①F713.365.2

中国版本图书馆 CIP 数据核字(2022)第 030430 号

责任编辑：左卫霞
封面设计：杨昆荣
责任校对：李 梅
责任印制：曹婉颖

出版发行：清华大学出版社
网　　址：https://www.tup.com.cn，https://www.wqxuetang.com
地　　址：北京清华大学学研大厦 A 座　　　邮　编：100084
社 总 机：010-83470000　　　　　　　　　邮　购：010-62786544
投稿与读者服务：010-62776969, c-service@tup.tsinghua.edu.cn
质量反馈：010-62772015, zhiliang@tup.tsinghua.edu.cn
课件下载：https://www.tup.com.cn, 010-83470410

印 装 者：三河市少明印务有限公司
经　　销：全国新华书店
开　　本：185mm×260mm　　　印 张：14.25　　　字 数：346 千字
版　　次：2022 年 5 月第 1 版　　　　　　　印 次：2024 年 7 月第 2 次印刷
定　　价：48.00 元

产品编号：087742-01

# 前言 FOREWORD

　　移动互联网等信息技术的发展导致人们的生活消费方式发生巨大变革。随着生活方式的数字化、社交化、关系化，消费已进入"全渠道消费"阶段。为了更好地满足用户需求，连锁企业必须进行全渠道营销，开展全渠道销售。全渠道营销不仅突破了传统营销模式的渠道限制，而且打通了线下线上营销方式，创造了全新的传播和购物场景，增强了用户的消费体验，密切了企业与用户之间的联系。全渠道全触点营销模式已经成为未来连锁零售企业关注的焦点。

　　全渠道营销活动涉及范围广，整合资源多，连锁企业经营人员必须具备系统性思维，充分利用各种资源，综合运用多种营销方式，有效使用多个传播平台，才能更好地达到预期的目标。换言之，在开展全渠道营销活动时，必须同时规划营销模式、营销平台、营销内容等事项。

　　本书紧紧围绕高素质营销技术技能型人才培养目标，科学组织教学内容，创新设计教材体例，以确保教材的实用性、新颖性和可读性。具体特色如下。

　　(1) 思政目标与学习目标有机融合，提升思政育人成效。本书为浙江经贸职业技术学院课程思政优秀教学案例及示范课配套教材，深度挖掘职业素养等思政元素，通过形式多样的拓展知识和案例分享，将思政元素融入知识传授、能力培养全过程，促进学生全面提升职业素养。

　　(2) 校企联合开发，体现营销发展新趋势。本书由高职院校资深教师与企业专家联合开发，立足新零售实践，整合当前主流的全渠道营销模式、营销平台及营销内容，体现零售业营销发展新动向。

　　(3) 配套丰富在线资源，支持开展信息化教学。教材配套丰富的数字资源和可视化教学内容，支持开展信息化教学活动。线上学习和线下学习的结合，既激发学生学习的积极性，又有效满足学生自主化和个性化学习需求，提升学生解决现实问题的综合能力，培养学生的系统思维。教材配套课程在浙江省高等学校在线开放课程共享平台上线，扫描下页下方二维码即可在线学习该课程。

　　本书由浙江经贸职业技术学院潘茜茜、杨刚担任主编，浙江经贸职业技术学院寿怡、温州科技职业技术学院周胜芳担任副主编，具体编写分工如下：潘茜茜编写项目一、项目二；杨刚、浙江经贸职业技术学院张志乔共同编写项目三；寿怡、浙江经贸职业技术学院李艳军共同编写项目四；寿怡、浙江经贸职业技术学院曾婉蓉、周胜芳共同编写项目五；潘茜茜、浙江中天精诚装饰集团有限公司侯日、华润万家超市有限公司Ole′业务单元陈洪强共同编写项目六。本书由浙江经贸职业技术学院工商管理学院颜青教授审稿。同时,杭州联华华商集团有限公司、肯德基、星巴克等校企合作企业相关领导在本书框架体系确定和资料收集过程中提供了很大的帮助,在此致以真诚的感谢。

  本书配套在线开放课程,内含微课视频、案例、课件、习题、试卷等丰富教学资源,方便读者使用;本书同时提供电子课件,教师可登录清华大学出版社官网下载。

  本书在编写过程中参考了大量的国内外文献,通过网络检索了大量文献资料,借鉴和吸收了众多专家学者的研究成果,因篇幅所限,未能一一注明,在此表示诚挚的感谢。

  由于全渠道营销还处于理论和实践双重探索发展阶段,企业的营销创新发展也在不断提升,加之编者水平有限,书中难免存在不足之处,敬请广大读者给予批评指正。

编 者<br/>2022 年 1 月

全渠道营销在线开放课程

# 目 录

**项目一　全渠道营销认知** ……………………………………………………… 1
　　任务一　认识全渠道营销 …………………………………………………… 4
　　任务二　培养全渠道营销职业素养 ………………………………………… 12
　　能力训练 ……………………………………………………………………… 16

**项目二　全渠道营销策略规划** ……………………………………………… 17
　　任务一　树立全渠道营销思维 ……………………………………………… 20
　　任务二　识别全渠道营销策略 ……………………………………………… 30
　　能力训练 ……………………………………………………………………… 37

**项目三　全渠道营销模式设计** ……………………………………………… 39
　　任务一　大数据营销 ………………………………………………………… 42
　　任务二　爆品营销 …………………………………………………………… 52
　　任务三　跨界营销 …………………………………………………………… 64
　　任务四　社群营销 …………………………………………………………… 71
　　任务五　场景营销 …………………………………………………………… 80
　　能力训练 ……………………………………………………………………… 93

**项目四　全渠道营销平台选择** ……………………………………………… 96
　　任务一　线下营销 …………………………………………………………… 99
　　任务二　微博营销 …………………………………………………………… 106
　　任务三　微信营销 …………………………………………………………… 125
　　任务四　移动营销 …………………………………………………………… 138
　　任务五　写作营销和知识问答营销 ………………………………………… 148
　　能力训练 ……………………………………………………………………… 154

**项目五　全渠道营销内容策划** ……………………………………………… 156
　　任务一　内容营销 …………………………………………………………… 158
　　任务二　软文营销 …………………………………………………………… 166

任务三　短视频营销…………………………………………………… 178
　　任务四　直播营销……………………………………………………… 191
　　能力训练………………………………………………………………… 205

**项目六　全渠道营销效果评估** 207
　　任务一　认知全渠道营销效果评估指标……………………………… 211
　　任务二　分析全渠道营销效果………………………………………… 217
　　能力训练………………………………………………………………… 220

**参考文献** 222

# 项目一

# 全渠道营销认知

> 学习目标

【知识目标】
1. 了解零售渠道变革历程。
2. 熟悉全渠道营销的概念及应用。
3. 熟悉全渠道营销人员必备素质要求。
4. 了解全渠道营销岗位与职责。

【技能目标】
1. 能够形成全渠道营销整体认知。
2. 能够自我评估全渠道营销职业素养。

【思政目标】
1. 具备全渠道营销思维。
2. 具备全渠道营销意识和职业道德。
3. 增强"四个意识"、树立"四个自信"。
4. 具备新媒体信息检索及信息判断能力。
5. 具备创新意识,能用全渠道营销思维宣传、推广中国传统文化。

全渠道营销认知导学

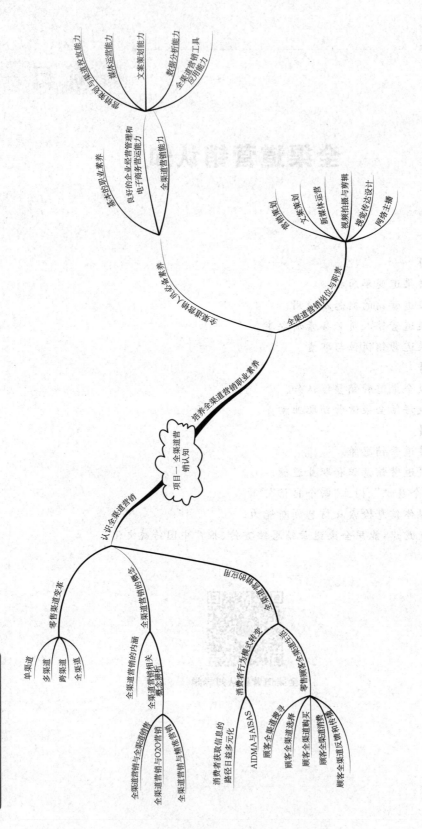

 **案例导入**

### 新零售、智慧零售和无界零售，谁能赋能零售业的可持续发展？

随着电子商务瓶颈期的到来，各电商巨头都开始了自己的转型。2016年10月，时任阿里巴巴董事局主席在云栖大会上第一次提出了"新零售"的概念；2017年3月，时任苏宁控股集团董事长在"两会"提出了"智慧零售"的概念；2017年7月，时任京东集团董事局主席在《财经》杂志发表了《第四次零售革命》一文，提出"无界零售"的概念。

- **阿里新零售**

阿里认为，线上、线下和物流必须结合在一起，才能诞生真正的新零售。后来阿里对这一概念进行了扩充，认为不能狭义地将新零售理解为就是线上线下的互动和融合，全渠道只是新零售的一个组成部分，网红经济、个性化推荐基础上的用户交互行为，用户购买动线的改变等，都应该被纳入新零售的考虑当中。在营销上，要探索品效合一的全域营销、娱乐化营销；在物流上，不仅要追求送得快，还要考虑用大数据让货物的运转更有效率。

阿里布局新零售的目的也很明确，就是自己做生态圈的中心，通过大平台来支撑前端入口。目前阿里在新零售方面的布局除盒马鲜生以外，还包括收购银泰商业、入股三江购物、与百联战略合作、入股新华都等。阿里希望全面打通线上线下，向全渠道进发；通过VR购物、无人收银等新科技提升用户体验。

- **苏宁智慧零售**

智慧零售是指通过运用互联网、物联网技术来感知消费者消费习惯，预测消费趋势，引导商家制造生产，从而可以给消费者提供多样化、个性化的产品和服务。可以概括为"三全+三化"，即全渠道、全产业、全客群和场景化、智能化、个性化。

苏宁的智慧零售业态布局可以表述为"两大两小多专"，其中"两大"是指苏宁广场和苏宁易购生活广场；"两小"指的是苏宁小店和零售云店；"多专"指的是苏宁易购云店、苏宁极物、苏鲜生、苏宁红孩子、苏宁影城、苏宁体育、苏宁汽车超市等，囊括零售行业各种消费生态，现在已形成线上线下资源互通、优势互补的O2O融合运营。除此以外，苏宁还携手万达、融创等300家地产商，打造"万店互联、生态共享"的模式。

- **京东无界零售**

无界零售的核心，从后端来讲，就是供应链一体化，把供应链和产品、库存、货物全部升级成一个系统，减少品牌商的操作难度；而从前端来讲，无界零售的核心就是满足消费者随时随地消费的需求。无界零售带来的是场景联通、数据贯通和价值互通。无界零售不是单纯的"线上+线下"，而是将这种模式嵌入生活中的各个角落，未来的消费将是场景无限、货物无边、人企无间。未来，京东正在将AR、VR等技术更好地运用到无界零售的应用场景中。

从跨界到无界，是一个从量变到质变的过程，改变的不仅仅是零售的形态，还包括零售的业务逻辑、能力要素和价值实现方式，可以说，从形式到内容，从主体到对象，从业务到场景，从企业到个人，都将发生重大变化。无界零售将最大限度打通线上线下，并融合最前沿的技术，将人们购物的多场景做充分整合，打造更高效、更愉悦的购物体验。

细究来看，无论是新零售、智慧零售，还是无界零售，都强调零售与互联网如何能够更好地结合,线上线下取长补短,实现互利共赢,利用大数据、人工智能技术使零售更加方便。三家企业所提出的理论实际上殊途同归,同样是在打通全渠道,同样是运用最新的技术手段,同样是对用户进行个性化服务;区别在于各家的偏重点有些许区别,阿里更偏重于以用户为中心,以用户为价值导向;苏宁更偏重于提供全面和智慧的服务;京东则更偏重于打破边界,提高效率和服务。

新零售模式下的新变革

思考:
(1) 未来零售的发展趋势会是什么?
(2) 面对新的零售模式,企业的营销方式将会发生哪些改变?

# 任务一 认识全渠道营销

> 学前思考:你最常使用的五个 App 是什么?手机中哪些 App 与商品交易相关?最常用的又是哪一个?为什么?

伴随着移动网络技术和人工智能技术的发展,全渠道零售(omni-channel retailing)概念的提出至今已有十多年。2011 年,美国学者达雷尔·里格比指出:全世界零售业将在未来五年进入"全渠道零售时代"。近年来,阿里巴巴、苏宁、京东等中国巨型零售企业先后提出了"新零售""智慧零售"和"无界零售"等概念,这些概念都隐含着全渠道营销的内容。

中国全渠道零售的演进过程

## 一、零售渠道变革

对于全渠道目前尚未有统一、标准的界定,业内对其理解是多种多样的。一般情况下,全渠道被理解为全部的分销或销售的通路,是从单渠道、多渠道、跨渠道演化而来的。零售渠道演化路径如图 1-1 所示。

| 以品牌为中心 | | | 以消费者为中心 |
|---|---|---|---|
| 单渠道阶段 | 多渠道阶段 | 跨渠道阶段 | 全渠道阶段 |
| 企业通过单一零售渠道进行销售活动 | 企业通过两条及以上独立完整的零售渠道进行销售活动 | 企业通过多条非完整的零售渠道进行销售活动,每条渠道仅完成零售的部分功能 | 企业通过尽可能多的零售渠道类型进行组合或整合,以满足顾客随时随地购物、娱乐和社交的综合体验需求,提供渠道间无缝穿梭的购物体验 |

图 1-1 零售渠道演化路径

### (一)单渠道

从定义上来看,单渠道(single-channel)是只通过一条渠道(如门店、电视、邮件等),将产品和服务从某一销售者手中转移到消费者手中的行为。从技术上来说,单渠道时代就是

"实体门店"时代,为少数的客户提供服务。

单渠道策略优势是成本低、部署方便快捷,易于评估,有竞争优势的品牌容易垄断市场,实现利润最大化。其劣势是,单渠道策略严重限制了潜在客户的规模和多样性。除非是少数非常特别的品牌(市场比较小众),否则单一渠道并不是一个推荐的策略。

### (二)多渠道

从定义上来讲,多渠道(multi-channel)是指企业采用两条及以上完整的零售渠道进行销售活动的行为,但顾客一般要在一条渠道单独完成全部的购买过程或活动,或者说企业在每一条渠道都提供完成销售全部过程的服务。从技术层面来看,多渠道是多个单渠道的组合,每条渠道完成渠道的全部而非部分功能,相互之间并没有统一的操作标准和规范。同时,每条渠道通常面对不同类型的客户。例如,美国西尔斯公司在20世纪初期就开始门店和邮购相结合的零售方式,一些化妆品供应商不仅在百货商店零售产品,也在化妆品专卖店或超市销售,每条渠道都完成销售的所有功能,其间不进行交叉。

从范围和规模的层面来看,多渠道是单渠道质的提升,帮助品牌开放市场,使其在营销活动中能够触达更广泛、更多样化的受众,并可以在不同渠道利用不同的营销活动策略抓取潜在的消费者需求。但是这些多样的渠道并不能相互连接和协同,必然会导致运营效率低下,营销活动成效不理想。

### (三)跨渠道

为了解决渠道的相互独立性所带来的问题,跨渠道(cross-channel)营销应运而生。如果说多渠道的出现是一次质的飞跃,那么跨渠道的诞生使企业对受众的有效触达进入了新时代。

跨渠道是多渠道整合发展的结果,是指企业采取多条非完整的零售渠道进行销售活动的行为,每条渠道仅完成零售的部分功能。如果说多渠道的目的是扩大市场覆盖率,渗透市场的每一个空间和角落,那么跨渠道的目的就是降低成本,提高渠道效率。渠道的多种类型各有特色和优势,有条件与销售的各个环节或功能相匹配,跨渠道实际上是由不同的渠道类型构造一条而不是多条渠道。

伴随着社交网络和移动网络等新媒体的出现,跨渠道的最大特征是,完成跨渠道中某一个环节或某一种功能,不一定像过去一样是一种销售渠道,也有可能仅仅是一种信息媒介。因为除物流之外,销售过程的信息、交款、售后服务等功能的完成,就仅仅是信息的沟通,信息渠道类似于或基本等同于销售渠道。例如,零售商可以通过微博、微信、搜索引擎等渠道完成信息沟通功能,实体店完成说服、展示及陈列功能,网店完成收款、送货等功能,而营销人员和移动App完成售后服务功能等,这就是一种跨渠道模式。

飞速发展的数据链接技术为跨设备、跨渠道营销提供了基础,帮助企业通过最适合的渠道与客户进行沟通。跨渠道策略最深远的影响是可以实现企业在不同的渠道同时和消费者进行沟通,这些技术开创了市场营销活动和渠道效果评估的新时代。跨渠道的技术战略使得企业可以评估一个品牌在可以多重触达消费者的环境中的真实表现。另外,企业正在发掘创新方式来利用多样的渠道唤醒那些沉睡和表现不佳的受众——能做到这些是因为企业可以整合所有渠道数据,全面地评估每次活动的效果,加深对消费者的洞察。

**拓展知识** 　　　　　营销渠道是不是越多越好

激烈的竞争环境迫使市场营销人员在各个渠道广撒网,从市场上不断增长的广告预算来看,这一趋势还将持续下去。问题其实不在于年复一年增长的广告预算,而是越来越多的优惠使得消费者对品牌的忠诚度降低,要求也越来越高。因此,即使花费越来越多的费用去接触顾客,缺乏适当的沟通也会导致客户流失。

如今,营销人员必须创造端到端的体验,以确保始于顾客心中的购买旅程会在其门店结束。Bain & Company 的一项研究显示,在客户体验方面表现突出的公司,其收入比市场高4%~8%。不同行业的整体体验可能不同,但共同的主线是相同的,即具有可衡量效果的全方位营销活动。真正的全渠道不仅是利用各种媒体进行宣传,还包括线上和线下用户的匹配。

近日,谷歌试图追踪信用卡购买情况,并将其与用户的在线资料进行匹配,以提供更准确的广告。此举引发了消费者的抱怨和担忧,但总体而言,这一方向迟早会成为标准。一方面,人们害怕分享太多的数据,尤其是敏感的数据;但另一方面,他们希望获得专门的和个性化的内容。

调查发现,如果广告是根据人们的喜好量身定制的,那么人们点击含有未知品牌的广告的可能性几乎是平时的两倍。先进的技术不仅能提供更准确的数据,还能提供更安全的数据,正确地分析和使用这些数据可以提高整体的用户体验。例如,如果门店关于线下购买的信息可以与在线用户匹配,那么就可以为那些在七天前线下购买东西的消费者提供不同的推荐,或者确保不会展示已经购买的商品。

通过电子邮件营销,你还可以邀请客户参加特别的活动,然后收集数据为真正参与的人准备特别的创意。结合客户关系管理系统的数据,如会员卡信息或以前的购买记录,可以在客户进入实体店后显示实时广告等。

一个品牌要实现全方位营销必须建立一个单一的客户视图,其中包括客户的数据,如人口统计信息、他们与网站的互动或购买历史。一旦将这些整合起来,并投资于先进技术,结果就能获得各渠道的客户。

### (四)全渠道

全渠道概念是伴随着互联网渠道,特别是移动网络渠道出现而形成的,全渠道具有互联网、移动网络和社交网络的烙印。具体来讲,全渠道是指零售企业为消费者提供丰富的交易触点,创造多元的交易场景,构建包括门店、电商、微商城、社群营销、直播带货等多种交易类型,在覆盖目标人群的基础上,提升交易的效率,简化交易的路径。全渠道通过对渠道的选择和组合、整合,让消费者持续不断获取良好的客户体验。在全渠道阶段,企业将不再只是简单地显示内容给消费者,还会与消费者进行实时交流。这种交互不仅是紧跟现代不断发展的技术,更是融入了消费者多样化的生活方式。

从技术上讲,全渠道和跨渠道本质上是相同的。但是在数据挖掘和数据识别方面,尤其是线上和线下数据的匹配方面,全渠道的优势更加明显,全渠道是实现零售渠道和信息渠道的融合,同时经营数据在各种渠道之间共享。全渠道不仅会影响消费者生活习惯,更会对整个零售业商业模式产生巨大的影响。

实现全渠道分为两步：第一步强化IT（信息技术）支撑作用，通过大量投入，建立起覆盖大部分消费触点的零售渠道和信息渠道；第二步建立中台系统，打通企业的数据、服务、业务，深挖数据价值，构建消费者行为画像，统一渠道服务水平，提升交易的转化率和留存度。

  **全渠道零售发展历程**

全渠道零售的发展实践，中国在一些新技术应用方面走在了前列，阿里巴巴、京东、苏宁等提出的思想也带有前瞻性和理论思考性，这为中国学者在全渠道零售理论构建中作出独特贡献提供了良好的基础。第四次全渠道零售革命中国与西方国家是同步发展的，甚至在实践应用和理论探索的某些方面，中国是走在前列的，如支付手段、全渠道整合的实践，以及全渠道营销理论的构建等。因此，我们应该抓住这一难得的机会，发出中国的声音，推动全渠道零售理论的深入发展。

## 二、全渠道营销的概念

### （一）全渠道营销的内涵

全渠道营销中的"渠道"一词不仅是"分销渠道"的意思，还涵盖了营销的每个元素，包括全渠道的产品（服务）设计和生产、全渠道的价格制定、全渠道的分销和全渠道的信息传播等，因此线上线下渠道的融合，不仅是零售或销售的专属渠道，还成为一般性概念，这就需要将营销组合的第三个要素"渠道"一词解放出来，回归到"分销"一词。准确地说，全渠道营销是指面对目标顾客的整个购买和消费过程，零售商在每个阶段通过有效地进行生产、定价、分销和传播等多种线上线下渠道类型的组合，并构建与其匹配的关键流程、整合重要资源，满足顾客的全渠道参与设计生产、全渠道定价、全渠道购买和全渠道沟通的需求，进而提升顾客价值和满意度并且获得竞争优势。

在今天，由于零售活动除物流之外的信息流、资金流都可以在线上完成，因此几乎一种网络媒体的信息渠道，就是一种顾客参与生产、参与定价、参与购买和沟通的全渠道营销。当然，这里的全渠道，不是企业选择所有渠道进行营销的意思，而是指面临更多渠道类型的选择和组合、整合。换句话说，如果为了满足顾客综合体验的需求和提高营销运行效率，采取多种跨渠道整合方式，或者跨渠道整合与多渠道组合并存，且有些功能可能由多种渠道完成，就属于全渠道营销。

全渠道营销是营销方式变革中的重要阶段，同时也是未来营销的方向。因为在当今这个互联网时代，消费者获得信息的渠道越来越多，企业只有利用一切可以利用的渠道进行营销，包括门店、微博、微信、论坛、QQ、App等线上渠道和线下渠道，才能引起消费者的注意，从而刺激购买欲望。

总之，全渠道营销中的"全"，是指决策时要考虑线下线上所有渠道，不是必须采用所有渠道的意思；全渠道营销中的"渠道"，是指产品设计、制造、服务、定价、分销（店址和门店环境）和传播的所有线上线下渠道，不仅指分销或销售的渠道；全渠道营销中渠道流动的客体，不仅是商品（包括有形商品的物流和无形商品的信息流），还有与其伴随的资金（支付）流和信息（传播）流，值得关注的是，除部分商品物流之外，其他流都呈现为数字流，无论是资金、文字、照片，还是图像、声音等都可以通过数据方式进行传输；参与全渠道营销的主体，不仅涉及零售商和顾客,还涉及银行、物流等相关主体,同时各主体渗透营销组合的每一个要素之中。

  **案例分享**　　　　　　　　　　**小米的全渠道营销**

小米的全渠道营销布局首先体现在产品的设计环节上。小米首先开发出了小米手机、小米应用商店和米聊三大业务板块,然后再通过众多线上平台与顾客互动,包括微信、微博、贴吧、论坛等,让顾客通过这些线上渠道,参与小米手机和其应用系统的设计。

在销售和售后环节上,小米手机同时在线上和线下渠道进行销售,并为购买小米手机的消费者提供售后服务,接受消费者的信息反馈。重视这些反馈信息,积极地予以回应,为消费者解决问题。当消费者受到良好的服务后,自然会为小米的口碑进行宣传。一个已经享受到良好售后服务的消费者就可能影响100个潜在的消费者。这样通过这些线上讨论平台的推广,小米便建立起了目标顾客群,节省了很多宣传成本,并且通过顾客宣传的方式让潜在顾客更为放心,获得了良好的宣传效果。

小米的全渠道营销还节省了很多分销成本,减少了部分代理商和零售商的加价环节,这样小米就可以用节约下来的成本去研发新的产品,使产品的质量更加优良。新一轮的产品得到良好的口碑,无疑又促进了销量的增长,如此便形成了良性循环。

资料来源:刘导.新零售:电商+店商运营落地全攻略[M].北京:机械工业出版社,2019.

### (二)全渠道营销相关概念辨析

**1. 全渠道营销与全渠道销售**

这是两个内涵和外延不同的概念,当然两者也有密切的相关性。销售是营销的一部分,因此全渠道营销包含着全渠道销售的内容。

全渠道销售,是指个人或组织为了卖出产品或服务,以及提高分销效率,尽可能多实施线上线下的多渠道组合和整合行为,涉及的主要营销组合要素为渠道、价格和信息等,体现的是售卖行为。在全渠道销售策略中,不包括目标客户选择和营销定位、产品策略等。

全渠道营销则是个人或组织为了实现相关利益者利益,在全部渠道范围内实施渠道选择的决策,然后根据细分目标顾客对渠道类型的不同偏好,实行不同或相同的营销定位,以及匹配的产品、价格、渠道和信息等营销要素的组合策略。与全渠道销售概念的最大不同在于,全渠道营销增加了选择目标顾客、设定渠道数量和结构,并根据渠道偏好对目标顾客进行细分、进行营销定位以及匹配相关产品策略等内容。

**2. 全渠道营销与O2O营销**

全渠道营销中的"全渠道"含义是,组织和个人在进行营销规划时,把所有渠道类型作为备选对象,而最终选择的结果可能是线上和线下渠道的融合,也可能都是线上渠道,或者都是线下渠道,其宗旨是在适合的基础上融合尽可能多的渠道类型,但不会是所有渠道。

O2O强调的不是选用尽可能多的渠道类型,而是更加关注线上和线下两种渠道类型的融合。O2O营销中,无论是线上还是线下,一条渠道既可以选择完成营销过程中的一部分功能,也可以选择完成营销过程中的全部功能。

**3. 全渠道营销与精准营销**

全渠道营销意味着企业可以通过多种渠道与消费者互动整合营销传播,包括网站、实体店、服务终端、直邮和目录、呼叫中心、社交媒体、移动设备、游戏机、电视、网络家电、上门服务等。这些渠道相互整合，相互呼应，成为全方位的营销力量。

全渠道营销实际上就是企业把实体渠道与线上渠道有机协同起来，进行精准营销，加强与消费者的互动，以便取得最佳的经营绩效。企业只有了解全渠道各自的特点以及客户需求，方能真正做到全渠道精准营销。

按照精准营销的理念，一个企业要想获得尽可能高的顾客回报，就必须将资源配置到能够带来高回报的客户身上。要做好精准营销，首先一定要掌握全渠道特点和客户需求，然后针对客户的需求针对性地采取相应策略。

## 三、全渠道营销的应用

### (一) 消费者行为模式转变

**1. 消费者获取信息的路径日益多元化**

随着互联网和移动网络的发展，20世纪90年代至今，计算机、手机、电视、收音机、搜索眼镜等都成为信息传播的路径，这不仅使信息传播的路径大为丰富，而且使信息传递变得随身化、24小时全天候化、文字和图像多元化。这样就导致当今社会的人们在网的时间大幅延长，甚至已经出现了一个庞大的网络消费人群，他们随时随地生活在网上。同时，信息技术的发展又可以随时监控人们的行为数据，海量的数据可以容易地采集和高效率地分析，企业就有可能将其转化为决策行为。

信息传递路径的拓展催生了全渠道的信息接收者和传播者，他们使用多种信息渠道的结果，就会伴生海量的行为数据，人类也自然地进入了全渠道的信息传递时代。

 拓展知识　　　　　　　**新媒体发展面临的问题**

新媒体在为我们带来便捷的同时，也带来了一些新的问题，这些问题产生的负面影响，随着新媒体的传播，变得越来越不容忽视。

(1) 网络谣言

新媒体的发展带来了信息量的绝对增加，然而正是过快的增长速度使信息真假难辨，甚至还有一些网络谣言的制造者为了博取关注编造虚假信息。例如，2018年10月28日的重庆大巴车坠江事件，前期网络上就谣传小轿车女车主驾车逆行导致大巴车坠江，随后网上都是对小轿车女车主的指责和谩骂。然而，警方在对事故现场进行调查后才发现，责任人实际上并不是小轿车女车主，而是大巴车乘客与大巴车驾驶员发生争吵殴打而导致大巴车在行驶中突然越过中心实线，撞击对向正常行驶的小轿车后冲上路沿，撞断护栏，坠入江中。通过此次事件可以看出，新媒体时代，网络极易滋生谣言，该事件中的女车主虽然在车祸中逃过一劫，却受到了网络谣言的极大伤害。

(2) 网络暴力

新媒体具有互动性等特点，容易导致网民产生非理性情绪，当情绪被放大后，容易演变为大量网络用户对少数人的网络暴力。网络暴力一般是指在网络上发表具有侮辱性和煽动性的言语、图片、视频等现象。网络暴力的根源包括网民的虚拟性、网络制度的不健全和道德约束的缺乏、部分网民的素质低下、法制建设与精神文明建设的不同步等。

（3）侵权抄袭

版权即著作权，是法律赋予作者对自己创作的作品依法享有的权利。在网络中，信息的流通量大，再加上网络和网民的虚拟性，使版权的维护变得十分困难。在网络中，很多时候人们仅仅需要注册一个账号，就能随意复制、抄袭其他人的言论，并在未经作者允许的情况下肆意转载其作品，导致侵权现象泛滥。

**2. AIDMA 与 AISAS**

AIDMA 是消费者行为学领域的理论模型之一，由美国广告学家 E. S. 刘易斯在 1898 年提出，是指消费者购买决策有五个阶段——引起注意（attention）、产生兴趣（interest）、培养欲望（desire）、形成记忆（memory）、促成行动（action）。

消费者行为模式转变：从 AIDMA 到 AISAS

具体是指，首先消费者注意到某广告，其次对广告感兴趣而阅读下去，接着产生想买来试一试的欲望，再次记住该广告的内容，最后产生购买行为。这种广告发生功效而引导消费者产生的心理变化，就称为 AIDMA 模型。

AIDMA 模型很好地反映了传统媒体环境下的营销关系。新闻、娱乐、广告等信息经过编辑后，形成图片、文字、视频等形式在电视、广播、报纸、杂志发布，信息接收者甚至无法选择或筛选自己接收到的信息，同时信息接收者并没有及时的、畅通的渠道与信息发布方产生连接。这种一对多、集权式的传播技术，形成了消费者对于营销信息的 AIDMA 反应模式，从而形成了以"媒体"为核心，以"引起注意"为首要任务的营销策略，这种策略在对媒体的使用上开始要求内容刺激性强，覆盖传播范围广，多次重复等，通过"引起注意"来打开消费者消费意愿的大门。

这种模型适用于大众媒体时代，信息稀缺，消费者获取信息渠道单一，掌握着内容和渠道的大众媒体具有主导权。企业喜欢通过媒体来传话，围绕着"注意、兴趣、欲望和记忆"影响用户，目的是让消费者逛街进店时能"记得买自己感兴趣的商品"。脑白金广告就是这种营销模型的经典案例。

时代在变，营销环境在变，消费者行为在变，用作描述消费者行为的科学模型也在改变。随着互联网行业的发展，尤其是互联网社交媒体服务的出现，传统媒体的 AIDMA 模型便无法满足新型媒体的营销需求。

2005 年国际 4A 广告公司日本电通广告提出 AISAS 消费者行为模型，其含义包括引起注意（attention）、产生兴趣（interest）、主动搜索（search）、购买行动（action）、口碑分享（share）。AISAS 模型是指通过引起消费者的注意，使消费者对信息产生兴趣，消费者开始主动搜索产品的其他信息，如果网友评价都不错，就会进而付诸行动产生购买，在用了一段时间后，他会通过网络进行分享。但分享的结束并非意味着营销的结束，通过消费者的网络分享，可以影响其他潜在消费者，引起对方的注意，进而产生兴趣，主动搜索甚至购买再分享。

AISAS 对比 AIDMA 模型的最大变化是，多了两个具有互联网色彩的动作，即"search"——用户可以通过以互联网为主的平台进行搜索，"share"——用户成为一个自媒体，能发声，能与别人分享产品点评和购买体验。AISAS 模型中，用户是主动去获取信息的。

AISAS 模型决定了新的消费者接触点。依据电通的接触点管理，媒体将不再限于固定的形式，不同的媒体类型不再各自为政，对于媒体形式、投放时间、投放方法的考量，首先源于对消费者与产品或品牌的可行接触点的识别,在所有的接触点上与消费者进行信息沟通。同时,在这个信息沟通圆周的中央,详细解释产品特征的购物网站,成为在各个接触点上与消费者进行信息沟通的深层归宿。购物网站不仅提供详细信息,使消费者对产品的了解更深入并影响其购买决策,对消费者之间的人际传播也提供了便利,同时,营销者通过对网站访问者数据进行分析,可以制订出更有效的营销计划。由于互联网不可替代的信息整合与人际传播功能,所有的信息将在互联网聚合以产生成倍的传播效果,以网络为聚合中心的跨媒体全传播体系随之诞生。

### (二) 零售顾客全渠道生活

全渠道信息传递时代的来临,必然导致全渠道购物者群体的崛起。全渠道购物者同时利用包括商店、产品名录、呼叫中心、网站和移动终端在内的所有渠道,随时随地浏览、购买、接收产品,期待着能够贯穿所有的零售渠道和接触点的一屏式、一店式的购物体验。这意味着顾客可以在任何地方、任何时间完成商品信息收集、比较和购买的全过程。

**1. 顾客全渠道搜寻**

在信息透明化、碎片化的自媒体时代,顾客收集信息使用的渠道越来越多。因此,全渠道顾客的全渠道信息收集,要求企业考虑是否提供全渠道信息,否则将丧失被顾客发现和选择的机会。

例如,当顾客决定购买一辆汽车时,下班途中就会留意马路上的汽车品牌和造型,走进自家电梯间会关注墙面上的平面汽车广告,进家后习惯性地打开计算机进行网络搜索和查看评论,边做饭边用手机发微信征求好友的购车体验,饭后坐在电视机前留意汽车广告,同时用iPad浏览汽车网页,第二天上班时与同事进行面对面地交流用车心得,有时候还会去汽车4S店逛一逛。

**2. 顾客全渠道选择**

以往顾客选择商品包括如下决策:去哪里购买,选择什么品牌。全渠道顾客还要加上一个决策——是否参与商品设计和生产。

全渠道顾客在选择商品时有两个明显的特征:一方面是利用诸多渠道进行比较,这是因为商品选择是建立在信息收集基础上的,顾客进行全渠道信息搜索,自然就会进行覆盖线上线下全渠道的商品比较;另一方面,个性化需求会使顾客参与商品的设计和制造,顾客期望新产品带来更多的好处,就会投入更多的精力参与产品的设计。

顾客的全渠道商品比较,要求企业考虑是否进行全渠道商品展示和说服,否则企业会由于信息不充分而被顾客淘汰;顾客的全渠道参与产品设计,要求企业考虑是否允许顾客改变设计、是否全渠道让顾客参与设计等,否则会由于产品标准化而失去个性化的顾客群体。

**3. 顾客全渠道购买**

狭义的购买过程包括下单、付款、收货三个阶段,以往这三个阶段基本是在同一个时间和空间完成的,即通过单一渠道完成,例如都是在一家百货商店完成。

在多屏幕的互联网时代,普遍存在着全渠道购买的现象。一个最为简单的例子是:顾客在网上挑选自己满意的商品,然后去实体门店进行实物查看和试用、试穿等,用手机拍照发给闺蜜征求意见,如果满意,再去网店下订单,用手机支付,通过快递公司将商品送达自己小区的便利店,自己下班后去便利店拿取。这位顾客购买过程的完成,无论是下单,还是付款、取货,都面临着多种渠道选择,每次选择也都带有一定的随机性。

因此,顾客的全渠道购买,要求企业考虑是否进行全渠道销售,否则会由于顾客购买过程选择余地有限而失去他们。例如,诸多天猫、京东平台上的品牌商,由于不支持货到付款而流失掉一些谨慎和保守型顾客群体。

### 4. 顾客全渠道消费

对于一些文化、教育和娱乐类型的商品,呈现的商品形态为信息形态,可以不依赖于物质实体而存在,这就催生了线上消费模式。例如,可以通过PC、iPad和手机在网上读报刊、玩游戏、听课程,也可以看电影、听歌曲等,同时为了有现场体验,也可以读实体报刊,到教室听课,去电影院看电影等。在地铁里会看到有人拿着报纸看新闻,但更多的人是用手机浏览网页或是刷微信,而当人们回到家里时,是手机、iPad、电视、实体书刊同时享用的状态。

因此,顾客的全渠道消费,要求教育、出版、文化、艺术、影视等机构进行全渠道引导,否则会由于顾客的全渠道消费而被淘汰。

### 5. 顾客全渠道反馈和传播

人类天生就有表达和分享的本性,特别是对于感到好和不好的体验,就更会与他人分享,互联网和移动网催生的微博、微信、E-mail等使人们的分享和传播变得简单、迅速和广泛。一位顾客的赞美可能仅仅选择一条渠道,但是抱怨通常会是选择全渠道,抱怨越深,选择的渠道会越多。

因此,顾客的全渠道反馈,要求企业必须考虑提供与顾客沟通的多渠道路径,并及时关注顾客的全渠道反馈和传播,否则企业会由于反应不及时而惹上麻烦。

## 任务二　培养全渠道营销职业素养

> 学前思考:全渠道营销人员应该具备哪些职业素养?

全渠道营销作为一种依托于数字化和智能化的新型营销方式,是企业经营管理中的重要环节。随着大量传统企业积极探索线上线下一体化,全渠道营销也成为一个热门的职业。

### 一、全渠道营销人员必备职业素养

相较于传统市场营销、网络营销等,全渠道营销在渠道、技术运用、营销内容、信息沟通方式等方面有显著不同,它具有技术性、多媒体性、互动性、精准性、即时性等特点。全渠道营销人员一般需要具备如下职业素养和能力。

全渠道营销人员必备职业素养

#### 1. 基本的职业素养

基本的职业素养包括较强的沟通能力、管理能力、协作能力、抗压能力,良好的服务精神和服务意识,一定的创新意识和开拓精神,较强的学习能力,良好的职业道德。

#### 2. 良好的企业经营管理和电子商务营运能力

一名合格的全渠道营销从业人员要具备跨专业能力,既要懂企业经营管理,又要懂电子商务营运管理。在熟悉企业经营流程及门店营运管理技能的同时,熟悉各种营销工具的类型及应用,包括免费工具、优惠工具、活动工具、组合工具等;能熟练应用计算机、智能手机、平板电脑等终端设备;熟悉互联网、移动互联网的各种应用,包括搜索引擎、电子邮件、新闻客户端、网络论坛、网络博客、视频网站、直播网站、移动杜群、知识社区、微博微信等不同类型的移动社交软件,以及企业网站、淘宝网店、微店、微网站等网络交易平台。

**3. 全渠道营销能力**

(1)营销策划与渠道投放能力。开展全渠道营销需要进行网络市场调研,分析用户需求,研究市场竞争态势,策划全渠道营销方案,策划营销活动,借助各种移动互联网营销渠道,进行内容分发和信息推送。

因此,从业人员要具备全渠道调研能力、用户需求分析与画像能力、营销方案与营销活动策划能力、广告策划能力、营销活动实施能力、渠道对比与选择能力、营销费用测算能力、内容分发能力等。

(2)媒体运营能力。在当前移动互联网碎片化时代,全渠道营销人员不仅要具备传统媒体运营能力,更应该具有熟悉微信、微博、抖音等新媒体运营能力。目前移动App占据了人们大部分的社交与闲暇时间,这些移动应用的用户数量巨大,蕴含着巨大商机。因此,营销人员可以从中挖掘不少种子用户,分析用户需求,开展宣传推广工作。

媒体运营能力,具体包括自媒体建设能力、内容建设能力、视频拍摄能力、粉丝运营能力、产品选品能力、移动媒体推广能力、客户服务能力等。

(3)文案策划能力。即内容建设能力,在移动互联网环境下,营销推广的内容载体主要有文字、图片、视频,无论哪种内容载体,都需要强大的文字功底来支撑。要想写出好的文案,就需要深入了解自己的产品,并充分了解产品受众群体的需求。

文案策划具体需要学习和研究标题策划、开篇组织、内容策划、热点分析、文案结构规划、广告植入、软文写作技巧、借势营销、节日活动策划等内容,需要具备较强的新闻敏感性、网络文案编辑、软文写作能力等。

(4)数据分析能力。全渠道营销过程的实施依托于网站、网店、微信公众号、App等交易平台,一切活动都可以通过数据展现,运营即数据。营销工作自始至终都需要不断收集门店、用户的数据,了解活动方案和推广内容是否是用户喜欢的,广告的曝光率是多少,有多少成交等,通过这些运营数据了解营销效果、客户反馈、市场反应,不断改善优化产品和营销方案。

因此,营销人员需要会使用相关数据分析软件,分析网店或App的客户数据;负责网络数据的收集、整理和处理工作,做好详细的"数据传递记录",能够进行数据整理、汇总、分析等。

(5)全渠道营销工具应用能力。全渠道营销的基础是整合营销传播,包括网站、实体店、社交媒体、移动设备等。随着技术的进步,全渠道营销活动也越来越复杂,不再单纯是人际沟通、面对面洽谈、话术推销等方式,为了提高全渠道营销的效率、效果,以及提高营销活动广度与深度,营销人员必须要学会利用一些营销工具,例如,调研问卷工具、图片处理软件、视频剪辑工具、即时聊天软件、数据分析工具等。合理地运用工具会让营销人员节省很多时间,且容易制作出高质量的推广作品,营销信息更容易被推送给大众用户。

## 二、全渠道营销岗位与职责

当前我国全渠道零售正呈现良好的发展势头,全渠道营销市场也随之飞速发展。据统计,全渠道营销领域企业人才招聘最为频繁、市场需求最为旺盛的岗位包括全渠道营销策划、文案策划、新媒体运营、视频拍摄与剪辑、视觉传达设计、网络主播等。

### 案例分享 "80后"团队操盘新媒体 六百岁故宫就这样炼成网红

负责故宫的官方网站、微博、微信、App等新媒体的策划、发布与运营的资料信息部数字传媒组,由八位"80后"组成。数字传媒组原来的名字叫"数字展示一组",最早只负责网站,做简单的数字化采集工作,如今还包括做得风生水起的新媒体。部门名字的改变,意味着这个部门作为故宫对外传播媒介的定位更加清晰。

故宫已经600岁,但近两年的公众形象,却不像是一位迟暮老者,而是展现出逆生长的"萌"。不管是此前朋友圈里流行的"明成祖朱棣从画像中跳出来"的H5页面,还是出现在故宫淘宝店中类似雍正皇帝"不与朕相干"手书折扇这样的文创产品,都在传达一个信息:年岁渐长的故宫,并未停止追赶时代的脚步。截至2015年年底,故宫博物院研发的文创产品已经超过8700种,全渠道的销售收入总额突破了10亿元。而到2016年为止,故宫已经研发了9170种文创产品、上百个产品系列。

网络时代的故宫,两条腿走路。卖萌仅仅是紫禁城的一面,故宫官方微博、微信以及App展现出来的则更多是优雅。

"故宫博物院"官方微博秉承简洁而文艺的文字风格,拥有超过770万粉丝,影响力巨大。今年7月1日,一条"你好,七月"的微博,被转发了一万多次。每条微博发送前,都会经历三轮审核。

故宫走红,是因为故宫始终保持着学习心态,并有意识地将故宫和互联网传播有效结合。故宫始终认为,故宫要吸引更多的公众、推广我们的传统文化,就不能保持一成不变的严肃面孔,吸引年轻观众必须用年轻人的方式。

资料来源:"80后"团队操盘新媒体 六百岁故宫就这样炼成网红[N].北京日报,2017-9-12,经编者整理改编。

虽然不同公司招聘的全渠道营销人才的岗位名称与岗位描述略有差异,但整体上,全渠道营销领域中的主要岗位如表1-1所示。

表1-1 全渠道营销领域中的主要岗位

| 工作岗位 | 岗位职责 | 应具备的职业能力 |
| --- | --- | --- |
| 营销策划 | 负责企业年度全渠道营销计划制订;根据年度营销计划策划营销活动方案;设计营销推广方案 | 具有独立的思考能力、解决问题的能力及敏锐的洞察力;具备营销活动策划能力;有营销创意 |
| 文案策划 | 负责全渠道营销文案和推广软文撰写,编写策划文案,参与产品广告策划,完成其他文字工作。<br>负责为各项销售及促销活动提供创意性的文案 | 具备较强的新闻敏感性,能开展产品文案策划。具有较强的编辑整合能力,能对产品创意和产品卖点进行深入发掘和提炼,撰写产品广告文案;文字功底深厚,具备优秀的文案编辑和撰写能力;能够准确捕捉产品亮点,有创新思维 |

续表

| 工作岗位 | 岗位职责 | 应具备的职业能力 |
|---|---|---|
| 新媒体运营 | 负责微信、微博、头条、直播平台等新媒体运营工作；能够撰写文案，策划专题，推送信息；开展企业或产品的策划与宣传工作；增加粉丝，提高关注度、活跃度 | 熟悉互联网媒体传播特点，具备较强的新媒体运营能力，具备文案策划、信息编辑能力；具有新闻敏感性、能开展策划专题活动 |
| 视频拍摄与剪辑 | 负责公司所需要新媒体短视频的拍摄、剪辑与后期制作；负责短视频、文字、标题等编辑运营；对视频进行筛选、剪接、编辑、修饰、音频处理 | 有视频拍摄、剪辑经验，具有良好的拍摄、剪辑能力，能熟练使用拍摄、剪辑软件独立完成拍摄与剪辑；能够对视频内容进行二次创作，有良好的影视镜头感和节奏感；对音乐、画面有一定的品味和鉴赏力；拥有较强的学习能力 |
| 视觉传达设计 | 负责品牌线上线下所需视觉设计，包括创意主视觉，网店、公众号等平台装修设计、视觉设计、界面设计；负责线上线下视觉设计品质提升，色调搭配，布局等；增强顾客品牌认知，促进视觉设计的销售转化；承担产品拍摄、图片设计与修饰的任务；能根据营销要求进行创意设计 | 具备扎实的美术功底和艺术修养；熟悉各类设计软件；有良好的创意，色彩感强，对行业流行趋势敏感；对页面布局有独到见解，懂摄影艺术 |
| 网络主播 | 担任网络主播，与客户网络沟通及互动；能担任网络主持，参与线上线下互动活动 | 熟悉网络直播与运营；拥有才艺表演或主播经验；具有内容直播运营能力、视频内容运营经验；能独立完成活动策划及直播活动；熟悉网络直播设备 |

信息技术不断进步，各种营销渠道不断推陈出新，这就对全渠道营销人员提出了更多要求，全渠道营销人员必须是一个复合型人才，具备多种技能和全面的素质，要不断积累能力，强化新的技能，提高自己的职业竞争力，适应移动互联网行业快速发展变化的特点。

 **拓展知识** 全渠道营销管理经理/资深营销策划职位描述

薪资待遇：2万~4万元/月。
岗位职责：
（1）协同各个销售端，进行全渠道营销管理原则、标准制定；
（2）统筹各个销售端全年营销规划制订，并提报COO（首席运营官）审核；
（3）进行各个销售端每场营销活动的玩法、折扣力度审核；
（4）根据公司价格管控原则，进行全渠道价格监管、维持全渠道价格平衡；
（5）建立公司营销案例库、创新营销玩法、通过数据，赋能各销售端做营销策划。
任职资格：
（1）本科以上学历，五年以上工作经验；
（2）在大型公司有较深营销策划经验，在新营销和数字营销上擅长者优先；
（3）对品牌营销理解深刻，有独到的洞察能力和策划能力；
（4）沟通统筹协同能力好；
（5）有全渠道营销管理经验者优先。
资料来源：智联招聘网，2021-07-15，略改动。

# 能 力 训 练

## 自我评估全渠道营销职业素养

相较于传统市场营销,全渠道营销在渠道、技术运用、营销内容、信息沟通方式等方面有显著不同,它具有技术性、多媒体性、互动性、精准性、即时性等特点。全渠道营销人员一般需要具备跨专业的职业素养和能力。

### 一、训练内容

通过线上资料收集、线下实地走访、亲身购物体验等方式,总结全渠道营销从业人员职业素养和能力要求,自我评估全渠道营销职业素养和能力,并以思维导图形式呈现出来。

### 二、训练步骤

**1. 收集相关资料**

通过收集相关招聘网站、企业全渠道营销的内容等相关信息,总结全渠道营销从业人员职业素养和能力要求。

**2. 整理分析相关资料**

根据前期收集资料,结合自身情况,自我评估全渠道营销职业素养和能力,分析自身的优势和劣势。

**3. 绘制思维导图**

利用百度脑图或其他思维导图绘制工具,绘制自我评估结果思维导图。

### 三、训练要求

**1. 训练过程**

通过自主探究、教师辅助指导的方式完成训练任务。

(1) 教师布置任务。
(2) 查找相关资料。
(3) 根据所学内容,整理分析相关资料。
(4) 绘制思维导图。

**2. 训练课时**

建议训练课时:课内二课时;课外二课时。

### 四、训练成果

自我评估全渠道营销职业素养思维导图一份。

# 项目二

# 全渠道营销策略规划

## 学习目标

**【知识目标】**

1. 了解常见的全渠道营销思维。
2. 熟悉用户思维、体验思维、口碑思维、免费思维及共享思维的概念及特性。
3. 熟悉4P、新4P、4C、新4C、4R、4V营销策略的含义。
4. 掌握各种营销策略之间的区别与联系。

**【技能目标】**

1. 能够灵活运用全渠道营销思维指导企业营销活动。
2. 能够识别企业全渠道营销策略,并提出改进建议。

**【思政目标】**

1. 具备开放、共享、共赢的平台思维。
2. 守护网络舆论阵地,具备实践批判、理性思考能力。
3. 具备新媒体环境下传承与弘扬中华传统文化的意识与能力,树立文化自信。

全渠道营销策略规划导学

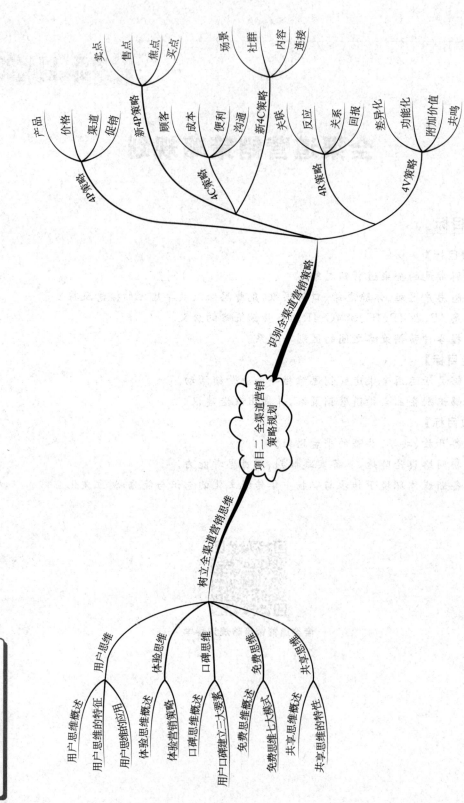

## 案例导入

### 花西子：在文化传承与创新道路上探索百年品牌梦

花西子自2017年成立以来，一路突围，仅用三年多时间实现了从0到30亿元的跨越，走出了一条近乎垂直的增长曲线。花西子兴于国潮，忠于汉方，注重新营销和新渠道，在Z世代对国潮的原生好感与多平台、跨品牌的多方发力下，完成了营销链路的闭环。

#### 一、国潮：重新定义东方彩妆

花西子借"国潮"而起，从品牌定位、Logo、包装都对"东方美学"极致呈现。首先，花西子品牌定位为"东方彩妆，以花养妆"，产品命名上也别出心裁，用涅槃凤凰雕花、凌云仙鹤雕花、百鸟朝凤等词，让人轻松联想到国风文化；其次，品牌Logo灵感来自江南园林轩窗；再次，采用国风品牌色彩，黛色＋粉色，粉黛视觉很好地兼顾了东方古典与时尚雅致；另外，花西子礼盒名称也多用"匣""妆奁""璇玑""琉璃"等古风字眼，强化品牌对东方审美风的坚持。内外统一的品牌观感让体验自带风格滤镜，高颜值的冲击力甚至还能在一定程度上冲抵消费者对使用效果的预期。

花西子表示，国潮会从当下"潮流"，逐渐变成社会"主流"。一股潮流能持续多久，关键要看它背后的引力有多强。今天国潮背后的引力，是中国上下五千年的文化底蕴，是中国强大的综合国力，是国人日益增强的文化自信，是逐渐完善的国潮产业体系。这几股引力在短期内都不大可能减弱，只会越来越强。

#### 二、产品：社交货币型

高品质，主打天然成分，强调"古方养肤"；高颜值，自带社交属性，"有谈资＋有故事＋炫耀感"，给消费者一个拍照传播的理由，更高的话题度；强属性，产品文化属性强化，即增加产品的文化附加值、趣味度。自创立以来，花西子已推出数十款复刻东方传统工艺的彩妆产品，最近花西子又依靠其特有的创意，推出了与苗族非遗文化相融合的苗族印象高定系列产品，创造性地将非遗文化引入时尚彩妆。

#### 三、营销：破圈引爆内容营销

1. 品牌初创："用户共创"打造私域流量

（1）体验官招募。用户共创，接近用户开发产品、构建品牌。在一款产品进行开发的时候，花西子会先做到60%～70%的程度，然后通过小程序"花西子体验官"筛选多位体验官，免费寄送样品，跟进使用反馈，之后再完成后续产品的开发。

（2）万人体验计划。用户体验，亲近用户研究消费喜好和习惯。关注用户体验，多次推出类似"万人体验计划"的活动，只要购买或使用过花西子产品的消费者，都可以通过活动尝试新品，先到先得。产品需要90%的消费者认同，方可继续生产。

2. 品牌扩张："引爆型"线上营销矩阵布局

（1）主阵地传播，定制化内容策略影响心智。微博＋小红书＋抖音＋B站是内容营销主阵地；社交媒体、短视频平台的基因和用户属性不同，定制化内容种草成为趋势，让用户舒适地喜欢才能影响用户心智。花西子在几大主要内容营销平台开设官方账号，持续输出定制化种草内容，对不同平台的圈层用户形成影响力。

（2）全渠道媒介组合，精细化投放策略引爆关注。明星阵容＋头部KOL带货单品＋腰尾KOL扩散：花西子选择明星代言强化品牌认知，头部KOL制造话题、种草和背书，腰尾部KOL承接头部KOL热度，做长尾效应传播。腰部KOL主要分布在小红书（45.3%）和抖音（30.1%），尾部KOL主要在微博（70%），日常营销以中腰尾部KOL垂直内容为主，形成可循环的美妆垂类形态。通过平台、人群、投放比例、精细化投放的营销方式，2018—2020上半年花西子的品牌互联网搜索次数和关注度增长2938%。品牌内涵持续输出，品牌关注度迅速提升。

（3）多维度种草内容组合，全方位种草策略引爆口碑。重点从产品侧和品牌侧持续打造全网爆款：种草方式重点是通过专业测评、口红试色、开箱评测、眼妆教程等全方位从产品侧和品牌侧持续打造全网爆款的口碑和声势。

3. 品牌塑造：纵向分阶段圈层传播策略

（1）泛国风圈跨界种草，品牌裂变出圈。以国风、古风为基础基调，跨界联合为品牌整体价值加分。花西子通过跨界内容打入各领域爱好者，向国风服饰、文创、二次元、社科人文等泛国风圈层扩散，对年轻人从文化信仰、品牌认同等维度深化品牌认知，助力品牌裂变式出圈。例如，花西子携手《剑网3》推出"比翼相思"七夕定制雕花口红，与泸州老窖"桃花醉"联袂推出国风联名定制礼盒等。

（2）关联粉圈广泛种草，挖掘潜在用户。投放的推广账号并不是单一美妆领域的达人，而是大面积铺量垂直和泛领域的中腰部播主。投放策略已经跳脱出了"美妆品牌投放美妆达人"的推广惯性，不是简单通过达人属性进行投放，而是通过粉丝画像来匹配合适的达人，挖掘更多的潜在用户。另一种则是投放一些泛领域类的博主，例如，剧情、Vlog类的视频投放，将商品融入剧情中，不显突兀，也能被用户记住。

4. 品牌爆发：全链路营销闭环，锁定品牌影响力

线上种草＋线下梯媒、广告广泛覆盖，打通全链路营销闭环，从网红品牌向大众品牌转变，全方位的内容营销锁定品牌影响力。从品牌内容化到内容品牌化、口碑内容二次传播。

资料来源：从花西子的走红路径解析如何打造网红品牌[R/OL]. 欧赛斯品牌研究，2020-12-04. https://www.sohu.com/a/436189587_100258568，经编者整理改编。

思考：

（1）花西子在发展过程中，有哪些值得其他企业学习的全渠道营销策略？

（2）如何看待花西子的"用户共创"项目？

# 任务一　树立全渠道营销思维

学前思考：在全渠道营销过程中，应该树立哪些互联网思维？

全渠道营销不是简单的"线上＋线下"的营销组合，在本质上是让消费者持续不断地获取良好的用户体验。全渠道营销在很多方面颠覆了传统的营销思维，并在此基础上创新出很多新业态以及新的商业模式。

## 一、用户思维

### (一) 用户思维概述

谷歌有一句话：一切以用户为中心，其他一切纷至沓来。在全渠道营销时代，用户思维越来越重要。用户思维，简单来说就是"以用户为中心"，针对用户的各种个性化、细分化需求，提供各种有针对性的产品和服务，真正做到"用户至上"。

从产品思维到用户思维

 **拓展知识**　　　　　**用户和客户的区别**

用户是产品的使用者，即使用产品或服务的客户；客户一般是指产品的购买者，包括代理、经销、消费者。

用户是产品的最终使用者，而客户却不一定是最终的使用者；用户关心的是使用价值，而客户关心的更多的是价格；与客户的关系是基于交易，而用户则不一定是产品的买单者；以客户为向导，营销策略是有效的，而以用户为向导，体验才是最为关键的。

用户思维的基础就是要了解用户，通过用户接触、数据分析来了解用户需求，汇集成用户画像。用户画像是为了更好地帮助企业理解用户，不仅找到用户的主需求，还可以挖掘出用户的隐性需求。

例如，消费者选择某一购物平台，不仅是一种用户习惯的养成，也是一种用户认知度和满意度的养成。用户习惯是有依赖性的，一次购买后，觉得好，就会再买一次，最后形成持续购买。用户认知度是对品牌和网站的认知度，其中界面的亲切感很重要，用户满意是对整体服务的满意。

 **拓展知识**　　　　　**用户黏性**

用户黏性(viscosity of users)也称用户黏度，是指用户对于品牌或产品的忠诚、信任与良性体验等结合起来形成的依赖感和再消费期望值。依赖感越强，用户黏性越高；再消费期望值越高，用户黏性越高。

"黏性"是衡量用户忠诚度计划的重要指标，它对于整个公司的品牌形象起着关键的作用。促进销售的方法之一就是充分利用客户管理方面的技巧。一些成功的市场人员都知道要注重培养用户的"黏性"。提高用户黏性，一般做法如下。

(1) 向用户提供个性化十足的服务。
(2) 让用户认为受到足够的重视。
(3) 通过特定体系或系统，和用户实现互动与互通。
(4) 面对用户的不满或疑虑，通过良性沟通，实现用户问题的解决。
(5) 定期进行高效的用户体验活动，增强用户黏性。
(6) 制订计分计划或打卡活动，增强用户黏性。
(7) 对用户进行适当分类，按照用户类别和特征，进行精准营销。

## （二）用户思维的特征

**1. 用户思维是一种打动思维**

传统的营销是告知思维，通过大量的广告和促销手段告诉用户产品的优点以期用户产生购买，这其中最具代表性的就是电视购物。而用户思维是一种打动思维，相比淡漠、强制性的营销模式，用户思维是把每一位消费者都当成朋友，产品是他们产生关系的媒介。

**2. 用户思维是信任与认同的思维**

打动消费者只是一个开始，想让消费者成为忠实的用户，还需要带给他们认同感和信任感，只有这样才是真正的用户思维。要想获得用户的信任，就要让产品在满足用户的基本诉求之外，还能带给他们极致的产品体验和身份认同。例如，小米和苹果手机，代表了一种生活方式和价值观，消费者在感受到产品可以信赖的同时，还可以感受到对自己身份的认同——苹果的品质生活，或者小米的极客文化。

**3. 用户思维是社群营运思维**

传统的客户思维是客户与商家发生了交易之后才产生的，而用户思维则是从消费者开始关注时，体验就已经产生了。只要产生互动，例如，消费者在关注微博或订阅官方微信时，就已经成为用户。用户思维模式，就是通过持续不断的体验，让客户从关注到产生兴趣，再到成为使用者，然后变为粉丝，最后形成社群。

社群是用户思维模式运营的最高级形态。需要注意的是，商业社群触发于产品，深化于体验，成型于产品的独特魅力。产品越极致，体验就越完美，对社群的感召力就越大。

 **拓展知识**　　新华时论：好政策要有用户思维

市场经济条件下，各行各业要生存，用户思维是基本法则。企业不考虑用户所需，闭门造车，即便用尽心思，所供注定难以抵达用户，更不用说锁定用户。坚持以人民为中心的发展思想，各级政府想问题、作决策、干工作，同样必须花更大气力读懂用户思维，精准把握群众和企业的真实需求，切实满足人民对美好生活的向往、企业对转型发展的追求。

资料来源：http://jsllzg.cn/zuiqianyan/201809/t20180917_5704714.shtml，经编者者整理改编。

## （三）用户思维的应用——用户运营

用户运营，就是围绕着用户生命周期进行的一系列运营措施，延长用户生命周期时间，提高用户价值。所需要做的工作包括用户画像、AARRR模型、用户生命周期管理、用户分层、建立会员体系（用户成长体系、用户激励体系）。

**1. 用户画像**

对用户进行数据分析，建立用户画像，这是做用户运营的前提。用户数据包括用户基础数据和用户行为数据。用户基础数据包括姓名、年龄、性别、身份证号、收入等，用户行为数据包括购买频次、购买数量、搜索数据、访问数据等。用户基础数据可以通过用户自己填写获取，用户行为数据要根据用户的行为路径进行抓取。通过对用户的数据分析，构建用户画像，给用户贴"标

重新认识目标用户

签",进而进行精准营销。

**2. AARRR 模型**

AARRR 模型,是 acquisition、activation、retention、revenue、refer 这五个单词首字母缩写,分别为获取用户、激活用户、提高留存、增加收入、自传播。以知乎为例,获取用户包括新用户注册或 App 的新增用户;激活用户是让下载 App 的用户注册、实名,成为活跃用户;提高留存是指一段时间后,用户还能使用该产品;增加收入是使用户成为付费用户,或者增加用户的客单价;自传播是指用户主动将知乎分享出去,邀请好友来知乎。以上运营工作建立在用户画像的基础上,像知乎的新用户大多是大学生,那知乎的拉新运营策略一般会侧重于大学校园。

**3. 用户生命周期管理**

用户生命周期包括引入期、成长期、成熟期、休眠期和流失期。还是以知乎为例,就是一个用户,从了解知乎、注册知乎、成为知乎活跃用户、每天都刷知乎、提问回答问题、加入盐选会员,再到一个月刷一次知乎,渐渐地离开知乎的过程。用户生命周期管理的核心目标是提升单个用户的价值(让用户加入会员)、延长用户生命周期(让用户持续使用知乎)。

根据用户处在不同的生命周期阶段,开展不同的运营策略。对于新手用户,处在引入期阶段,根据用户属性,推荐一些用户感兴趣的内容;成长用户,是用户从了解知乎到熟悉知乎的一个过程;成熟用户,处于活跃、对知乎贡献最大的阶段,需要通过运营策略来延长用户的成熟期;睡眠用户是处在休眠期,通过推送一些感兴趣的内容,重新激活;流失用户则是已经流失的用户,这类用户需要采取相应措施进行流失用户召回。

**4. 用户分层**

用户分层,是进行用户高效管理的一种方式,对不同级别用户提供不同的资源倾斜,为不同级别的用户推送不同的内容。用户分层中,比较常见的是 RFM 模型,根据最近一次消费时间(recency)、消费频次(frequency)、消费金额(monetary)来对用户进行分层。根据不同的用户,用不同的运营策略。RFM 模型适用于电商网站和一般的传统门店。像知乎,也有大 V、小 V、普通用户的区分,既有内容生产者,又有内容消费者,运营策略也不相同。

**5. 建立会员体系**

会员体系主要起用户成长和用户激励作用。会员体系一般包括会员等级、会员特权、签到、积分体系等。例如,通过签到送积分,可以提高用户活跃度;通过会员等级,高等级享受更高的特权,来提高用户升级的积极性,增加忠实用户的黏性。像支付宝会员,分为大众会员、黄金会员、铂金会员、钻石会员,各个会员享受不同的特权。

## 二、体验思维

### (一)体验思维概述

体验是一种用户在使用一个产品或服务的过程中建立起来的主观心理感受。体验经济是继农业经济、工业经济、服务经济后出现的第四个人类经济生活发展阶段。贝恩咨询曾说过:"80%的公司认为自己提供了良好的客户体验,但是只有 8%的用户这样认为。"

从购买驱动到
体验驱动

体验思维,就是企业以服务为舞台,以商品为道具,环绕着消费者,创造出值得消费者回忆的活动。商品是有形的,服务是无形的,而创造出的体验是令人难忘的。体验思维是连接消费者和生产者之间的桥梁,其核心目的是通过体验让用户对于公司的品牌产生忠诚度。例如,当咖啡被当成"货物"贩卖时,单磅①可卖300元;当咖啡被包装为"商品"时,一袋就可以卖20元;当其加入了"服务",在咖啡店中出售,一杯就要几十元;但如果能让咖啡成为一种香醇与美好的体验,一杯就可以卖到好几百元。

  **拓展知识**　　　　　　　　　**电商领域的用户体验**

当前电子商务领域竞争激烈,各大网站都在竞争客户关注和用户留存。随着用户网购经历的逐渐丰富,用户的需求也不局限在商品本身,而更多地包含在整个购物过程中的体验。在互联网上挑选产品,决定购买,到物流和售后的整个体验过程的好坏,决定了一个电商平台的流量转化率。因此,电子商务站点必须将用户体验作为电商运营的重要内容。电子商务领域的用户体验涵盖了站点功能、设计效果、操作流程、互动功能、物流服务等方面。

电商网站以购物需求为导向,满足用户的购买欲望,因此要不断完善站点功能,包括产品的展示与搜索,分类与导航,优化产品对比等。

网站设计效果方面,越来越多的在线购物网站开始引入高清图片和视频背景,引人入胜的体验带来更高的交易率。不仅是网站首页,产品的详情页也开始出现更多的高清大图与视频。

为了顾客浏览的便捷性,电子商务网站需要研究全站的操作流程、商品展示与布局、页面切换等,这些在很大程度上会影响用户的购物体验。现在很多网站的浏览—购物—支付流程已经优化了很多,变得越来越人性化,让用户更方便地浏览内容,在页面和产品之间自由切换。切站点设计都以满足目标用户需要为基本点,以提升顾客满意度为目标。

用户体验不仅是视觉体验、感官体验,更包含了用户与产品之间的互动体验。例如,很多网站增加了可旋转交互的按钮,更富视觉引导性的导航设计,可悬停放大的产品图,具有状态判读功能的购物车按钮,支持VR眼镜的虚拟试衣间等。不少电商网站中增加了卡片式交互和动效,其中卡片式交互简化了导航,让用户更容易注意到产品和类别的列表。

配送速度包含很多内容,有供应链管理、仓储物流管理、配送管理等。对于用户来说,最直观的体验就是配送,商家要做好供应链和仓储物流,完善管理流程。近年来很多大型电商企业开始自建仓储物流和配送,由自己来掌控物流环节,优化业务流程,减少下单到出库的时间,提升配送速度。

未来影响用户购买的因素更加复杂,沉浸式体验、虚拟助手、个性化购物等都是购物方式的进化方向。人工智能、大数据等技术能够在不同环节帮助商家预测用户的行为与偏好,这些因素都与用户体验相关。

由此可见,增加产品"体验"的含量,可使产品增值,能为企业带来可观的经济效益,可促进消费者的重复购买。注重用户体验的公司,往往有着良好的品牌形象,同时也能创造更多的品牌价值。

---

① 1磅≈0.45kg

## (二)体验营销策略

**1. 感官式体验营销策略**

感官式体验营销是通过视觉、听觉、触觉与嗅觉创造和获得感官上的体验。通过这种体验加深、增加和提升产品的附加值,引发用户购买动机和购买欲望。例如,商家可以通过尝试虚拟试衣体验、VR体验等增强消费者体验感。

新零售下的消费者新体验

**2. 情感式体验营销策略**

情感式体验营销是指在营销过程中,要真正了解哪些刺激可以引起用户的某种情绪亢奋,能自然地受到感染,触动用户的内心情感,创造情感体验。其体验的范围可以是一个温和、柔情的正面心情,如欢乐、自豪,也可以是强烈的激动情绪或美感。例如,企业一般都非常重视客服部门,客服的热情服务和亲切关怀,可以拉近用户与企业的距离,培养用户对品牌的情感。

**3. 思考式体验营销策略**

思考式体验营销是通过启发人们的智力,创造性地让用户获得认识和解决问题的体验。它运用惊奇、计谋、诱惑、测验等方式,增进用户对产品的了解。例如,"双十一"期间有的商家设计了游戏网关、夺宝奇兵等活动,将品牌价值、产品优势、对比差异、优惠促销等内容设计为游戏关卡,引导用户完成指定任务才可以参加下一步的活动。

**4. 行动式体验营销策略**

行动式体验营销是通过影视歌星或著名运动明星来激发用户的情感,使其生活形态予以改变。企业通过设计各种艰险环境和氛围,使用户进入环境体验角色,或体验艰辛,或体验超然,或体验魅力,从而实现或扩大产品销售。

**5. 关联式体验营销策略**

关联式体验营销是指用户的感官、情感、思考和行动因外界因素的变化而引发的各种关联反应或关联变化,利用用户在这种变化和反应中得到的体验,来促进市场开发和产品销售的一种营销策略。

> **案例分享** 　　　　　　　　**腾讯的用户体验思维**
>
> 良好的用户体验是互联网公司的核心竞争力。腾讯公司内部有一句话:一切以用户价值为依归。《腾讯方法》这本书讲述了腾讯为了开发天天系列游戏软件,精心设计了很多款初型,每一款初型都要让用户体验,让其筛选留下用户最喜欢的初型并听取用户的反馈意见,然后在原基础上再次进行改善优化让用户感受,直到最后让所有的用户满意为止。这种追求极致的工匠精神深深体现出腾讯公司以用户价值为依归的理念。

### 三、口碑思维

亚马逊创始人杰夫·贝左斯曾经说过:"在现实世界,如果你惹顾客不高兴,每个顾客都会告诉六位朋友;在互联网时代,如果你惹顾客不高兴,每个顾客都会告诉6 000个人。"由此可见,企业在全渠道营销过程中树立口碑思维的重要性。

### (一)口碑思维概述

互联网打破了地域、空间和时间的限制,信息传播的速度以分秒计算,信息传播的广度很大,因此移动互联网企业更要重视声誉的管理,希望拥有正确的口碑思维。口碑的实质是通过用户的好评来积累品牌的信用度,这里面既包括用户对品牌的信任,也包括其他用户对用户评价真实度的信任。

在传统的口碑思维中,企业品牌就是通过熟人或朋友的口中互相传播扩张,这样的传播方式有着速度慢、信息衰减多的缺点;同时,企业与用户之间缺乏有效的社交渠道,无法进行频繁的互动交流。而在移动互联网中,口碑是用户自己创造出来的,或者说是用户在与企业互动的过程中形成的,并非企业单方面灌输的结果。

### (二)用户口碑建立三大要素

口碑思维不是传统的产品思维,而是用户思维,只有以用户为核心,并满足其要求,才能在海量的受众群体中形成口碑效应。口碑是由产品、社会化媒体、用户关系这个"铁三角"组成的。

**1. 产品**

产品是口碑的发动机,好的产品是建立口碑的根本,是营销的基础。产品只有给用户带来真正的价值,超出用户的预期,给用户带来超预期的惊喜,用户才会愿意成为企业的忠实用户,主动为其产品做宣传。

**2. 社会化媒体**

社会化媒体是口碑的加速器,可以帮助企业在短时间内迅速打响知名度,最快速地获得大量用户。例如 papi 酱,仅用了一年时间,就在微博上积累了 2 000 多万的粉丝。这说明一个普通的用户通过生产有趣的内容,也可以引发无数网友的共鸣,获得外界的关注和良好的口碑效应。

 拓展知识　　　　　　　　守护网络舆论阵地

当前,网络舆论在社会和生活中发挥着重要作用,网民对网络舆论十分关注。但网络舆论是一把双刃剑,它能捧红一些人物、产品,也可能扰乱公共秩序、侵犯个人权利,带来负面影响。这几年网络暴力、虚假新闻、歪曲历史、操纵舆论的事件层出不穷,造成部分网民的认知困难。

因此,要加强网络空间治理,打击网络水军、造谣生事者,维护网络安定,促进社会和谐。网民们要不信谣、不传谣、不造谣,学习实践批判理性思考,支持专业的新闻媒体。

**3. 用户关系**

用户关系是口碑的关系链,企业只有与用户之间建立良好的关系,用户才会主动为企业做宣传,企业与用户关系的信任度越高,口碑传播就越广。很多企业提出与用户做朋友的观念,让用户感受到企业的"温度",愿意建立起对企业的信任和依赖。

## 四、免费思维

### （一）免费思维概述

免费思维是通过前端绑定后端的产品或服务来获取客户的。前端的产品或服务是免费的，后端的是付费的，从而达成最终的转化，以实现利益最大化。免费思维的核心思路是：核心产品免费，增值业务赚钱。

最早用免费思维大获成功的是吉列公司。1903年，吉列发明的可更换刀片的剃须刀只卖出了51副刀架和168枚刀片。于是公司做出了一个疯狂的决定：免费！将数百万计的剃须刀低价卖给军队，以期他们能够养成剃须的习惯并延续到战后；将刀架卖给银行作为储蓄的礼物；和口香糖、咖啡、茶叶、调味品以及糖果捆绑销售，免费发放剃须刀。用了一年时间，吉列公司卖出了9万副刀架和1 240枚刀片。此后，这种营销模式便渐渐流传开来。

**案例分享**　　　　　　　　**免费的QQ背后**

腾讯公司通过QQ即时通信软件的免费使用招揽了海量的用户，QQ平台上的诸多产品也都是免费模式，如QQ空间、QQ音乐、视频、游戏等。免费的背后，是每个产品都提供更深层的高级别服务，而这些延伸服务就成为企业核心盈利点，如QQ空间，当普通用户升级为黄钻用户后，就可以在相册容量、好友访问记录等多个方面获得扩展，而用户恰恰更能接受这种个性化、看得见的消费。

### （二）免费思维七大模式

免费思维的主要模式有以下七种。

**1. 体验型模式**

体验型模式是通过用户先进行体验，获得用户的信任后再成交的方式。这种模式具体可以分为两种：一种是企业设计可以用于体验的产品，用户可以免费体验该产品，感觉良好后再进行消费；另一种是与时间挂钩的免费体验，就是用户在特定时间内，可以免费体验该产品，而后付费进行长期使用。

**2. 第三方付费模式**

消费某个产品的用户将获得免费机会，而真正付费的是想拥有用户的第三方，如很多地方报纸、杂志等，用户可免费领取，而付费者是第三方企业。

**3. 产品型模式**

产品型模式是通过某一产品的免费使用来吸引用户，而后进行其他产品的再消费的方式。产品型模式是产品之间的交叉型补贴，即某一个产品对于用户是免费的，而该产品的成本由其他产品补贴。产品型模式分为以下三种。

（1）诱饵产品设计。设计一款免费的产品，吸引大家使用，目的是培养大量的潜在目标用户。

（2）产品配套设计。用户将免费获得企业的某个产品，但是由该产品引发的耗材需要用户付费。

（3）产品分级设计。用户可以免费得到普通版的产品,高级版本或个性化的产品需要用户付费。

**4. 用户拓展型模式**

通过对其中一部分人群免费,从而获得另一部分消费人群的模式。该模式要求企业找到一部分特定的用户采取免费模式,对另一部分用户则收费,实现用户与用户之间的交叉性补贴。这种模式设计的关键在于找到特定的用户群。例如,女士免费、男士收费;小孩免费、大人收费;老人免费、家属收费等。

**5. 时间型模式**

时间型模式是指在某一个规定的时间内对消费者免费,例如,一个月中的某一天,或一周中的某一天,或一天中的某一个时间段。采用这种模式要将具体的时间固定下来,让用户形成时间上的条件反射。该模式对用户的忠诚度宣传有极大的作用,另外用户还会消费其他产品,实现产品之间的交叉补贴。

**6. 功能型模式**

功能型模式是指将其他产品的功能集成在主要产品上,让用户获得免费的使用机会。例如,通过支付宝可免费骑行共享单车七天,某邮箱提供免费微盘的功能等。

**7. 增值型模式**

为了提高用户的黏性与重复性消费,企业对用户提供免费的增值型服务。例如,网购达到一定额度可以包邮,指定服装可以免费烫洗,购买化妆品可以享受免费美容培训,在有赞微商城开店可以获得免费的开店培训等。

### 五、共享思维

#### （一）共享思维概述

共享经济作为一种全新的商业模式伴随着移动互联网、云计算、大数据等信息技术的发展创新而兴起。共享经济时代的来临,改变了当下所有人的思维方式。

共享思维是指本着互惠互利的原则,利用社会资源价值,实现共享各方的利益最大化。借助互联网,消费者不但可以轻松地找到他们所需的商品,还可以将自己闲置的资源与他人共享,从而赚取一些收入。其实共享经济的概念并非最近几年才出现,只是借助数字技术的发展,用户利用互联网将共享经济带到了一个新高度。从最早的二手资源（拍卖网站）,到现在闲置汽车的共享（Uber）、闲置房子的共享等,因为网络上的随选、搜寻、整合的交易成本越来越小,未来这种凡事皆可出租的新经济,就成为共享经济。传统的企业和消费者之间的界限正在不断弱化,人们开始逐渐放弃传统的商品购买方式和服务,转而在互联网上寻找商品共享服务,以这种更加方便、高效而且价格低廉的新方式来满足自己的需求。

#### （二）共享思维的特性

**1. 商业变革:用户是商业实现和成功的前提**

商业变革源于经济发展诉求,而经济发展源于市场需求。对于互联网企业尤其是移动互联网企业来说,要思考的只有三点:用户是谁?能为用户带来什么价值?途中遇到什么壁垒?至于商业模式,无非是广告、增值服务和电商等。只有赢得了用户,才能赢得市场。

**2. 服务变革:需要从根本上提升产品和服务**

共享经济的出现,对应的是市场的需求缺口,推广共享经济最大的挑战则是用户消费习惯的培养。虽然有市场需求在驱动共享经济,例如,Uber的创始人正是因为发现了交通服务的巨大需求缺口,才想到启用闲置资源,但如果无法尽快培养用户的消费习惯,建立对共享经济相应服务品牌的信任与好感,共享经济就很难普及。而培养用户习惯,需要从根本上提升移动互联网的产品和服务质量。

**3. 技术变革:需求为本,技术驱动**

共享经济在调研用户需求的基础上,实现产品和服务的优化,其中技术便是最重要的驱动力,以技术为驱动,创造出符合需求的产品和服务,才能获得用户的认可。互联网以及移动设备的普及,为共享经济提供了一个绝佳的温床。

拓展知识　　　　　　　　其他常见的全渠道营销思维

(1) 数据思维

用数据驱动商业决策,是互联网企业很典型的特征。从桌面互联网到移动互联网,再到IoT(物联网),都是逐渐数据化的过程。万物互联的本质是万物数据化,用户在网络上可被监测和分析的行为给了大数据更多的可能性。滴滴的大数据系统可以帮助交通管理部门分析交通的拥堵与路线的实时情况。

(2) 生态思维

其实企业的绝大多数理念都是基于生态思维。企业与用户之间的关系将不再是产品售卖型的交易关系,消费者与生产者之间的边界也不再那么明显;老板与员工之间的关系也不再是简单的雇佣关系,而变成了合伙关系,大家是利益共同体,自组织也将成为非常重要一种组织模式。

(3) 迭代思维

迭代思维的本质,是要及时乃至实时地把握用户需求,并能够根据用户需求进行动态的产品调整。有两个要点,一个"微",一个"快"。"微",就是要从细微的用户需求入手,贴近用户心理,在用户参与和反馈中逐步改进。小处着眼,微创新。有时候可能你觉得是一个不起眼的点,但是用户可能觉得很重要;"快",就是快速迭代。"天下武功,唯快不破",只有快速地对消费者需求做出反应,产品才更容易贴近消费者。

(4) 平台思维

互联网的平台思维就是开放、共享、共赢的思维。平台模式最有可能成就产业巨头。全球最大的100家企业里,有60家企业的主要收入来自平台商业模式,包括苹果、谷歌等。平台思维要遵循三个法则:一是打造多方共赢的生态圈;二是善于运用现有平台;三是让企业成为员工的平台,让员工成为真正的"创业者",让每个人都成为自己的CEO。

(5) 跨界思维

随着互联网和新科技的发展,很多产业的边界变得越来越模糊,互联网企业的触角已无孔不入,如零售、图书、金融、电信、娱乐、交通、媒体等。跨界思维的本质就是利用已有的用户和数据资源,进行大胆的颠覆式跨界创新。

# 任务二　识别全渠道营销策略

学前思考：谈一谈江小白的全渠道营销策略。

在全渠道营销时代，企业需要整合与升级各种营销策略以适应企业营销需要。从4P到4C、4R再到4V，代表了营销策略的发展和演变过程。

## 一、4P策略

### （一）认识4P策略

1960年，美国营销学专家麦卡锡教授提出市场营销四要素，即产品（product）、价格（price）、渠道（place）、促销（promotion），企业的营销活动就是以适当的价格、适当的渠道和适当的促销手段，将适当的产品和服务投放到特定市场的行为，这就是所谓的4P理论。其核心目标是满足市场需求。

（1）产品。包括产品的定位、品牌、质量、功能、包装等，还包括服务和保证等因素。产品策略要求企业根据需求开发新的产品，产品要有独特的卖点。

（2）价格。企业根据不同的市场定位，制定不同的价格策略，包括折扣、付款条件政策等。

（3）渠道。是指产品经历的销售渠道，包括代理、批发、零售、直销、分销等，企业要开拓销售渠道、培育和建立销售网络，缩短中间环节。

（4）促销。包括促销活动、品牌宣传、人员推销、营业推广、公共关系等一系列的营销活动。

拓展知识　　　　　　**4P策略出现的背景及局限性**

4P营销策略提出的背景是资本主义国家经济进入高速发展的二战后"黄金阶段"，处于经济全球化起步阶段。在这个阶段，消费者需求单一且比较旺盛，商品供给呈现数量、质量与结构三重性短缺的特点，是一种典型的卖方市场。企业依靠大批量生产以降低成本，通过无差异化营销将产品售卖出去。尽管后来出现4C、4R、4V理论，但并不意味着4P理论就要淘汰，这些理论之间是互补关系，绝非替代关系。

随着时间的推移，这一理论也暴露出自身的局限性。首先，这一理论是以大工业经济时代为背景，是工业企业开展营销的强大工具，这就在应用范围上受到局限；其次，这一理论从企业的角度出发进行营销组合，忽视了消费者，对市场变化反应迟钝，容易导致"营销近视症"；最后，这一理论较多地关注企业自身，忽视了竞争对手因素，因而容易受到追随者的模仿，最终造成无差异化营销的局面。

### （二）认识新4P策略

新4P策略认为市场营销顺利进行的秘诀在于打通卖点（selling point）、售点（placing

point)、焦点(focusing point)和买点(buying point)的四维价值链,只有贯通四个支点,产品才能变成商品到达消费者手中,企业才能够在激烈的市场竞争中引领前行。

卖点、售点、焦点和买点,分别代表了产品的功能价值、渠道价值、社会价值和消费价值,组成了一条四维价值链,卖点锁身,买点锁心,售点锁客,焦点锁粉。

(1) 卖点。卖点创造产品的功能价值,在整个价值链中是指代表制造产品的供方,是价值创造过程的上游环节。早期的营销模式,只要"酒香",就不怕"巷子深",于是,产品的功能价值是价值链的主体。

(2) 售点。售点创造产品的渠道价值,在整个价值链中各类中间商共同担负着分销产品的重任,以实现产品从生产到销售的"惊险跳跃"。售点包括批发、零售等各种中间商,也包括提供储运、广告、金融、保险、咨询等各类分销促进组织。现代市场中,渠道价值越来越受到重视,渠道价值包括增值、服务、整合与创新。

(3) 焦点。焦点创造产品的社会价值,在整个价值链中是指各类媒体、公众与派生价值的集合。媒体与公众互动创造了"时尚"与"流行",无论是广告传播还是口碑传递,或是现代的网络营销,都具有"造势"的功效,一旦成为时代的"焦点商品"甚至形成类似"米粉"的消费者,就能极大地提升产品的价值。

(4) 买点。买点创造产品的消费价值,在整个价值链中是指消费者的认知与体验价值,是最核心的价值。消费价值主要表现为三个方面:一是功能价值,商品与服务满足顾客的功能需求,如食品的美味、营养安全等,这是由供方的功能价值所决定的;二是思想价值,品牌传递出的商业思想;三是精神价值,即品牌所弘扬的价值观和生活方式。这三者缺一不可。在这一过程中,习俗与文化将直接影响顾客的价值判断。在零售流通领域,全国性连锁企业与区域性本土企业竞争的时候,之所以常常处于被动的劣势地位,属地化能力差是其中一个根本的原因,全国性连锁企业缺乏一种将习俗与文化纳入连锁经营体系的组织能力。

## 二、4C策略

### (一) 认识4C策略

1990年,美国学者罗伯特·劳特朋教授提出了4C营销理论,即顾客(consumer)、成本(cost)、便利(convenience)、沟通(communication),企业要根据消费者的需求和欲望来生产产品和提供服务,根据顾客支付能力来进行定价决策,从方便顾客购买及方便为顾客提供服务来设置分销渠道,通过企业与顾客的情感交流、思想融通,增强顾客对企业、产品或服务更好的理解和认同,以寻求企业与顾客的契合点。

拓展知识　　　　　　　　**4C策略出现的背景**

西方发达国家在经历了20世纪70年代初期的"黄金阶段"之后,1973年,由于石油危机的爆发进入了"滞胀阶段",经济发展停滞不前。与此相反的是,在拉丁美洲和亚洲出现了一些新兴工业国家和地区,并且形成了一支新兴的经济力量,这些国家的企业开始积极参与国际竞争。同时发达国家的消费者对价格变得敏感,需求呈现出多样性,更为注重产品或服务的质量,也因内部市场容量有限,国内企业之间的竞争变得异常激烈。

4C策略坚持以顾客为导向,始终围绕"顾客需要什么""如何才能更好地满足顾客"两大主题进行持续的改进活动，以追求顾客满意为目标。它是一种由外而内的拉动型营销模式，它宣传的是"请消费者注意"，而非"消费者请注意"。

**1. 顾客**

顾客主要指顾客的需求。企业必须首先了解和研究顾客，根据顾客的需求来提供产品。同时，企业提供的不仅是产品和服务，更重要的是由此产生的顾客价值。

零售企业直接面向顾客，因而更应该考虑顾客的需要和欲望，建立以顾客为中心的零售观念，将"以顾客为中心"作为一条红线，贯穿于市场营销活动的整个过程。零售企业应站在顾客的立场上，帮助顾客组织挑选商品货源；按照顾客的需要及购买行为的要求，组织商品销售；研究顾客的购买行为，更好地满足顾客的需要；更注重对顾客提供优质的服务。

**2. 成本**

成本是指顾客为满足其需要愿意付出的代价。顾客购买成本不仅包括货币支出，还包括其为此耗费的时间、体力和精力消耗，以及购买风险。

由于顾客在购买商品时，总希望把有关成本包括货币、时间、精神和体力等降到最低限度，以使自己得到最大限度的满足，因此，零售企业必须考虑顾客为满足需求而愿意支付的"顾客总成本"，努力降低顾客购买的总成本。如降低商品进价成本和市场营销费用从而降低商品价格，以减少顾客的货币成本；努力提高工作效率，尽可能减少顾客的时间支出，节约顾客的购买时间；通过多种渠道向顾客提供详尽的信息，为顾客提供良好的售后服务，减少顾客精神和体力的耗费等。

**3. 便利**

便利，即为顾客提供最大的购物和使用方便。4C营销理论强调企业在制订分销策略时，要更多考虑顾客的方便，而不是企业自己方便。要通过好的售前、售中和售后服务来让顾客在购物的同时，也享受到便利，提升顾客的购物体验。

最大限度地便利消费者，是目前处于过度竞争状况的零售企业应该认真思考的问题。零售企业在选择地理位置时，应考虑地区抉择、区域抉择、地点抉择等因素，尤其应考虑"消费者的易接近性"这一因素，使消费者容易到达商店，即使是远程的消费者，也能通过便利的交通接近商店。同时，在商店的设计和布局上要考虑方便消费者进出、上下，方便消费者参观、浏览、挑选，方便消费者付款结算等。

 **案例分享** 　　**沃尔玛关闭门店背后，开店也疯狂**

从2016年开始，沃尔玛在中国的门店开始出现每年两位数的关店数字：2016年关闭了13家；2017年关闭了24家；2018年关闭了21家。但是，沃尔玛近三年门店总体数量变化不大，这代表沃尔玛在大量关店的同时还在不停地新开门店。查询详细数据得知，在沃尔玛关闭的门店中，几乎全为传统的大卖场，新开门店则为山姆会员店、惠选超市、新一代门店和云仓，相比大卖场，很多新开门店面积会小一些，且更突出餐饮和服务。

不仅是沃尔玛，众多中外资大卖场也都在进行社区化转型。大卖场的"痛点"刚好是社区店的"爆点"，这主要是因为消费者需求发生了改变。第一，消费者出门购物的门槛越来越高，密集的社区店，不仅能满足消费者购物的需求，更是与消费者的生活贴切地融合在一起。第二，消费者对便利性的要求越来越高，在所有的实体业态中，社区店的便利性无疑是最高的:离消费者近,经营品类少,节省消费者挑选的时间;经营品类精准,满足消费者的基本需求。社区店因为其便利性,能满足消费者一些重要且紧急的需求,与线上商店形成互补。

### 4. 沟通

沟通是指企业要以顾客为中心实施营销沟通,通过互动、沟通等方式,将企业内外营销不断进行整合,把顾客和企业双方的利益无形地整合在一起,建立基于共同利益的新型企业与顾客关系。这不再是企业单向的促销和劝导顾客,而是在双方的沟通中找到能同时实现各自目标的途径。

零售企业为了创造竞争优势,必须不断地与顾客沟通。顾客沟通包括向顾客提供有关门店地点、商品、服务、价格等方面的信息;影响顾客的态度与偏好,说服顾客光顾商店、购买商品;在顾客的心目中树立良好的企业形象等内容。在当今竞争激烈的零售市场环境中,企业的管理者应该认识到:与顾客沟通比选择适当的商品、价格、地点、促销更为重要,更有利于企业的长期发展。

## (二) 认识新 4C 策略

新 4C = 场景(context) + 社群(community) + 内容(content) + 连接(connection)

新 4C 策略强调,在合适的场景下,针对特定的社群,利用有传播力的内容或话题,通过社群网络中人与人之间的连接的裂变实现快速扩散与传播,从而获得有效的传播和商业价值。

### 1. 场景

在线流量越来越贵的情况下,越来越多的人把目光放回到线下的场景。场景有别于传统的营销 4P 销售渠道,而是由人、地点、时间等多重维度界定出来的购物场景。简而言之,场景就是传播的环境及相关因素的总和,关注的是顾客在物理位置上的集中、需求的集中、群体的情绪及状态的集中。

**案例分享  给你选择黑莓手机的理由**

当年黑莓手机一推向市场,立刻受到政界和商界人士的欢迎。因为当时收邮件必须登录,为了不遗漏信息,要时不时查看邮箱,而黑莓手机收到邮件会有一个短信提醒,还标明出处,这一功能完美地解决了"收邮件时的场景痛点"。因此,企业在进行营销活动时,用户感知的价值要回到用户的使用场景中去,而且最好是高频场景。

通过场景分析,企业可以找到消费者需求最为集中的时间、地点来开展营销活动;抓住消费者更容易接受营销信息的机会,做最有效的沟通;充分考虑大环境、微环境,还有特定的情绪氛围等问题,做到因地制宜,因势利导。

**案例分享  江小白的"表达瓶"**

做产品设计时,要设置用户传播机制。例如,江小白的"表达瓶",在做产品设计时就考虑了用户的使用场景。有 100mL 的小瓶供四个好友小聚,一人一瓶不劝酒;有 750mL 的"三五挚友",可以开怀畅饮;更有 2 000mL 的"拾人饮",用于团建和宴请,这让产品本身就有了场景。同时酒瓶上印有"手机里的人已坐在对面,你怎么还盯着手机看?""青春不是一段时光,而是一群人。"等表达当代人情感的刷屏文案,引发大量传播。因为场景有情绪,而情绪本身就具有传播性。

### 2. 社群

社群就是一群志趣相投的人聚在一起的部落。在 Web1.0 时代,大多数人对网络的虚拟世界缺乏信任,类似 BBS 等社区论坛提供的更多是价值观层面的文字交流。而在移动互联网时代,网络世界和现实世界已经完全融合在一起。当下的强社群关系是"O2O",线上保持日常高频的价值观交流,线下群友见面增强相互间的信任感。

### 3. 内容

内容是价值传递的载体。广义而言,产品也是内容,用户使用产品觉得好,就会引起口碑传播;狭义而言,内容是指图文、音频、视频等媒体属性的内容,用户看了觉得好,就会分享到朋友圈。在移动互联网时代,广告是奢侈品,内容却是必需品。广告通过大众媒体传播,目的倾向明显,容易被当作垃圾信息。但内容传播是软性的,可以渗透到互联网的各个角落长期存在,可满足用户对某一方面的需要,用户可以通过搜索等方式找到该内容,并且通过内容来了解企业的价值。

### 4. 连接

互联网时代的人与人之间的传播更为精准有效。加强人与人之间的连接可以从以下三方面入手。

寻找种子客户

(1) 挖掘种子用户。在产品早期,企业应当尽早找到种子用户,即创新者、产品的早期使用者,这些用户可以帮助企业迭代产品,而到产品基本完成后,可以通过制定策略让早期用户进行口碑传播。例如,小米早期从手机论坛找来的 100 位用户,就是种子用户。

(2) 挖掘并培养意见领袖。在信息传递的过程中,要找到传递的中心节点,意见领袖就是有强大影响力的中心节点。在一些微博、知乎等平台里面,企业通过粉丝数、点赞、评论、喜欢等指标数据很快可以找到意见领袖,不同意见领袖专注的领域不一样,可以通过其言论判断该意见领袖针对的人群属性。

(3) 制造传播性病毒。病毒式营销是利用公众的积极性和人际网络,让营销信息像病毒一样传播和扩散,深入人脑,快速复制,迅速传播,将信息短时间内传向更多的受众,常用于网站推广、品牌推广等。病毒式营销是口碑营销的一种,本质是利用群体之间的传播,让消费者了解产品和服务,达到宣传的目的。

### 拓展知识　　病毒营销的设计

(1) 利益诱导传播。用户邀请好友能够获得优惠,类似的产品有拼团,邀请新用户得返点。企业在利益诱导上需要预估成本风险,比如传播指数上升后,是否能够承受住成本的风险压力。

(2) 唤起用户情绪。利用攀比、爱心、炫耀、有趣、好奇等情绪,制造传播,例如,抖音与中国国家博物馆等七大博物馆联合发起的第一届"文物戏精大会"让文物动起来,使人觉得生动有趣,最终获得过亿的传播。

(3) 话题性传播。结合某一热点话题进行传播,例如,某一天,"秋天的第一杯奶茶"成为突然爆火的流行语,看似莫名其妙的一句话,却毫无预兆地席卷微信朋友圈,并迅速登上微博热搜。"秋天的第一杯奶茶"也许没有传递实际有意义的信息,但却能使人们在不断传播的过程中感受到快乐和温暖,所以很多网友积极主动地参与其中。

## 三、4R策略

### (一)认识4R策略

4R策略由美国学者舒尔兹提出,具体指市场反应(reaction)、顾客关联(relevance)、关系营销(relationship)、利益回报(retribution)。4R营销策略认为,随着市场的发展,企业需要从更高层次上以更有效的方式在企业与顾客之间建立起有别于传统的新型的主动性关系。4R营销理论以关系营销为核心,注重企业和客户关系的长期互动,重在建立顾客忠诚。企业营销活动的目标应该是建立并维护长期顾客关系,而这种关系是建立在顾客忠诚的基础上。忠诚的顾客不仅重复购买产品或服务,价格敏感性低,而且能够为企业带来良好的口碑。

(1)关联。企业把自己的成长与和顾客价值关联起来,作为一个共同体,搭建双方持续共赢的生态链。

(2)反应。这个类似于4C策略的沟通,企业需要考虑用户需求沟通反馈及这些需求形成的质变,考虑企业内部组织变革及商业模式的转变。

(3)关系。关系是指企业在经营过程中要转变思路,把一次性成交变成长期合作,例如,会员营销就是把短期利益转变为长期合作共赢。

(4)回报。企业要给顾客价值、给供方价值,进行平台搭建、跨界合作,最终实现多方共赢成长。

> **拓展知识**       **提高顾客满意度的重要性**
>
> (1)吸引一个新顾客的成本是维持一个满意老顾客的5倍;对盈利率来说,吸引一个新顾客与流失一个老顾客相差15倍。
>
> (2)企业80%的业务来自20%的老顾客。
>
> (3)一个公司如果将其顾客流失率降低5%,其利润就能增加25%~85%。
>
> (4)一个满意的顾客会告诉3~5个朋友他的感受,但是一个不满意的顾客会告诉10~20个人他的糟糕的感觉。

### (二)4P、4C与4R营销策略的对比

4P、4C与4R营销策略产生于不同的经济时代和营销环境,具有不同的特点,具体对比如表2-1所示。

表2-1 4P、4C与4R营销策略对比

| 项　目 | 4P策略 | 4C策略 | 4R策略 |
| --- | --- | --- | --- |
| 营销理念 | 生产者导向 | 消费者导向 | 消费者与竞争者导向 |
| 营销模式 | 推动型 | 拉动型 | 供应链 |
| 满足需求 | 相同或相近需求 | 个性化需求 | 感觉需求 |

续表

| 项　目 | 4P策略 | 4C策略 | 4R策略 |
|---|---|---|---|
| 营销方式 | 规模营销 | 差异化营销 | 整合营销 |
| 营销目标 | 满足现实的、具有相同或相近的顾客需求，并获得目标利润最大化 | 满足现实和潜在的个性化需求，培养顾客忠诚度 | 适应需求变化，并创造需求，追求各方关系最优化 |
| 顾客沟通 | "一对多"单向沟通 | "一对一"双向沟通 | "一对一"双向或多向沟通或合作 |
| 投资成本和时间 | 短期低，长期高 | 短期较低，长期较高 | 短期高，长期低 |
| 宣传导向 | 消费者请注意 | 请注意消费者 | 请注意消费者和竞争对手 |

通过比较分析，4P、4C与4R营销策略之间不是取代关系，而是不断完善和发展的关系，三者之间相互补充，相互促进。在实际应用中，企业应该根据自身所处的行业、产品的特性、企业所面对的消费者以及企业的营销任务，灵活地选择营销策略及其组合。

拓展知识　　　　　　　　　**4I 策　略**

随着网络媒体的发展，信息开始过剩，传统的营销策略已经很难适应新媒体的传播，基于此，4I营销策略应运而生。4I策略提出，要把营销内容整合得有趣（interesting）、给用户带来利益（interests）、做到和用户互动（interaction）、让用户彰显个性（individuality）。

4I之间，有趣是前提，有趣的内容才会有流量；利益是促进，营销内容能给目标用户带来价值利益；互动是发展，包括抽奖转发、送小礼品、回复个人私信；个性是提升，内容创造要有个性，让用户因此彰显个性。

## 四、4V策略

互联网时代，培育、保持和提高核心竞争能力是企业经营管理活动的中心，也是企业市场营销活动的着眼点。4V策略正是在这种需求下应运而生。4V营销策略是指同时运用差异化（variation）、功能化（versatility）、附加价值（value）、共鸣（vibration）的营销策略。

### 1. 差异化

消费者是千差万别的，在个性化时代，这种差异更加显著。从表面看，企业向不同的顾客提供的是同一种商品，但实际上，顾客所买的可能是根本不同的东西。同样是买汽车，有的购买的是纯粹的交通工具，有的则更附加了地位、声望这些车外之物。所谓差异化营销就是企业凭借自身的技术优势和管理优势，开发出性能上、质量上优于市场上现有水平的产品；或是在销售方面，通过有特色的宣传活动、灵活的推销手段、周到的售后服务，在消费者心目中树立起不同一般的良好形象。差异化营销一般分为产品差异化、市场差异化和形象差异化。

### 2. 功能化

功能化是指以产品的核心功能为基础，提供不同功能组合的系列化产品供给，增加一些功能变成高档品，或减掉一些功能变成中、低档产品，以满足不同客户的消费习惯和经济承受能力。其关键是要形成产品核心功能的超强生产能力，同时兼顾延伸功能与附加功能的发展需要，以功能组合的独特性博取细分客户群的青睐。

**3. 附加价值**

当代产品竞争已不仅局限于核心产品与形式产品，竞争优势更强调产品的高附加价值。附加价值包括品牌、文化、技术、营销和服务等因素所形成的价值，由技术附加、营销或服务附加和企业文化与品牌附加三部分所构成。因此应从三个角度入手：①提高技术创新在产品中的附加价值，把高技术含量充分体现在"价值提供"上，从技术创新走向价值创新；②提高创新营销与服务在产品中的附加价值。营销与服务创新能力不但是衡量企业能否实现消费者"价值最大化"的重要标志，而且是衡量企业自身能否实现"利润最大化"的预警器；③提高企业文化或品牌在产品中的附加价值，因为消费者乐意购买"名人"与"名品"效应产品。

### 案例分享　　当谈论盲盒的时候，我们在谈论什么

盲盒，顾名思义，在相同的盒子里装着不同的玩偶，而在购买、拆盒之前，消费者并不知道等待自己的将是哪一款。盲盒通过线下随处可见的贩卖机和线上完善的电商平台，成为不少年轻人的心头好。据统计，在天猫上有近20万消费者每年花费2万余元收集盲盒，其中购买力最强的消费者一年购买盲盒甚至耗资百万元，这里面"95后"占了大多数。盲盒到底是凭借什么，在短短的几年时间里迅速实现扩张的呢？

第一，盲盒精准把握了用户的探索欲和赌徒心理，盲盒的本质就是直击消费者碰运气的心理，本身的随机性是它最打动人的地方；第二，与国内外知名IP合作，这样一是可以打响知名度，另外也可以将IP粉转化为盲盒玩家；第三，线下零售＋线上网店共同推进，打造最佳消费体验；第四，惊喜营销＋饥饿营销，让玩家心甘情愿地被掏空钱包，对于很多盲盒玩家来说，他们收集盲盒并不是为了获得隐藏款并从中获利，而是为了获得打开盲盒那一刻情感上的愉悦。

**4. 共鸣**

共鸣是指企业为客户持续提供具有最大价值创新的产品和服务，使客户能够更好地体验到产品和服务的实际价值效用，最终在企业和客户之间产生利益与情感关联。共鸣强调的是将企业的创新能力与客户所重视的价值联系起来，将营销理念直接定位于包括使用价值、服务价值、人文价值和形象价值等在内的客户整体价值最大化。

整体而言，4V营销首先强调企业要实施差异化营销，一方面使自己与竞争对手区别开来，树立自己的独特形象；另一方面也使消费者相互区别，满足消费者个性化的需求。其次，4V营销要求产品或服务具有更大的柔性，能够针对消费者具体需求进行组合。最后，4V营销策略更加重视产品或服务中的无形要素，通过品牌、文化等要素满足消费者的情感需求。

# 能力训练

## 企业全渠道营销思维分析及策略规划

全渠道营销不是简单的"线上＋线下"的营销组合，在本质上是让消费者持续不断地获

取良好的用户体验。全渠道营销在很多方面颠覆了传统的营销思维,并在此基础上创新出很多新业态以及新的商业模式。企业要想在全渠道营销时代取得竞争优势,必须具备全渠道营销思维与营销策略。

## 一、训练内容

组建共同学习小组,选择一家连锁企业,通过线上资料收集、线下实地走访、亲身购物体验等方式,分析该企业重点运用哪些全渠道营销思维,并在此基础上,思考该企业可以采用怎样的营销策略开展营销活动。

## 二、训练步骤

**1. 选择目标企业并收集相关资料**

共同学习小组成员分别查找具备全渠道营销思维的相关企业,收集该企业基本信息。然后小组讨论并选定目标分析企业,围绕目标企业进行二次信息收集。要求采取两种及以上方式进行信息收集。

**2. 整理分析相关资料**

根据前期收集资料,对目标企业全渠道营销思维进行分析,并在此基础上,讨论该企业可以采用怎样的营销策略开展营销活动。

**3. 制作项目成果 PPT**

制作项目成果 PPT 并进行展示,之后根据教师反馈的意见进行修改。

## 三、训练要求

**1. 训练过程**

通过小组自主探究、教师辅助指导的方式完成训练任务。

(1) 教师布置任务。
(2) 学生组建共同学习小组(建议 3~5 人),确定小组成员分工。
(3) 初步查找企业资料。
(4) 小组讨论明确目标企业。
(5) 进行二次信息收集。
(6) 根据所学内容,整理分析相关资料。
(7) 共同制作项目成果 PPT。

**2. 训练课时**

建议训练课时:课内二课时;课外二课时。

## 四、训练成果

企业全渠道营销思维分析及策略规划 PPT 一份。

# 项目三

# 全渠道营销模式设计

## 学习目标

**【知识目标】**

1. 了解大数据的特征,熟悉大数据精准营销策略。
2. 熟悉爆品的特点及爆品营销"金三角法则"。
3. 掌握跨界营销的原则及模式。
4. 掌握社群的构成要素及社群营销的概念、价值。
5. 熟悉场景的特征及场景营销常用的技术。

**【技能目标】**

1. 能够依据大数据分析进行营销活动。
2. 能够给企业提供爆品选择及爆品营销体系打造建议。
3. 能够结合企业目标策划跨界营销方案。
4. 能够策划社群营销活动并运营社群。
5. 能够设计企业场景营销方案。

**【思政目标】**

1. 具备大数据及跨界思维。
2. 具备数据隐私及安全意识。
3. 坚持用发展的眼光看问题,具备勇于探索的创新精神。
4. 具备精益求精的工匠精神。

全渠道营销模式设计导学

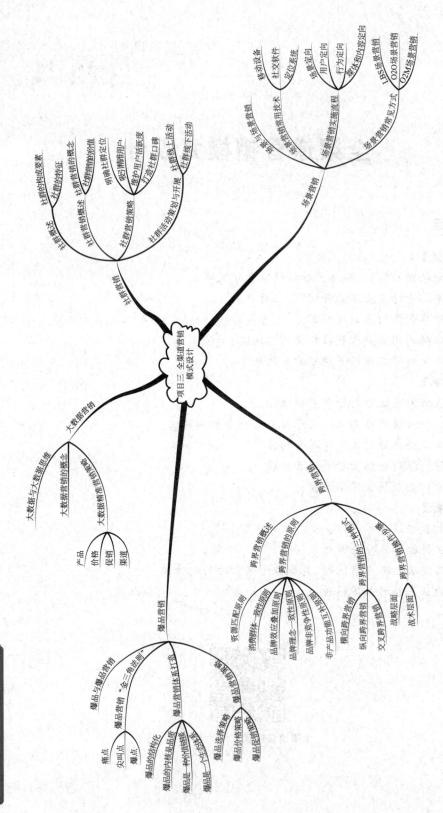

**案例导入**

<h3 style="text-align:center">经典与流行,哈根达斯玩转潮流年轻人</h3>

随着Z世代新消费观念崛起,冰激凌慢慢褪去解暑甜品的标签,同时也附加了更多消费标签,社交需求、猎奇、治愈等成为当代消费者购买冰激凌的主要诉求。在消费升级与Z世代的双重作用下,冰激凌高端化、网红化已成为必然趋势。

作为拥有60年经典传承的冰激凌品牌——哈根达斯,在这个后浪层出不穷的时代,洞悉消费者注重感官享受、追求品质、注重表达和体验的特点,推出"尽情宠自己"系列营销活动,在目标消费群体中引起了极大的轰动。

哈根达斯在保持品牌价值观的大前提下,华丽蜕变,把品牌营销宣传重点从"浪漫场合"调整到日常场合,从"取悦他人"调整到"取悦自我",抓住核心消费群体追求个人享受以及坚持自我独特性的情感诉求,以全新"DON'T HOLD BACK"尽情宠自己的品牌主张,和年轻人一起,保持"尽情、尽兴、尽我"不设限的人生态度。"尽情宠自己"系列营销活动不论从创意、画面还是配乐,都充满了时髦和新奇趣味,这个夏天享受哈根达斯的宠爱不受限制,冰激凌可以用刀劈开吃,也可以在泳池里、河边、浴缸里吃,形成更具穿透性与感染力的沟通,达成与目标消费者强烈的情感共鸣。

在产品层面,哈根达斯坚持一贯的高品质与高颜值标准,贯彻让产品说话的原则,针对目标消费群体及行业趋势的洞察,从原料、工艺、体验及高级感层面,深挖消费者需求,结合social热度话题,推出了极具网红属性的夏季产品"吃瓜杯",视觉化呈现产品口感及体验,号召消费者将线上吃瓜转化为进店吃瓜。此外,由"吃瓜杯"衍生出的有关"吃个瓜"的话题更催化了其在年轻群体中的圈层影响力,对于持续曝光单品热度,迅速扩散口碑,释放出更强大的传播力。

在营销层面,哈根达斯利用小红书、抖音、微博、微信等全社交内容平台种草,对消费者进行了聚众吃瓜方式、解锁聚会场景、宠闺蜜更宠自己的心智灌输。

在本次活动的第二阶段,哈根达斯持续加温,洞察疫情期间消费者宅家喜欢自创美食的时事趋势,推出"玩味哈根"话题,在这个夏天随时随地用哈根达斯吃出新玩法,玩出新吃法。一系列的花式DIY吃法内容,再一次撩动了消费者的心智,鼓励消费者自发产出创意,分享内容,进行炫耀式消费,形成二次种草。而花式吃法的各路创意吃法视频也层出不穷,再一次圈粉无数。

在私域运营层面,哈根达斯也巧妙地进行了品牌形

象升级,一改以往的方式,用更富有创意的展现形式、更讨巧的内容输出、更直接的奖品驱动来与消费者联动,让消费者感受到了品牌最大的诚意。

在品牌层面上,会玩的哈根达斯为了打破品牌既有的认知圈层,分别和"7分甜""R&B巡茶"以及"好利来"等品牌联合推出了"杨枝甘露冰激凌""黑眼豆豆冰激凌饮品""绿钻奇异果冰激凌饮品""宝藏杯杯"等多款极具网红属性的联名产品。此次的出圈合作,不仅蹭出了冰激凌品牌与茶饮、甜品品牌的美味新火花,更精准戳中潮流年轻人的圈层,以联名炸街款的产品,获得了年轻群体的精神共鸣,塑造出了独特的产品记忆点。

综观这次营销战役,哈根达斯着眼于消费者迭代所带来的改变,不断推陈出新,始终拥有尊重、满足,并把自己当成用户的心态,非常有效地将品宣视频的区块化与内容种草的点状化进行有机的结合,立体塑造了品牌"DON'T HOLD BACK"尽情宠自己的整体化内容。

在如今的市场环境下,一个品牌的成熟期被不断地缩小,物流、仓储、生产、供应链等"硬实力"都能够通过规模化的第三方平台进行集采和运作,这大大降低了投入的成本和时间。但就市场层面和消费者层面而言,媒体的碎片化、消费圈层的细分化,却更放大了品牌之间的"软实力",品牌力与用户力的经营与打造将成为未来品牌营销战役的重中之重。

资料来源:经典与流行,哈根达斯重新瞄准潮流年轻人|CMO案例库. https://mp.weixin.qq.com/s/DrRyxlT_9SRcJD943QEJGQ,经编者整理改编。

思考:
(1)哈根达斯是如何平衡"经典"与"流行"之间的关系的?
(2)结合自身体验,说说全渠道营销还有哪些新的玩法?

# 任务一 大数据营销

> 学前思考:随着信息化与经济、社会的持续深度融合,App过度收集用户信息造成"大数据杀熟"等问题突显,你被"大数据杀熟"过吗?对消费者来说,应该如何避免被"大数据杀熟"?

当今社会,随着信息的爆发性增长和科学技术的创新突破,人类文明正从信息技术时代向数据科技时代飞速变革。数据不再仅仅是数据,大数据(big data,缩写为BD)蕴含的巨大商业价值和社会价值使其成为企业甚至国家的重要战略资源。营销活动作为企业引领性的核心业务,正在被大数据重新塑造。

## 一、大数据与大数据思维

### (一)大数据的定义

大数据最初仅指数字时代产生的大量数据,这些海量数据包括电子邮件、普通网站和社交网站生成的所有网络数据。现在,大数据不仅用于指代以电子方式生成和存储的数据总体,还用于指代数据量大和复杂度高的特定数据集。大数据是需要新处理模式才能具有更强的决策力、洞察发现力和流程优化能力来适应海量、高增

大数据赋能新零售

长率和多样化的信息资产。

麦肯锡全球研究所认为,大数据是一种规模大到在获取、存储、管理、分析方面大大超出了传统数据库软件工具能力范围的数据集合。通过对用户的上网行为的数据采集,通过大数据分析绘制用户画像,从而开展一系列的商业行为,也成为当下零售企业普遍采取的方式。

### (二)大数据的特征

大数据具有 4V 特征,即规模性(volume)、高速性(velocity)、多样性(variety)、价值性(value)。

**1. 海量的数据规模**

大数据相较于传统数据最大的特点就是海量的数据规模,这种规模大到在获取、存储、管理、分析方面大大超出了传统数据库软件工具能力范围的数据集合。就企业所拥有的数据而言,即便整合一个商场或商业中心所采集到的数据也很难达到这种"超出范围"的数据量,更不要说少有企业可以做到布点整个商业中心,现在多数的企业还是处于小规模发展阶段,所得到的数据多是某一个门店或单独营业个体的数据,并不能称之为大数据。所以要想收集海量的数据,就目前的行业发展态势而言,最佳的选择是企业合作,通过合作,集合多家企业的数据,填补数据空白区域,增加数据量,真正意义上实现大数据。

**2. 快速的数据流转**

数据具有时效性,采集到的大数据如果不经过流转,最终只会过期报废。大多数企业采集到的数据都是一些用户的商业行为,这些行为往往具备时效性,例如,采集到某位用户某天在某服装商场的消费行为轨迹,如果不能做到这些数据的快速流转、及时分析,那么本次所采集到的数据可能就失去了价值,因为这位用户不会每一天都在买衣服。只有不断流转,才能保证大数据的新鲜和价值。

**3. 多样的数据类型**

大数据的第三个特征就是数据类型的多样性。首先用户是一个复杂的个体,单一的行为数据是不足以描述用户的。目前企业对大数据的使用多是通过分析用户轨迹,了解用户的行为习惯,由此进行用户画像,从而实现精确推送。但是单一类型的数据并不足以实现用户画像,例如,一些企业根据用户某一段时间在某一区域内的饮食数据,在用户进入这一区域的时候推送相关信息,但是这一信息只是单纯分析用户这一段时间的饮食数据,并没有考虑到用户现阶段的身体状况、个人需求和经济承受能力等,所以这种推送的转化率通常不会很高。

**4. 较低的价值密度**

大数据本身拥有海量的信息,这种信息从采集到变现需要一个重要的过程——分析,只有通过分析,才能实现大数据从数据到价值的转变。但是众所周知,大数据虽然拥有海量的信息,但是真正可用的数据可能只有很小一部分,从海量的数据中挑出一小部分数据本身就是巨大的工作量,所以大数据的分析也常和云计算联系到一起。只有集数十、数百甚至数千的计算机分析能力于一身的云计算才能完成对海量数据的分析,但是目前绝大部分企业并不具备云计算的能力。

以上四个特征,既是大数据的特征,也是影响大数据变现的原因,这些因素对于大多数企业来说很难单独解决,所以需要全行业甚至多个行业的合作共同完成。

### (三) 大数据思维

大数据思维是指一种意识,认为公开的数据一旦处理得当就能为千百万人急需解决的问题提供答案。具有大数据思维的公司和个人,能先人一步发现机遇,尽管他们本身可能并不拥有数据,也不具备专业技能。

**案例分享　　　　布拉德福德·克罗斯的大数据思维**

2009年8月,20多岁的布拉德福德·克罗斯(Bradford Cross)和四个朋友一起创办了FlightCaster.com,该网站致力于预测航班会不会晚点。它主要基于分析过去十年里每个航班的情况,然后将其与过去和现实的天气情况进行匹配。基于这种大数据思维,FlightCaster的预测非常准确,就连航空公司的职员也开始使用它。但是需要注意的是,虽然航空公司是信息的源头,但是不到最后一秒,它是不会公布飞机晚点的,因此它的信息是不及时的。

两年后,克罗斯卖掉FlightCaste,把目光转向了另外一个夕阳行业——新闻行业,创办科技创新公司Prismatic,收集网上资源,在文本分析、用户喜好、社交网络普及和大数据分析基础上进行排序。作为一项服务,Prismatic关注的是年轻一代与媒体进行交流的新方法,信息的来源并不局限于《华盛顿邮报》《纽约时报》等主流媒体的报道,而是广泛收集青少年博客、企业网站等呈现的信息,只要它的内容相关且很受欢迎就能排在很靠前的位置。关于新闻是否受欢迎的判定,是通过它的点击率和分享次数来体现的。在那个年代,美国国家记者俱乐部的常客从来没有想过要再利用网上的媒体资源,阿蒙克、纽约和印度班加罗尔的分析专家也没有想过要用这种方法来使用数据。克罗斯这样一个不起眼的外行人,想到也做到了,他使用这些数据来告诉世界,什么是比《纽约时报》更有用的信息来源。

资料来源:维克托·迈尔·舍恩伯格,肯尼思·库克耶.大数据时代[M].盛杨燕,周涛,译.杭州:浙江人民出版社,2012. 略改动。

拥有大数据思维的领导者不一定拥有数据资源。要让大数据发挥作用,产生价值,大数据、数据分析技能、大数据思维缺一不可。如今,大数据已经成为极具潜力的产业,大数据价值链上聚集着众多的数据收集、数据分析与处理、商业应用的公司。

**案例分享　　　　谷歌:数据、技能、思维三者兼备**

谷歌被公认为全球最大的搜索引擎公司,实际上,它也是一家大数据公司,集数据、技能、思维于一身。谷歌收集搜索时拼写错误的数据,利用这些数据创建了一个世界上最好的拼写检查程序,同时它自身也具备挖掘数据价值的技术,与谷歌其他项目整合,为谷歌带来了巨大的利润。除此之外,谷歌还通过应用程序接口(API)把它掌握的部分数据授权别人使用,这样数据就能够重复使用还能够产生附加价值。谷歌地图就是这样,免费为互联网上的任何人提供服务。

谷歌在刚开始收集数据的时候,就已经带有多次使用数据的想法。例如,它的街景采集车收集全球定位系统数据不光是为了创建谷歌地图,也是为了制造全自动汽车。

资料来源:维克托·迈尔·舍恩伯格,肯尼思·库克耶.大数据时代[M].盛杨燕,周涛,译.杭州:浙江人民出版社,2012,经编者整理改编。

现在,具备大数据思维的企业和人才越来越多,高校也相继设立大数据相关的专业,很多科技公司加入极具潜力的大数据价值链中。国内的阿里巴巴、腾讯、百度、京东、滴滴、美团等都是数据、技能、思维三者兼备的知名互联网企业,大数据思维正在更多的领域得到拓展,为企业创造越来越多的发展机会。

## 二、大数据营销的概念

### (一)大数据营销的定义

大数据营销是基于多平台的大量数据,依托大数据技术,帮助企业找出目标受众,以此对企业营销活动的内容、时间、形式等进行预判与调配,并最终完成营销活动的过程。大数据营销的核心在于让企业营销活动在合适的时间,通过合适的载体,以合适的方式,投给合适的人。

大数据营销是在大数据分析的基础上,开展描绘、预测、分析、指引消费者行为,从而帮助企业制定有针对性的商业策略,使其营销活动更加精准有效,给企业带来更高的投资回报率。

### (二)大数据营销的应用

依据大数据分析挖掘的结果,企业可以洞悉客户、竞争对手、产品、渠道在多维度的信息,获得以前未曾觉察的内在规律,为企业降本增效并创造商机。大数据成为许多企业竞争力的来源。

利用大数据
直达消费者

**1. 用户行为与特征分析**

只有积累足够的用户数据,才能分析出用户的喜好与购买习惯,甚至做到"比用户更了解用户自己"。这一点是许多大数据营销的前提与出发点。

**2. 精准营销信息推送支撑**

企业以受众为导向进行精准营销,因为大数据技术可以知晓目标受众身处何方,关注着什么位置的什么屏幕。大数据技术可以做到当不同用户关注同一媒体的相同界面时,广告内容有所不同,大数据营销实现了对网民的个性化营销。

**3. 引导产品及营销活动投用户所好**

如果能在产品生产之前了解潜在用户的主要特征,以及他们对产品的期待,那么企业的产品生产即可投其所好。

### 案例分享　　苹果,挖出"潜伏"的数据价值

在iPhone推出之前,移动运营商从用户手中收集了大量具有潜在价值的数据,但是没能深入挖掘其价值。相反,苹果公司在与运营商签订的合约中,规定运营商要提供给它大部分的有用数据。通过来自多个运营商提供的大量数据,苹果公司所得到的关于用户体验的数据比任何一个运营商都要多。苹果公司的规模效益就体现在数据上,而不是固定资产上。

资料来源:维克托·迈尔·舍恩伯格,肯尼思·库克耶. 大数据时代[M]. 盛杨燕,周涛,译. 杭州:浙江人民出版社,2012.

### 4. 竞争对手监测与品牌传播

企业可以通过大数据监测分析竞争对手的状况,品牌传播的有效性也可通过大数据分析找准方向。例如,企业可以进行传播趋势分析、内容特征分析、互动用户分析、正负情绪分类、口碑品类分析、产品属性分布分析等,可以监测掌握竞争对手传播态势,并可以根据用户声音策划内容,甚至可以评估微博矩阵运营效果。

### 5. 品牌危机监测及管理支持

新媒体时代,品牌危机使许多企业谈虎色变,然而大数据可以让企业提前有所洞悉。在危机爆发过程中,最需要的是跟踪危机传播趋势,识别重要参与人员,方便快速应对。大数据可以采集负面定义内容,及时启动危机跟踪和报警,按照人群社会属性分析,聚类事件过程中的观点,识别关键人物及传播路径,进而可以保护企业、产品的声誉,抓住源头和关键节点,快速有效地处理危机。

### 6. 企业重点客户筛选

从用户访问的各种网站可判断其最近关心的产品是否与某一企业相关;从用户在社会化媒体上所发布的各类内容及与他人互动的内容中,可以找出千丝万缕的信息,利用某种规则关联及综合起来分析,就能够帮助企业筛选重点的目标用户。

### 7. 改善用户体验

要改善用户体验,关键在于真正了解用户及他们使用产品的状况,做最适时的提醒。例如,大数据技术可以有效提高车辆驾驶安全性,通过遍布全车的传感器收集车辆运行信息,在汽车关键部件发生问题之前,就会提前向客户或4S店预警,这绝不仅是节省金钱,而是保护驾乘安全。事实上,美国的UPS快递公司早在2000年就利用这种基于大数据的预测性分析系统来检测全美60 000辆车辆的实时车况,以便及时地进行防御性修理。

**案例分享**　　**数据分析助力沃尔沃产品改进**

在沃尔沃集团,通过在卡车产品中安装传感器和嵌入式CPU,从刹车到中央门锁系统等形形色色的车辆使用信息,正源源不断地传输到沃尔沃集团总部。这些数据正在被用来优化生产流程,以提升客户体验和安全性。

将来自不同客户的使用数据进行分析,可以让产品部门提早发现产品潜在的问题,并在这些问题发生之前提前向客户预警。沃尔沃产品经理表示:"产品设计方面的缺陷,此前可能需要有50万台销量的时候才能暴露出来,而现在只需要1 000台,我们就能发现潜在的缺陷。"

### 8. SCRM中的客户分级管理支持

面对日新月异的新媒体,许多企业通过对粉丝的公开内容和互动记录分析,将粉丝转化为潜在用户,激活社会化资产价值,并对潜在用户进行多维度的画像。大数据可以分析活跃粉丝的互动内容,设定消费者画像各种规则,关联潜在用户与会员数据,关联潜在用户与客服数据,筛选目标群体开展精准营销,进而可以使传统客户关系管理与社会化数据结合,丰富用户不同维度的标签,并可动态更新消费者生命周期数据,保持信息新鲜有效。

### 9. 发现新市场与新趋势

对于企业而言，基于大数据的分析与预测，无论是在协助洞察新市场，还是在把握经济走向方面，都是极大的支持。

**案例分享**　　　　　　**汽车制造商"越界"为供应商研发新产品**

现代的汽车早已不是沙发加四个轮子那么简单，而是装满了芯片、传感器和各种软件。一辆中档车大概有60多个微型处理器，车上电子仪器的价值占汽车总价值的1/3。汽车一旦启动，汽车制造商就会收集到汽车状况信息。某欧洲汽车制造商与行业外数据分析公司合作，发现德国供应商供应的油箱的蒸汽泄漏检测传感器存在问题：会对好的油箱产生错误报警达16次。为了弥补公司用于长期数据分析的巨大成本，同时获得行业内独特的竞争力，该汽车制造商没有将这一结果反馈供应商并责令修理，而是研发软件改进了这个零件，并为这个改进申请了专利。然后，该制造商将这项专利卖给了供应商，赚回了公司长期数据分析的总成本。

资料来源：维克托·迈尔·舍恩伯格，肯尼思·库克耶. 大数据时代[M]. 盛杨燕，周涛，译. 杭州：浙江人民出版社，2012。

### 10. 市场预测与决策分析支持

数据对市场预测及决策分析的支持，过去早就在数据分析与数据挖掘盛行的年代被提出过，沃尔玛著名的"啤酒与尿布"案例即是那时的杰作。只是由于大数据时代对数据分析与数据挖掘提出了新要求，更全面、更快速、更及时的大数据分析，必然对市场预测及决策分析提供更好的支撑。

**案例分享**　　　**Farecast航班票价预测系统帮助旅客决策购买时机**

美国计算机专家奥伦·埃齐奥尼（Oren Etzioni）在2003年的一次航空旅行中得到启发，开发了一个机票价格预测系统，通过预测机票价格的涨跌走势以及增降幅度，帮助旅客抓住最佳购买时机。这个项目逐渐发展成为一家得到风险投资基金支持的科技创业公司，名为Farecast。系统的运转需要海量的数据支持，为提高预测准确性，埃齐奥尼找到了一个行业机票预订数据库。系统的预测结果是根据美国商业航空产业中，每一条航线上每一架飞机内的每一个座位一年内的综合票价记录而得出的。到2012年为止，Farecast系统用了将近十万亿条价格记录来帮助预测美国国内航班的票价。Farecast票价预测准确度已经高达75%，使用该工具购买机票的旅客，平均每张机票可节省50美元。

资料来源：维克托·迈尔·舍恩伯格，肯尼思·库克耶. 大数据时代[M]. 盛杨燕，周涛，译. 杭州：浙江人民出版社，2012。

## 三、大数据精准营销策略

大数据营销是基于大数据的分析和挖掘来提升营销绩效的过程。这一过程包括广泛收集数据、分析挖掘数据，然后将结果应用于营销活动，提升用户体验和营销效果，支持营销管理决策。大数据对经典营销理论的4P均会产生影响，4P即产品（product）、价格（price）、促销（promotion）、渠道（place）。

## (一)产品

当今世界,多数产品和服务处于买方市场,竞争加剧使得产品推陈出新的速度加快,产品的市场生命周期越来越短,消费者需求迭代快,预测难。传统的产品研发,消费者需求调研环节实施难度大、成本高、抽样样本较少、获得信息不准确、不全面。如今,基于大数据分析为基础的产品研发,依托海量数据资源,能够更精准地了解消费者需求和偏好,为产品和服务研发指明方向。大数据甚至可以帮助企业发现小数据时代无法洞察的机会,引领需求,创造商机。

### 案例分享　　　　美剧《纸牌屋》的诞生

2013年火爆市场的美国电视剧《纸牌屋》,其出品方在线视频公司 Netflix 称《纸牌屋》是其大数据积累和挖掘后的第一次战略运用。公司积累分析其用户行为的大数据已经很长时间,基于3 000万北美用户观看视频时的行为数据,推测出一部剧的关键要素可以是大导演大卫·芬奇、奥斯卡影帝凯文·史派西和BBC出品三者的交集,并据此打造了《纸牌屋》。

基于大数据挖掘的自信,Netflix公司一改传统的投资方式,一次性投入超2亿美元锁定了《纸牌屋》2年2季的制作权。《纸牌屋》播出后口碑爆棚,获得艾美奖9项提名,最终斩获最佳导演、最佳选角2项大奖。女主角罗宾·怀特问鼎金球奖视后,当时的美国总统奥巴马也成为该剧的粉丝。随着该剧第一季的大热,作为制作和首播的公司,Netflix 的股价从2013年首播前的每股90美元,涨到了430美元,Netflix 的订户数量超过了美国传统有线电视巨头 HBO,成为全球最大的流媒体运营商。截至2013年年底,Netflix 的全球流媒体总订户数量突破4 400万。

现在一些快餐业将数据分析用于调整供应的产品。如通过数据分析等候队列的长度,自动改变电子菜单显示的内容。如果队列较短,就显示那些利润较高但准备时间相对较长的食品;若队列较长,则显示可以快速供给的食物,这样可以兼顾顾客体验和公司利润。

## (二)价格

产品和服务的价格是营销成败的关键要素之一。传统的产品定价,一般根据自身的成本加上适当的利润,结合市场竞争情况及目标客户的支付能力等来决定。但市场竞争状况千变万化,难以准确预测,目标用户的支付能力和支付意愿也难以全面获得。进入互联网时代,依靠各类技术手段,企业可以获得种类繁多的数据,这些数据可以分析用户的购买习惯和偏好、支付的价格区间、使用产品的习惯和使用情况、企业的运营情况等,为企业的产品售价提供决策支持。

当然,产品的定价需要考虑多种复杂的因素,例如,为打造爆款,企业可以针对目标用户的购买力和竞争对手情况制定较低的价格,以获取较高的品牌关注度和巨大的流量。总之,大数据可以为企业提供以前求而不得的信息,支持企业的定价策略和整体营销目标。

> **拓展知识**　　　　　**国家出手，"大数据杀熟"或违法**

近年来，一些企业利用大数据在价格上"杀熟"的案例非常突出，已引起国家监管机构和主流媒体的广泛关注。例如，用不同的手机进行互联网打车，给一些老用户的价格往往比新用户的更高；用五部手机打开常用的百度网盘 App，发现了四种会员包年价，早就开通了 SVIP 自动续费的人年费最高；同样的视频软件会员套餐，在安卓或 PC 设备上购买 198 元/年，在 iOS 设备上买入，就瞬间涨到 228 元/年。

随着数据竞争日趋白热化，"大数据杀熟"也迭代升级，"杀熟"引发的数据风险越发引人关注。杀熟 1.0，大多是老客卖高价；杀熟 2.0，则是个性化推送下的精准杀熟。相较于显而易见的差异化定价，如今消费者在一些平台下单，会收到复杂算法临时生成的各类优惠券、价格组合，不同账号的价格差异比以前更大。同时，杀熟 2.0 中的"熟"，已经不是"熟客"，而是被平台充分掌握个人信息的"熟人"。基于算法的个性化推送会打造信息茧房，基于歧视性算法的产品匹配则将剥夺消费者依法享有的选择权。

国外有研究显示，一家企业采用传统人口统计资料进行个性化（差异化）定价，能够增加 0.3% 的利润，若根据用户平台数据分析进行个性化定价，则可增加 14.55% 的利润。

央视新闻援引专家观点称，"大数据杀熟"在两个阶段涉嫌违法：一是在用户个人信息收集阶段，涉嫌违法收集个人信息；二是在"杀熟"实施阶段，涉嫌侵犯消费者隐私权、知情权、公平交易权。

2021 年 8 月 17 日，提请全国人大常委会会议三次审议的《个人信息保护法（草案）》对禁止"大数据杀熟"等内容作出规定。草案明确，利用个人信息进行自动化决策，不得对个人在交易价格等交易条件上实行不合理的差别待遇。草案还规定，个人信息处理者通过自动化决策方式向个人进行信息推送、商业营销，应当同时提供不针对其个人特征的选项，或者向个人提供拒绝的方式。

同日，市场监管总局发布《禁止网络不正当竞争行为规定（公开征求意见稿）》（以下简称《规定》）。《规定》对大数据"杀熟"要求与《个人信息保护法》《数据安全法》都会产生关联。《个人信息保护法》强调对用户人格权益的保护，保护的是个人信息安全，而《规定》则从市场监管角度出发，更强调消费者财产权益的保护。

大数据的发展，为今后实现对用户个性化需求进行精准化商业服务提供了技术支撑，而平台企业在收集、使用用户的数据信息时，应当合法并善意，勿要投机取巧，否则将失去用户的信任与支持。

### （三）促销

基于互联网、移动互联网、广电网、智能电视等多平台的大量数据，能够更精准地了解潜在用户的购买行为及购买渠道、用户喜爱的广告类型、用户分布的地理位置、所在社群圈层等综合信息，这些精准画像能使广告和推广活动更有的放矢，相较于传统的促销，大数据精准促销的绩效更高。

只要用户连接互联网，无论是浏览商品信息还是读取新闻，抑或是与朋友微信聊天，推荐广告都如影随形。用户在互联网的任何一个浏览、点击、停顿、放入购物车、购买动作等都被收集、被记录，被商家用于画像和分析。大数据分析与推荐已经渗透到人们工作生活的方方面面,这既提供了许多便利,同时也带来了过度推荐、不实推荐的烦恼。

### 🌸 案例分享　　亚马逊书评家团队被大数据打败

亚马逊基于大数据的精准营销

1995年创立的亚马逊,早年为扩大图书销量,聘请了20多名书评家和编辑组成团队,他们写书评、推荐新书,挑选非常有特色的新书标题放在亚马逊网页上。该团队的推荐使书籍销量猛增,成为当时全美最有影响力的书评家。但随着亚马逊的书越来越多,这样的人工操作自然越来越显得乏力低效。1998年,亚马逊的一位技术人员想出了一个解决方法:通过找到产品之间关联的推荐方式提前分析产品之间的关系,这样推荐的速度非常快,适用于不同产品,甚至可以跨界推荐商品。经过比对测试,通过数据推荐系统所增加的销售远远超过评论家团队创造的贡献,这个销量比较数据直接影响到亚马逊解散书评组。取代书评组可能并不是这位技术人员的本意,但智能代替人力却是无法阻挡的。如今,国内的许多网站平台也建立了自己的个性化推荐系统,这些系统跟踪记录用户的网上行为,基于分析的用户画像进行产品推荐、促销。

如今,收集潜在用户的地理信息是如此重要并被广泛用于广告及促销。用户随时随地打开手机,都能收到附近各类饭店、商家的产品、价格等系列推荐,这为消费者带来消费便利,也使得商家广告投放的效益有所提升。以往营销人员需要了解消费者心理,研究消费行为背后的机制,依赖专业的因果关系洞察改善营销工作绩效,如今大数据仅仅根据挖掘出的关联性就可指导营销活动,改善消费者体验并提高销量。

### 🌸 案例分享　　沃尔玛:把蛋挞和飓风用品一起卖

在网络带来巨大的数据库之前,沃尔玛在美国企业中拥有的数据资源应该是最多的。在许多情况下,沃尔玛不接受产品的"所有权",这样就避免了存货的风险,也降低了成本。实际上,沃尔玛运用这些数据使其成为世界上最大的"寄售店"。

2004年,沃尔玛对过去交易的庞大的数据库进行了观察,这个数据库记录的数据不仅包括每一个顾客的购物清单以及消费额,还包括购物篮中的物品、具体购买时间,甚至购买天气。沃尔玛公司注意到,每当在季节性飓风来临之前,不仅手电筒的销售量会增加,蛋挞的销量也会增加。因此,当季节性风暴来临时,沃尔玛会把蛋挞放在靠近飓风用品的位置,当然,这一改变也增加了销量。

资料来源:维克托·迈尔·舍恩伯格,肯尼思·库克耶. 大数据时代[M]. 盛杨燕,周涛,译. 杭州:浙江人民出版社,2012.

随着互联网的普及,信息及商品可触达用户的渠道不断增多,除了传统的线下实体门店、纸质媒体和有线电视,如今互联网电视、计算机及移动端等新渠道流量爆发。互联网时代流量为王,广告的制作和交易模式不断调整优化。以往的广告促销是以媒体为导向,商家倾向于选择知名度高、浏览量大的媒体进行投放;现在广告传播以受众为导向,按照受众的审美习惯和浏览渠道量身定做,广告费用已从传统的按时段付费转向按点击收费和按单次展示收费。

## (四)渠道

互联网时代,商家和用户可以低成本获得大量相关信息,大数据对潜在用户的精准推荐使得商家更便捷地触达消费者,这使得渠道缩短、渠道变宽。与传统单纯线下实体渠道相比,近年来商家借助互联网建立更多线上渠道。大数据技术的应用,使得商家线下、线上多渠道日益融合,实现了全渠道整合管理,并优化构建与之匹配的物流渠道。

例如,借助天猫平台,优衣库等一些国际知名品牌不仅建立了线上渠道,还依据天猫大数据优化在我国不同城市圈的门店布局,尤其是下沉到三四线城市,匹配消费需求。在阿里巴巴生态大数据支持下,新零售探索者盒马鲜生开始逆潮流在线下开设主营生鲜和堂食的实体店,其选址高度匹配潜在客户的需求。盒马鲜生强推的线上 App 购买及支付,进行线上导流,用热力感应等科技抓取用户到店信息,利用场景和 App 的链接使"人货场"高度数据化,探索打造数据驱动的新零售商业模式。

大数据技术不仅帮助商家缩短原来的营销渠道,开辟新的渠道,同时还密切了渠道成员之间的关系。渠道上的信息流更通畅、更透明,高效的渠道运作需要渠道成员之间互相信任,协同销售信息、库存信息、位置信息、资金信息等,以供应链成员间的高效协作共同提升产品和服务在最终市场的竞争力,打造高效敏捷的供应链、价值链。

大数据对渠道的影响,还体现在对线下、线上多渠道的整合。随着技术的发展,营销渠道、信息渠道、物流渠道与日俱增,大数据技术基于多渠道的信息来源,分析挖掘提升营销绩效的有用信息。

### 案例分享　　王府井百货投身全渠道变革 大数据成变革先锋

目前,大部分连锁企业具备数据收集能力,但企业内部数据运用相对孤立。据统计,企业可利用数据占比不到 15%。从海量数据中淘出有效信息,是大数据服务商提供的价值服务。王府井百货借道大数据公司进行精细化的用户分析、精准化商品管理、优化品牌组合等,这也将为切换到深度联营合作的供应商提供有效的单品管理支撑。

(1) 大数据记录消费者习惯

过去,商场从来不会对消费者动线进行数据采集,例如,消费者进入了哪些品牌店,在其中逗留了多久等。如今对这些数据的收集成为大数据公司每天必须要监测与记录的事情。

王府井百货与供应商改变合作关系,双方进行深度联营。对于深度联营,供应商可获得王府井百货商品动销分析、货品上架建议、合理化建仓指导和货品流转建议等库存管理支持。同时,还在大数据、营销方式、现场管理、公司运营等多层面进行资源共享。

王府井百货多年来在零售领域已有了深厚功底,但是对于线上用户管理与线下消费者数据采集的力量相对薄弱,希望借助大数据公司的技术支持,记录王府井网上商城与线下实体店内用户数据,收集和整合各渠道的商品、用户和业务数据,在此基础上进行数据分析、挖掘、建模和应用,提高消费转化率,进行更精准的商品推送。

(2) 拓展新盈利模式

与 CRM、ERP 等企业传统 IT 设施不同,大数据是获取、存储、整合、分析、可视化企业内部和外部数据的一整套解决方案,它不仅是一种营销手段,更能帮助企业改变和拓展新的商业模式和盈利模式。在消费趋势演变中,Wi-Fi 已成为多数北京商场的标配,这也是很多传统零售企业 O2O 变革的铺垫。但是,至今还未有企业探索出线上与线下结合后清晰的盈利模式。

尽管如此,通过大数据优化下的电子商务网站在进行实体店消费者洞察后,的确促进了购买转化,降低了运营成本,提高了企业整体盈利能力。这也让垂青大数据服务商的不仅是传统零售企业,电商、汽车、金融、品牌制造企业也纷纷借力大数据平台,拓展更多资源与提供个性化服务。

资料来源:北京商报,2014-09-17,略改动。

# 任务二　爆品营销

> 学前思考:排队也要喝的喜茶如此吸引年轻人的"套路"究竟是什么?

得爆品者得天下。爆品是商家角逐的主战场,爆品营销战略是企业营销战略的重中之重。对于爆品,雷军曾经这样说过:"专注、极致、口碑、快"。移动互联网时代,打造能够吸引客户注意力,甚至产生巨大社会影响力的爆品,成为很多企业新的选择和目标。

## 一、爆品与爆品营销

### (一)爆品的定义

爆品是指给企业带来销量、能形成口碑传播的产品。爆品不仅会有持续的热销,还会受到消费者一直的追捧,更是企业的拳头产品,可以为企业创造更多、更高的利润。打造爆品需要站在消费者的角度,以用户思维完成对消费者需求的推测,完成产品规划与品牌定位,开发满足消费者需求的产品,并提供极致享受的服务体验。

重新定义产品与创新

爆品是新时代的产品代言人。在销售过程中,爆品能帮助卖家获得十倍、百倍的营销效果,甚至不需要卖家进行主动推广就能带来数倍的收益。爆品是具有价值感、培养潜力和品质守恒的单品,最终是要打造成品牌,"集体围观"现象是爆品的重要标志,而非销量。

 **拓展知识**　　　　　　　　**乔布斯眼中的"爆品"**

乔布斯曾经说过一句话:聚焦的意思不是对必须重视的事情说"是",而是对现有的另外100个好主意说"不"。1997年,乔布斯重新回归苹果之后做的第一件事就是:聚焦做爆品。苹果每个产品都有多个版本,每个版本又分为不同编号,乔布斯大刀阔斧地砍掉了70%。乔布斯在公司内部有一个关键词考问,也是所有产品的生死一问:我应该让我的朋友们买哪些产品?

### (二)爆品的三个层次

(1)利用"羊群效应",依靠该产品赚钱。依靠单品获取利润较为简单,好的单品,加上好的文案,进行一定的推广,就能达到效果。

(2)成为门店流量入口,提升整个门店的销量。想要做到这个层次,必须要有优秀的整体设计、关联产品,才能提升门店的整体竞争力,带动其相关产品的销售。

(3)以该产品作为客户体验的入口,形成品牌推广。对品牌要有整体规划,明确定位,不论是产品还是服务,都要突出特点和亮点,保证自己的门店在海量卖家中能被客户记住。

实际上,只有做到第三个层次,爆品才能成为品牌,也才能称之为爆品,才有持续的竞争力。

### (三) 爆品的特点

爆品一般是高需求度、高传播性以及高转化率的产品,具体而言,爆品具有以下特点。

**1. 拥有让消费者尖叫的品质**

每一款爆品都具有让消费者尖叫的品质,只有优良的品质,才能为产品带来良好的口碑,只有不断发酵的口碑,才能迅速引爆产品,以最快的速度抓住消费者的心。

**案例分享**　　　　　　　　**宜家的爆品品质追求**

在很多消费者心中,宜家是设计精巧、品质优良、服务完善的代名词,消费者能有这样的消费体验,全在于宜家对产品品质的执着追求。在每一款产品的设计、研发过程中,宜家都会邀请世界级的设计大师参与其中,而在生产、制作过程中,追求精工细作,力求为消费者提供最好的消费体验。在这种思维的引领下,宜家打造出一个又一个爆品,毕利书柜、帕克思衣柜,都成为风靡一时的抢手货。不断出现的爆品,让宜家成为家居行业中的佼佼者,始终处于优势地位。

**2. 具有引领时代潮流的功能**

随着时代的发展,人们的生活品质不断提升,消费者对产品的需求也发生了巨大的变化,对许多消费者而言,购买产品不再是为了满足基本的生活需求,而是为了迎合甚至是引领时代潮流,所以要成为爆品,必须具备这样的功能。例如,微信就是一款典型的爆品,微信的出现改变了人们的社交方式,创新了商业运行模式,成为人们新的生活方式之一,很多人现在已经离不开微信。

**3. 能满足消费者的个性化需求**

互联网时代的爆品,必须以满足消费者的个性化需求为出发点,为消费者提供独特的产品及服务。如何通过产品引发消费者的共鸣,这是企业在打造爆品时必须解决的问题,也是一款产品能否成为爆品的关键。

**4. 有夺人眼球的视觉设计**

爆品一般都具有令人过目难忘的视觉设计,包括企业 Logo、产品外观、包装等。高颜值能让爆品品质视觉化。例如,阿迪达斯的三条杠符号,有很强的辨识度,其视觉核心理念就是跑道,代表运动精神,所以爆品视觉设计最好能体现出企业的内涵与精神。

**5. 具有较高的性价比**

一款爆品,在品质确定的情况下,价格就成为影响性价比的主要因素。通常而言,爆品的售价都略低于平均客单价,在保证利润空间的前提下,爆品的价格应该以容易打动消费者为衡量标准。

### (四) 爆品营销

爆品营销是指基于产品层面来进行营销,就是以用户为核心,产品与用户重新匹配,根据用户逻辑重新定义产品,采用用户喜欢的方式去做流量和转化。在产品力足够的前提下,营销是爆品的催化剂,能促使爆品在短时间内爆发。

爆品一定卖得好,但卖得好的产品却不一定是爆品。单从销量上来衡量,并不能定义一个产品是不是爆品,因为打造爆品需要创造出全新的产品,同时要带给消费者极致的体验。严格意义上来说,打造爆品需要制定战略,需要策划实施,因此爆品营销就是打造爆品的过程。

## 二、爆品营销"金三角法则"

爆品营销"金三角法则"是指爆品营销由三个核心法则组成:痛点法则、尖叫点法则和爆点法则。

爆品营销"金三角法则"

### (一)痛点法则

所谓痛点,就是消费者最想得到满足的需求点,是用户在使用产品的过程中抱怨、不满带来不良消费体验的点。企业要做的,就是找到消费者的这些痛点,并通过自己的产品或服务,帮助消费者消除痛点,使消费者免遭不良情绪的侵袭。

例如,"滴滴打车"自问世以来,不断对业务模式进行升级和更新:滴滴出租车、滴滴专车、滴滴快车、滴滴代驾、滴滴拼车等。每一次进行升级,"滴滴打车"都能迅速得到消费者的欢迎和认可,究其原因,就是抓住了消费者的痛点——出行难,打车难。

就打造爆品而言,找准消费者的痛点是其基础和核心所在。能够找到的痛点越强,市场机会就越大。一款没有找准消费者痛点的产品,无论拥有多少吸引人注意力的卖点、蕴含多么感人至深的情怀、具备多么精巧细致的做工,都无法让消费者为之怦然心动。毕竟,消费者需要的产品才会有市场,击中消费者痛点的产品才能让消费者产生购买欲望,才有成为爆品的可能。

**案例分享** 让 FB 都垂涎的 Snapchat 有什么魔力

Snapchat 是美国 2014 年增长最快的社交消息类 App,该应用最主要的功能就是所有照片都有一个 1~10 秒的生命期,用户拍了照片发送给好友后,这些照片会根据用户所预先设定的时间按时自动销毁。而且,如果接收方在此期间试图进行截图,用户也将得到通知。这种"阅后即焚"的功能为年轻人互相发送私密照片提供了安全平台,因为这些信息不会在网上留下痕迹,也无处可查,同时也满足了那些想要发送商业机密或敏感信息人群的需求。另外,限制浏览时间,会刺激用户的使用频率,用户的好奇心被无限扩张,一旦玩起来黏性很大。现在,Snapchat 每天的照片和视频发送量为 4 亿次,接近 Facebook 和 Instagram 每天照片上传量的总和。

那么,如何寻找痛点?从技术角度来看,大数据分析寻找痛点是个必备方法,通过用户行为数据分析找到产品中的问题及解决方案。滴滴出行就在不断通过大数据分析提高打车成功率,例如,上下班高峰期驾驶员不爱接单,滴滴就通过给补助提高驾驶员积极性。图 3-1 是企业寻找消费者痛点的方法。

| | |
|---|---|
| 善于洞察和分析消费行为 | 企业只有深入了解客户的需求，才能精准地找到客户的核心痛点，为打造爆品创造基础条件 |
| 对产品和服务做到烂熟于心 | 深刻了解产品的构成、性能等细节，做一个可信度较高的产品介绍，才能有效吸引客户，为打造爆品创造可能 |
| 充分了解竞争对手的情况 | 了解竞争产品的情况，通过对比掌握自己产品的优势和劣势，以便更有针对性地做好营销 |
| 深入场景进行亲身体验 | 想要找到客户的痛点，企业必须深入实际，亲自到产品使用的场景中去感受和体会。如果仅靠想象，找到的就很可能是伪痛点 |
| 从客户的抱怨中寻找痛点 | 客户产生抱怨，无非是因为他们的某些需求无法通过购买的产品得到满足。对企业而言，找到客户抱怨的原因所在，也就等于找到了痛点。帮他们解决问题，就为打造爆品创造了可能 |

图 3-1　企业寻找消费者痛点的方法

 **拓展知识**　　　　　　　　**找准价值锚，打造爆品**

打造爆品，要从用户的角度出发寻找痛点。企业要将以用户为中心的思想变为行动，找到产品的价值锚，即用户直接可感知的、超高的价值点。

心理学上有个词叫"沉锚效应"，是指人们在对某人某事做出判断时，易受第一印象或第一信息支配，就像沉入海底的锚一样，把人们的思想固定在某处。价值锚就是从用户的角度出发，从用户痛点、产品尖叫、爆点营销等维度寻找他们对一款产品做出判断的价值锚点。这个价值锚点让客户印象深刻、超预期、无法忘记。价值锚的关键要素就是可感知的用户体验，一定要直接可感知。

小米在生产移动电源时，抓住了以往移动电源市场价格高、不兼容、劣质电池的痛点，打造出一款 10400mA、三星 LG 的电芯、铝合金外壳的移动电源，售价接近成本。所以，"全铝合金"的外壳成为这款移动电源的价值锚，铝合金的一体化外壳是可直接感知的。

实际上，很多企业不但用上述几种方法寻找到了消费者的痛点，还形成了一套属于自己的探寻体系，如 PERSONA 模型法、问卷访问法、二八法则、焦点小组等。例如，小米会将用户的痛点集中在一个典型代表性用户身上，就是发烧友；大朴网创始人王治全找痛点的方法是通过拉用户进微信群的方式挖掘痛点，找痛点的核心是让用户活跃起来；史玉柱找痛点的方法就是访谈消费者，做脑白金时每周访谈 50 个消费者。

 **拓展知识**　　　　　　　　**用户角色模型**

为了找到痛点，产品经理前赴后继找了很多种工具，有一个工具被广泛使用——用户角色模型 PERSONA。

P 代表基本性（primary）：指该用户角色是否基于对真实用户的情景访谈。

E 代表移情性（empathy）：指用户角色中包含姓名、照片和产品相关的描述，该用户角色是否能引起共鸣。

R 代表真实性(realistic):指对那些每天与顾客打交道的人来说,用户角色是否看起来像真实人物。

S 代表独特性(singular):每个用户是否是独特的,彼此很少有相似性。

O 代表目标性(objectives):该用户角色是否包含与产品相关的高层次目标,是否包含关键词来描述该目标。

N 代表数量性(number):用户角色的数量是否足够少,以便设计团队能记住每个用户角色的姓名,以及其中的一个主要用户角色。

A 代表应用性(applicable):设计团队是否能使用用户角色作为一种实用工具进行设计决策。

PERSONA 是建立在对真实用户深刻理解及高精准相关数据的概括之上,虚构的包含典型用户特征的人物形象。因此 PERSONA 虽然是虚构的形象,但每个 PERSONA 所体现出来的细节特征描述应该是真实的,是建立在用户访谈、焦点小组、文化探寻,包括问卷调查等定性、定量研究手段收集的真实用户数据之上的。PERSONA 的本质是一个用以沟通的工具,它帮助项目过程中的不同角色摆脱自己的思维模式,沉浸到目标用户角色中,站在用户的角度思考问题。

### (二)尖叫点法则

所谓尖叫点,就是产品的口碑指数,也就是说产品必须要有好的口碑。在传统市场上,产品的口碑指数不能决定产品的生死;但是在互联网时代,产品的口碑指数对企业的生存和发展有着举足轻重的影响。打造爆品的尖叫点有三大行动工具:设计流量产品、打造产品口碑、快速迭代。

**1. 设计流量产品,用低价让客户尖叫**

爆品有其特定的产品属性,很多时候爆品的属性是用来获取流量、转化流量,甚至产生消费认知,通过爆品爱上品牌,进而实现深度转化,提高连带率。爆品一定要让消费者有消费后的"超值感",只有爆品有了超高的人气和购买率,才能带来更多的流量。

很多大型超市会不定期提供特价商品,这让消费者产生一个概念,只要常常去大超市逛,就能碰见特价商品,消费者会更多地去大超市,每次去肯定不只买特价商品,由此加大了流量,也提升了总营业额。

**2. 超出预期消费体验,打造产品口碑**

口碑就是超越用户预期,带给用户惊喜感。惊喜感=顾客体验值-顾客期待值。惊喜感可以体现在几个方面:颜值、口感、仪式感等,总之,就是顾客体验过一次,留下强烈的记忆点,并且有新奇感,在消费者中能形成自传播。

例如,小米手环充一次电可以用 3 个月至 100 天,免去用户频繁充电的烦恼,在用户群体中形成一定的口碑效应。又如,第一次去海底捞,去之前只知道服务好,去之后发现还有变脸节目可看,感到很惊喜,很多消费者会发朋友圈炫耀新的发现,这就形成了消费者自传播。

**3. 快速迭代,给客户超乎想象的优质体验**

在互联网时代,产品的快速迭代对于企业的生存和发展有着重要的意义。所谓快速迭代,就是根据用户使用之后产生的意见和反馈,对产品进行快速更新和改进。产品通过不断地迭代和更新,满足用户不断变化的需求,持续吸引用户的关注。

例如,知识共享平台分答前期在微信上开展一个 H5 活动,只有两个基础可用的功能,即问和答;随后吸引爱好者参与,不断收集反馈、快速迭代。分答刚推出时,每天更新 1～2 次系统界面,直到一个月后,培育好市场和用户,才推出了 App 客户端,推出客户端以后,企业也是不定期对产品进行迭代。

### (三)爆点法则

所谓爆点,就是引爆大众传播的那个点。在打造爆品的过程中,大众传播是任何一家企业都离不开的一个重要工具。只有通过大众传播,产品才能迅速走进消费者的心里,让消费者产生购买行为。爆点法则是用互联网社交媒体的途径,快速将产品推广到市场的营销方式。爆点法则一般使用三个行动工具:核心族群、用户参与感、事件营销。

**1. 引爆核心族群,影响互联网大众**

通过小众影响大众,通过大众引爆互联网。引爆小众就是引爆一个核心族群。抓住核心族群是一个四两拨千斤的方法,核心族群往往可以引领风潮,他们可以指引消费的方向,帮企业完成从小群体到大众的推广过程。比如小米的核心族群是发烧友,苹果的核心族群是设计师,京东的核心族群是 IT 男,亚马逊的核心族群是文艺女性。

**2. 不断加持,提高用户参与感**

找到一个核心族群后,最重要的是引爆用户参与感,提高用户参与感是提高传播力度的要点。如何引爆用户参与感?就是用病毒性的内容激发用户的参与热情。要形成病毒营销效应:一是创意,创意对病毒营销的结果起到重要作用;二是支点,指的是第一批病毒扩散者;三是杠杆,就是营销媒介,如微博、微信等。

### 案例分享　　爱彼迎成功的秘密

互联网酒店爱彼迎(Airbnb)没有引人注目的装修风格,没有大量的广告宣传,仅靠客户的不断参与,就成了世界知名的酒店。

爱彼迎成立于 2008 年,短短的几年时间,就已经从纽约扩张到了全球 190 多个国家和地区。爱彼迎之所以能够取得这样的成就,在于让客户产生了非常亲切的感觉:爱彼迎并不是一家公司,而是让客户身处其中的一个巨大社区。爱彼迎有 3 种促使客户积极参与的有效武器:一是大数据;二是高规格;三是社交网络。

(1) 大数据

通过大数据,爱彼迎能够发现房东和租客有几个共同好友,有什么共同爱好等,以此作为依据,可以为客户提供更精准的服务。

(2) 高规格

出国旅行已经成为很多人日常生活的一部分,再在朋友圈里晒些旅游景点、豪华酒店的照片,已经难以引起好友的关注。想要吸引朋友的关注,必须展现一些更高规格的内容才行。爱彼迎有各种各样风格的房子可供选择,每到一处,都能找到新奇而特别的住处,这会对客户产生极大的吸引力。

（3）社交网络

做酒店想要成功，自然需要很大的客流量。爱彼迎并不依托传统的订房网络，而是依靠客户的社交网络搭建起巨大的流量平台。在这个社交网络里，租户能与房东建立更多的联系，收获不一样的体验。这种模式让客户的旅行变得有趣起来，人们在旅行结束之后，有很多真实而有趣的故事可以回味。

这3种武器融合在一起，让爱彼迎显得与众不同，客户在这里不仅可以得到更加丰富多彩的消费体验，还能享受到极具个性化的服务。这让客户愿意持续参与其中，并在自己的社交网络中不断进行推介，使爱彼迎得到迅速传播，知名度也越来越大。

资料来源：李桥林．爆品营销[M]．天津：天津科学技术出版社，2019．

**3. 事件营销**

爆点法则的最高境界就是事件营销。事件营销是企业通过策划、组织和利用具有新闻价值、社会影响及名人效应的人物或事件，吸引媒体、社会团体和消费者的兴趣与关注，以求提高企业或产品的知名度、美誉度，树立良好品牌形象，并最终促成产品或服务销售目的的手段和方式。简单地说，事件营销就是通过把握新闻的规律，制造具有新闻价值的事件，并通过具体的操作，让这一新闻事件得以传播，从而达到广告的效果。例如褚橙的成功，除了24∶1黄金甜酸比的口味受到消费者的认可外，更重要的是褚橙的事件营销，借助褚时健的经历，打造褚橙故事，把褚橙变成一种励志橙，赋予褚橙精神力。

## 三、爆品营销体系打造

### （一）爆品的结构化

首先，爆品的前提是从某一个功能点出发，一个功能就可以引爆市场；其次，把一个功能升级为产品，就是一个整体的解决方案，打造爆品产品；最后，升级为平台，可以接入很多产品，引爆很多产品。爆品主要立足于流量思维，用功能或体验的极致来实现爆发式增长。

**案例分享** **微信红包：如何做到超级爆品**

微信红包是一款爆品，腾讯内部称之为"七星级产品"，也就是超级爆品。微信红包的诞生，最早源于腾讯内部员工的一个强痛点：过节发红包。腾讯公司的总部在深圳，马化腾是潮州人，潮州人有过年开工"派利是"的传统。马化腾每次发红包，基本上都会上新闻头条，腾讯员工从腾讯大厦39层一直排到深南大道上，有上万人。2013年11月，微信一个小团队在做产品头脑风暴时，有人说："能不能把公司内部发红包的传统做成一个应用，增加微信支付的用户数？"

第一阶段：爆品功能。一个转折点发生在2014年1月。微信中有一项随机掷骰子的功能，在微信群中，多个好友一起掷骰子是一种简单又刺激的游戏。一位产品经理提议，把骰子换成红包，这就是微信红包的产品核心"抢红包"，最关键就是一个"抢"字，而且能炸出微信群里潜水的用户。

2014年春节，在农历除夕到正月初八这9天时间里，800多万人共领取了4 000万个红包，遍布全国34个省，平均每个红包10元。除了春节发红包，微信红包能否升级为一个高频应用的产品呢？

第二阶段:爆品产品。转折点是滴滴出行抢红包。在腾讯产品经理的内部手册里,"场景"这个词很重要。就是通过用户使用场景,精准定位用户。比如微信红包的一个最重要场景是春节发红包。春节后怎么办,就要寻找其他场景。

滴滴和快的补贴大战是2014年最引人关注的事件。腾讯作为滴滴的投资公司,强势杀入,就是要打出一个场景消费。"打车"这个场景正好满足微信红包的三个条件:用手机、高频消费、用户痛点。

在补贴大战中,为什么滴滴能胜出?微信抢红包作出了很大的贡献。微信投资10个亿给用户发打车红包,不仅拉来了不少新用户,也刷爆了朋友圈。滴滴把抢红包做到了极致,请明星发红包、在电视台发红包、企业冠名发红包等。

关键是打车发红包把微信红包的应用场景打开了,接下来出现了京东购物送红包、大众点评消费送红包等。

第三阶段:爆品平台。除让企业发红包外,微信红包想要打造成为万能的入口,转折点就是2015年春晚抢红包。春晚抢红包是个百亿级的大场景,搜索"微信红包"的百度指数,除夕当天是一个超级大波峰。

春晚抢红包有一个最刺激的设计,就是"摇一摇"。看一个大数据:除夕当天,微信红包收发总量达10.1亿次,春晚全程微信春晚"摇一摇"互动次数达110亿次。

资料来源:https://www.163.com/dy/article/DNGV3QVV0511HVFM.html。

### (二)爆品的内核是品质

产品品质是1,营销、体验、服务、包装等都是后面的0,没有前面的1,后面的0再多,也等于0,而如果有了前面的1,后面的0就是产品和品牌的附加值。爆品是由"爆"和"品"两个字组成的,其中"爆"是指引爆、爆发的意思,"品"是指产品、品牌、质量,品由三个口组成,是口口传播,最后成为口碑。

**案例分享** 周黑鸭:爆品背后的工匠精神

周黑鸭创始人周富裕江湖人称"鸭哥",一天的时间能围在卤锅周围工作20个小时以上,耐心的钻研加之天生的口味敏感天赋,造就了周黑鸭独特的"甜辣酱"馥郁风,消费者对于周黑鸭的认可度较高:"辣的周黑鸭够味,不辣的够清新,浓妆淡抹总相宜!"因此,"爆"是果,"品"是因,"爆品"是因果。

爆品的起点不是在产品上市的时间点,而是在产品生产端的起点及开发过程中,甚至在产品的创意阶段就已经开始植入爆品基因。产品是一切传播、营销的起点,需要用产品驱动营销,而非用营销去强推产品。在产品开发过程的每一个环节,创意、命名、包装设计、配方设计等都要考虑如何预埋爆点。

### (三)爆品是一种价值链接

爆品往往不只在于产品本身,更需要转变思维,从卖产品到卖服务,从卖产品到卖价值观。为迎合新消费,新需求,有的产品生来就带有情绪、社会价值、符号属性、审美倾向等。

**案例分享**　　　　　　　　瞄准"情绪食品",构建社交食品新模式

"辣鸡侠"的传播口号:怼遍全宇宙,薯我最好吃!十足的个性加上张扬的造型,让产品风格和调性已经不再像之前的产品一样只追寻口味,更向着"好酷"的品牌形象进发。

随着Z世代成为消费主力,品牌老化已经成为非常普遍的商业现象。而这样一群富有个性的消费群体的日渐壮大,无形中成就了"情绪食品"的繁荣。现在的零食不仅要"好吃""好看",更要像一张名片一样,只要一展示,就能传递出年轻人的"性格"与"品位","辣鸡侠"的理念则与这个趋势不谋而合,定义"社交食品新模式"。

### (四)爆品是一个生态体系

爆品不是打造出一款产品,也不是打造一系列产品,而是要修正企业经营体系,在这个体系中,产品只是其中一个重要组成部分,除此之外,还包括用户、服务、包装、供应链等各个环节,拥有爆品体系才能让企业在激烈的市场竞争中立于不败之地。

公司内部生态体系要建立以爆品为中心的体系化经营,包括生产体系、技术研发体系、服务体系、团队体系、考核体系、零售体系等。爆品体系就是要提升产品的运营能力,包括用户分析、产品定位、系统跟踪、运营创新等。"兵贵神速"与"唯快不败"是互联网语境下企业生存的铁律,与市场抢时间,与同行抢效率,两个要素在爆品体系中同等重要。

## 四、爆品营销策略

### (一)爆品选择策略

爆品是企业带动其他商品销售,提高企业整体销量的重中之重。企业想要在竞争中胜出,爆品是关键。爆品也是商品,零售企业哪些商品具备打造成为爆品的潜质,选品是关键。

企业在选择爆品的时候,一般会挑选以下几类商品。

(1)时下流行的商品。时下比较流行的商品很容易成为爆品,另外季节性商品也很重要,尤其是服装类季节性比较强的商品。

(2)线上平台热卖商品。可以通过相关平台指数来看目前的类目关键词热度,推测当下火爆的是哪类商品。也可以在线上查询相关同类商品,然后在企业选择类似的商品进行爆品推广。

(3)门店人气商品。可以选择线上门店买家浏览商品时认可的商品,门店中商品的被访量、商品浏览跳失率、销量、成交转化率等指标对于选择以及打造爆品都有很重要的参考作用。

(4)价格优势商品。选择爆款商品,价格越有优势越好,这种优势并非价格越低越好,而是要选择性价比比较高的商品。

总之,打造爆品是企业的一个重要环节,商品结构的完整、物流、售后等,都是不可或缺的因素。企业打造爆品,商品选择的正确性比经营策略更重要。

 **拓展知识**　　　　　　　　淘宝、天猫爆品选品细节与流程

淘宝、天猫爆品选品细节与流程见表3-1。

表 3-1　淘宝、天猫爆品选品细节与流程

| | | | |
|---|---|---|---|
| 选品 | 爆品 | 市场分析 | ① 类目的容量：类目的流量、点击、竞争产品数等<br>② 价格区间：根据销量分布，找出价格段占比<br>③ 人群分布：市场购买人群的初步分析<br>④ 地域分布<br>⑤ 购买高峰时段<br>⑥ 对手情况：前几位的价格区间，优势是否足够明显，劣势如何，对手的差评等<br>⑦ 商品属性分析 |
| | | 产品体验 | ① 自身产品体验：主推款必须亲自体验，设定体验流程，可借助公司人员完成部分体验<br>② 对手产品体验：购买对手产品进行体验对比 |
| | | 产品分析 | ① 产品的定价：是否符合市场分析价格分布情况<br>② 产品具备的优势是否足够明显<br>③ 产品明显的特征是不是消费者想要的 |
| | | 产品初选 | ① 产品初选需要在符合价格，特征明显的情况下，才能筛选出来<br>② 产品筛选出来后，可配合产品体验流程，让公司同事进行二次筛选 |
| 详情优化 | 产品挖掘 | 提炼核心卖点 | ① 产品定位：根据市场数据，以及竞争对手，定位的市场人群，市场位置等定位<br>② 核心卖点的挖掘<br>③ 顾客需求点与核心卖点的相关性<br>④ 场景化核心卖点，呈现直观的核心卖点<br>⑤ 核心卖点带来的优势与好处 |
| 详情优化 | 文案呈现 | 排版/文案 | ① 排版的逻辑性<br>② 前三屏的重要性：前三屏要把产品的核心卖点结合消费者的需求清晰地呈现出来<br>③ 文案要简练有力，直戳消费者 |
| | | 图片拍摄呈现 | ① 制定每张图片的拍摄风格、角度、场景，场景、风格需迎合顾客人群特性<br>② 图片与文案的契合度，是否能呈现出想要表达的东西 |
| 上线测试 | 爆品测试 | 店内测试（7 天） | ① 营销策划，制造气氛噱头<br>② 首页以及关联充分展示，配合活动噱头<br>③ 客服推荐：给客服推荐的价格优惠权力<br>④ 收集产品的调试率、收藏率、转化率，具体范围值，需根据行业、对手等产品进行参照取值<br>⑤ 关键词优化：关注优化标题后的流量变化<br>⑥ 上下架优化：关注上下架的流量曲线 |
| | | 投放测试（15 天） | ① 累积一定销量与好评<br>② 直通车投放测试<br>③ 收集产品的点击率、收藏、转化率等，具体范围值需根据行业、对手等进行参照取值 |

续表

| 最终筛选确定 | 数据跟进 | ① 根据市场价位、款式等销量分布,预测产品销量是否达到预期<br>② 产品的销量是否有持续增长的趋势<br>③ 产品的转化、收藏是否达标<br>④ 行业市场的变化<br>⑤ 竞争对手的情况跟进 |
| --- | --- | --- |

资料来源:曾弘毅.淘宝、天猫网上开店爆品爆款一本通[M].北京:民主与建设出版社,2019,略改动。

### (二)爆品价格策略

选品以后就是定价,如何给爆品定价,也是让许多企业头疼的难题。定价错误意味着企业抓不住目标客户、核心人群,面对竞争将会举步维艰,直接影响商品销售。价值是定价的基础,商品介绍、营销方案等,目的都是让客户了解价值,而品牌效益也是一种价值。爆品价格策略,就是要提高商品的顾客感知价值,而提升顾客感知价值,包括增加利益或降低成本两种方式。

 拓展知识　　　　　　　　顾客感知价值

顾客感知价值(customer-perceived value,CPV)是顾客在感知到产品或服务的利益之后,减去其在获取产品或服务时所付出的成本,从而得出的对产品或服务效用的主观评价。CPV体现顾客对产品或服务所具有的价值的特定认知,从而区别于一般意义上的产品或服务的客观价值。顾客感知价值被认为是顾客受让价值的主观认知的结果。

顾客感知价值=总体顾客利益-总体顾客成本

其中,总体顾客利益包括经济利益、产品利益、健康利益、服务利益、人员利益、形象利益等;总体顾客成本包括货币成本、学习成本、健康成本、行动成本、决策成本、形象成本等。

爆品定价策略主要包括4种方法,即尾数定价、整数定价、情感定价、价格分割定价。

(1) 尾数定价。尾数定价也称为"神奇的数字9",是利用消费者在数字认识上的某种心理来制定尾数价格。如39和41虽然只差2元,但是在买家心里,一个是30多元,一个是40多元。

(2) 整数定价。整数定价与尾数定价相反,把原本应该定价为零数的商品价格改定为高于这个零数价格的整数,一般以"0"作为尾数。通常整数定价策略适用于名牌优质商品。例如,两部同品牌不同款的手机分别标价2 985元和3 000元,消费者一般会认为3 000元的手机性能和质量要好于2 985元的手机。

(3) 情感定价。每个商品在买家的心里都有一个对应的心理账户,想要买家付款,就要给他一个动用该账户资产的理由。企业分析买家可能会把这个商品的消费归入哪一个心理账户,从哪个心理账户支出决策会更加迅速。例如,一件标价为2 000元的衣服,如果是给自己买可能会舍不得,但如果是送给家人的生日礼物,可能就会毫不犹豫地付款。这是因为,买家把这两类支出归到了不同的心理账户,衣服买给自己的是日常消费支出,但是买给家人则会归为情感维系支出,显然大多买家更舍得为后者花钱。因此,同样的商品定位为礼品往往比定位为消费品能获得更高的溢价。

另外,即便是给自己买东西,也有日常消费支出和自我投资支出的区别。例如,买kindle,如果只是为了方便看书,看起来就比较贵;但如果是为了获取知识、提升自己,一下子就变得很超值。所以,企业在撰写商品文案的时候,要突出买家能得到的预期收益。

(4) 价格分割定价。价格分割定价也称为最小单位定价,是指把同种商品按不同的数量包装,以最小包装单位量制定基数价格。这样做有两个非常明显的好处:第一,给消费者的直观感受是商品不贵,甚至不仔细对比的话还会觉得价格很便宜;第二,让商品的销量数据非常可观。

价格分割还适用于价格高但使用周期长的商品,如手机、计算机、记账服务等,如果直接报价,有时候会显得价格很高,但企业如果把价格换算成月甚至天,瞬间就会给买家一种"超值"的感觉。例如,"每天1块钱,十万精品模板免费用",仅从直觉上就比"金牌会员360元/年"更容易实现转化。

### (三) 爆品促销策略

全渠道营销与传统营销最大的差异在于互联网时代品牌有更多渠道与用户接触,品牌可以通过内容建设来与消费者互动,直接收取用户反馈,进行品牌传播或产品推广。一个超级话题、一个超级网红包装、一个超级创意海报、一个超级爆款尝鲜装、一个超级爆款秒杀价、一个超级爆款销售氛围营造"日销3 000""全国人民都在吃"等,都可以引爆产品。

**1. 与明星同框+植入热门综艺,制造网红效应**

与明星同款,植入热门综艺节目都是制造明星效应的常用方法。企业把爆品捆绑明星,以"TA们都在买(吃)""上过××热门综艺"等图片、视频作为企业强力吸睛素材,打造信任状。

**2. 头部KOL+全平台投放,实现全渠道种草**

头部顶流KOL为主的投放组合策略,同时搭配长尾账号的持续扩散,品牌内涵持续输出,品牌关注度迅速提升;抖音、微博、微信、小红书、B站等全平台内容投放,实现全渠道种草。

**3. 圈层营销+会员锁客模式,提高用户黏性**

利用圈层营销重构企业会员体系,利用会员锁客模式打造专属会员服务,结合创意内容营销、跨界联名等,提高圈层用户对品牌的认知和黏性。

### 案例分享　美的V菁荟:引领高端会员圈层营销新时代

美的冰箱为微晶用户专属打造高端会员平台——V菁荟,高度聚集拥有共同生活理念和消费方式的以年轻人为主的新中产人群,以"体验+社交"的形式,打造专属于美的冰箱高端用户的鲜活生活圈。

美的冰箱的高端用户通过注册成为V菁荟会员,可自行选择加入平台的格调收藏圈、红酒品鉴圈、顶级食材鉴赏圈等高端会员圈层。同时,美的冰箱还定期打造不同的高端线下活动邀请V菁荟会员突破不同领域的尝鲜体验。如"爱奇艺尖叫之夜"便是一场星光璀璨的V菁荟专属活动,以品牌与IP的强势联合,传递着V菁荟敢于突破、敢于尝鲜的人生态度。在盛典之前,追求人格独立的知名作家苏岑、致力刷新艺术边界的朱敬一、敢拼敢闯的新锐漫画家牛轰轰作为V菁荟的"鲜行者",也纷纷发布"态度"视频为美的冰箱V菁荟盛典打call,尽显V菁荟会员敢于尝鲜、革新自我、追求鲜活人生的姿态,强大的圈层磁场吸引着更多人加入其中。

美的冰箱进行种种尝试和努力,V菁荟会员在短时之间已突破数千,且对美的冰箱认可度、评价度与忠诚度均非常高。V菁荟"体验+社交"的用户交互方式,以专属的圈层活动,给予目标人群以精致、高端的圈层活动,以鲜活又精彩的姿态带领用户一同尝试各种新奇的体验,以实际落地传递着V菁荟"坚持品质生活,活出鲜活人生""敢于尝鲜"的生活态度,不断调动用户的活跃度,强化用户对品牌、对平台的认同感和归属感,进而对市场进行再次引流。从产品到用户,再从用户回归到产品,美的冰箱V菁荟开创了高端会员圈层营销新时代。

资料来源:https://baijiahao.baidu.com/s?id=16190980586234705198&wfr=spider&for=pc。

# 任务三 跨界营销

> 学前思考:在你的认知中,阿里巴巴是一家什么企业?

随着市场竞争的日益加剧,行业与行业之间的相互渗透、相互融合,已经很难对一个企业或一个品牌清楚地界定其属性,跨界已经成为国际最潮流的字眼,从传统到现代,从东方到西方,跨界的风潮愈演愈烈,已代表一种新锐的生活态度和审美方式的融合。跨界在营销界不是新事物,只是现在,企业对跨界营销的重视远超以往,越来越多的品牌借助跨界营销,寻求强强联合的品牌协同效应。

## 一、跨界营销概述

每一个优秀的品牌,都能比较准确地体现目标消费者的某种特征,但因为特征单一,往往受外界因素的影响也比较多,尤其是当出现类似的竞争品牌,这种外部因素的干扰更为明显。而一旦找到一个互补性品牌,双方联合对目标群体特征进行多角度诠释,就可以形成整体的品牌印象,产生更具张力的品牌联想。

跨界营销的概念及原则

### (一)跨界营销的概念

跨界营销是指根据不同行业、不同产品、不同偏好的消费者之间所拥有的共性和联系,把一些原本毫不相干的元素进行融合、互相渗透,进而彰显出一种新锐的生活态度与审美方式,并赢得目标消费者的好感,使得跨界合作的品牌都能够得到效益最大化的营销。

在理解跨界营销概念的时候,要注意以下几点。

(1)跨界营销,意味着需要打破传统的营销思维模式,避免单独作战,寻求非业内的合作伙伴,发挥不同类别品牌的协同效应。跨界营销的实质,是实现多个品牌从不同角度诠释同一个用户特征。

(2)跨界营销策略中对于合作伙伴寻找的依据,是用户体验的互补,而非简单的功能性互补。

（3）跨界营销面向的是相同或类似的消费群体，因此企业在思考跨界营销活动时，需要对目标消费群体作详细深入的市场调研，深入分析其消费习惯和品牌使用习惯，作为营销和传播工作的依据。

（4）跨界营销对相互合作的企业而言，在营销能力上提出了很多挑战。以往企业的营销战略，只需要考虑如何使用好企业自身的资源，而由于跨界联合，企业需要考虑如何通过战略上的修正，在与合作伙伴的互动中获得资源利用上的协同效应。

（5）需要注意的是，当品牌成为目标消费者个性体现的一部分的时候，这一特性同样需要和目标消费者身上的其他特性相协调，避免重新注入的元素和消费者的其他特性产生冲突，造成品牌印象的混乱。

## （二）跨界营销产生的原因

跨界营销产生的原因主要有以下几点。

（1）市场竞争日益激烈，产品功效和应用范围的延伸。各个行业间的界限正在逐步被打破，在一个大的概念范围内行业之间早已是你中有我、我中有你。很多时候难以分辨一款产品应该属于哪个行业。

（2）市场发展背后，新型消费群体的崛起。这类消费群体的消费需求已经扩散到越来越多的领域，对任何一款产品的需求不再仅仅要求满足基本的功能需求，而是渴望体现一种生活方式或个人价值。

（3）市场营销过程中，企业对消费群体细分的改变。市场竞争的背后是产品的同质化、市场行为的模仿化和竞争的无序化等，基于此，企业对于整体市场和消费者的细分方式从传统的按年龄、收入或地域特征进行划分，转变为按照生活方式、学历、教育程度、个人品位、身份等深层次、更精准化的指标来定义和解释消费者。

（4）现代市场环境下，品牌间的较量由资本决定实力。一个企业、一个品牌、一个产品单打独斗的时代早已结束，因为任何一个优秀的品牌，由于特征的单一性，受外部因素影响比较多，尤其是出现具有替代性的竞争品牌时，企业所付出的成本也将会大幅增加。

基于以上原因，跨界营销通过行业与行业之间的相互渗透和相互融合，品牌与品牌之间的相互映衬和相互诠释，实现了品牌从平面到立体、由表层到纵深、从被动接受到主动认可、由视觉、听觉的实践体验到联想的转变，使企业整体品牌形象和品牌联想更具张力，对合作双方均有好处，让各自品牌在目标消费群体得到一致的认可，从而改变传统营销模式下品牌单兵作战易受外界竞争品牌影响而削弱品牌穿透力、影响力的弊端，同时也能解决品牌与消费者多方面融合的问题。

## 二、跨界营销的原则

企业在实施跨界营销时要遵循以下原则。

**1. 资源匹配原则**

资源匹配原则是指两个不同品牌的企业在进行跨界营销时，在品牌、实力、营销思路和能力、企业战略、消费群体、市场地位等方面应该具有的共性和对等性，只有具备这种共性和对等性，跨界营销才能发挥协同效应。

**2. 消费群体一致性原则**

每个品牌都有一定的消费群体,每个品牌都在准确定位目标消费群体的特征,作为跨界营销的实施品牌或合作企业,由于所处行业、品牌、产品的不同,要想跨界营销得以实施,就要求双方企业或品牌必须具备一致或重复消费群体。

### 案例分享　　王者荣耀跨界联手网红饮料奈雪の茶

作为王者荣耀夏日"稷下行"福利盛典的一部分,王者荣耀和奈雪の茶联合开设主题门店,王者荣耀的 coser 们可以到主题店中担任店长。在活动中,奈雪の茶推出与王者荣耀相呼应的红霸梅和蓝霸柠两款新品,组成红蓝 CP 茶,还推出王者荣耀主题套杯和纸袋。王者荣耀作为游戏 IP 跨界应注重是否存在违和感,跨界不仅要注重形式,更要注重内涵。消费者连接奈雪门店 Wi-Fi 还可以获得王者荣耀游戏专属福利,这将跨界最终落地回到了游戏。

**3. 品牌效应叠加原则**

品牌效应叠加就是说两个品牌在优劣势上进行相互补充,将各自已经确立的市场人气和品牌内蕴互相转移到对方品牌身上,或者传播效应互相累加,从而丰富品牌的内涵和提升品牌整体影响力,达到 1+1>2 的效果,形成整体品牌印象,产生更具强力的品牌联想。

### 案例分享　　OPPO 手机与娇兰美妆的跨界合作

2018 年 1 月 21 日,以"内容创业进化论"为主题的 2018 新榜大会在北京举行,OPPO 成功摘得年度内容营销案例奖。

2017 年 6 月,OPPO R11 发布会后不久,OPPO 官方宣布与法国奢华美妆品牌娇兰跨界合作,独家推出了 OPPO X GUERLAIN 热力红限量礼盒,内含一部热力红 OPPO R11 及与热力红同色的娇兰 325 KISSKISS 唇膏,并在唇膏管身镌刻"Call Me OPPO"一行字,浪漫又俏皮。

一个是智能手机行业中具有时尚年轻气息的品牌,另一个是创立于 1828 年,至今已经有近 200 年传奇历史的法国奢华美妆品牌,双方的合作产生了奇妙的化学反应。一方面,OPPO 年轻时尚的标签得以进一步强化;另一方面,作为在全球拥有 2 亿多用户的 OPPO,在年轻用户中的号召力也帮助娇兰开拓更广阔的市场。不仅如此,演艺人员杨洋作为双方品牌的代言人,更是为两家品牌的"联姻"进行了助力。一时间,热力红限量礼盒成为年轻用户热力追捧的不二之选。从内容定位看,两个品牌的主打用户是年轻时尚一族;从品牌调性看,两个品牌年轻时尚的标签得以进一步强化。

**4. 品牌理念一致性原则**

品牌作为一种文化的载体,代表特定的消费群体,体现着消费群体的文化等诸多方面的特征,品牌理念的一致性就是指跨界双方的品牌在内涵上有着一致或相似的诉求点,只有品牌理念保持一致性,才能在跨界营销的实施过程中产生由 A 品牌联想到 B 品牌的作用,实现两个品牌的相关联或让两个品牌之间在特定的时候画上等号。

**5. 品牌非竞争性原则**

跨界营销的目的在于通过合作丰富各自产品或品牌的内涵,实现双方在品牌或产品销售上提升,达到双赢的结果,即参与跨界营销的企业或品牌应是互惠互利、互相借势增长的共生关系,而不是此消彼长的竞争关系,这就需要进行跨界合作的企业在品牌上不具备竞争性。

### 案例分享　　　　　　　　滴滴出行的跨界营销

- 蒙牛＋滴滴:创新体验,打开传统行业互联网思维

蒙牛在2015年与滴滴有过三次循序渐进的合作:首次合作在2015年春节,蒙牛红包与滴滴红包合体,消费者通过扫描蒙牛产品二维码或蒙牛活动网站参与互动,赢取滴滴出行券;第二次在七夕,全国海选单身吃货二男二女参与蒙牛冠名《十二道锋味》;2015年8月底,滴滴出行App中专车标志变为牛车,配合蒙牛新品"嗨milk"。滴滴作为首个与传统食品快消业合作的互联网企业,赚足了眼球,而蒙牛则通过与滴滴的合作,打开了互联网思维的新局面,创新产品体验。然而,初次的跨界营销并没有把滴滴的客户引流到蒙牛,这在一定程度上没有实现共赢。

- 城市便捷酒店＋滴滴:寻找品牌共性,环环相扣营销

与蒙牛相比,城市便捷酒店与滴滴有着更多的品牌共性:双方都有着"便捷""舒适"的品牌共性,有着共同的客户群体——白领人群,因此两个企业之间就有了共识:在品牌共性基础上挖掘新创意,使两家企业的用户能够共享,增加原有客户量。因此,他们共同推出"城市卧行,滴滴一下"活动,推出"卧行专号"房车,将便捷酒店般的环境转移到全力为城市中奔波的白领人群在差旅和交通途中提供舒适服务的出行服务。同时,在新型跨界基础上,继续传统营销,奉行"无促销不活动"宗旨,用户既可领取前往酒店的打车优惠券,也可享受酒店入住优惠,利益直接回馈消费者;其次,借助新媒体扩大传播,增强影响,城市便捷酒店在这次活动中还制作H5游戏和推送不同的文案,借助微信朋友圈大面积传播,使两个品牌得到极大曝光,提高用户忠诚度和黏度。

- 京东＋滴滴:有温度的人文情怀,场景背后的文化价值观

2015年5月,京东到家与滴滴联合发布H5:"你的手机里是否有和父亲的合影?""没有没关系! 一切都来得及,这个父亲节把自己免费打包送到家!"大打亲情牌,用着实的优惠活动让消费者迈出回家的步子,激发用户的情感。做产品最好的方式是回归人性,亲情是最宝贵的情感之一,以此为宣传点,符合中国人的家庭情感和文化价值观,让消费者感受到两个品牌浓浓的人文情怀,提高了品牌的美誉度。

- 400＋App与滴滴:品牌联合发声,引领联合营销新模式

2016年"六一"儿童节,滴滴联合超过400家App开通打车功能,通过一支"400＋App下一盘大棋"的H5,用户可以很直观地看到各家App的滴滴出行叫车入口位置,实现对用户入口的普及,教会用户在不同App中找到滴滴打车入口,旨在说明不管在哪里,用户都能够享受便捷的滴滴叫车服务。

滴滴这次引领了联合营销的新模式,利用不同的开放平台,用出行连接各种生活场景,为人们提供更便捷的叫车入口,用科技不断改变和优化人们的出行方式。滴滴对此次合作的App平台打造各项优惠政策,为不同平台增加了流量,也提高了自身的资源整合能力,将开放平台连接成生活场景。

资料来源:https://3g.163.com/news/article/BQLL4I4N00015A2G.html。

#### 6. 非产品功能互补原则

非产品功能互补原则是指进行跨界相互合作的企业,在产品属性上两者要具备相对独立性,跨界合作不是对各自产品在功能上进行相互的补充,而是产品本身能够相互独立存在,各取所需,是基于一种共性和共同的特质,如基于产品本身以外的互补,包括渠道、品牌内涵、产品人气或消费群体。

### 三、跨界营销的三种模式

#### 1. 横向跨界营销

横向跨界营销,就是不同行业、不同品类之间根据目标一致性原则,实现优势互补,创造竞争优势的营销手段。横向跨界营销是企业应用最多的跨界营销方式,合作形式多样,是不同的行业之间相互合作,进行产品开发、促销、传播。

横向跨界营销模式是一种战略营销联盟体,是一种双赢或多赢的战略运作手段。横向跨界营销对企业来说,是不同产品的搭配和延伸,值得注意的是,横向跨界营销的核心是跨界的产品必须拥有同等价值的力量与影响,这样才能共同创造出集合性的整体优势。

> **案例分享**　　**百事可乐×人民日报:致敬最美守护者**
>
> 2020年新冠疫情期间,有这样一群坚守岗位的普通人,他们用热爱与坚守、责任与初心,成为人们心目中的平凡英雄。百事可乐携手《人民日报》新媒体,打造人文关怀满满的"跨界联名"特别活动,通过推出热爱守护者限量罐,记录平凡英雄的故事,在传递热爱精神的同时,见证着家国担当。
>
>
>
> 这次联名营销的产品设计中,百事可乐包装罐一改百事品牌经典的全蓝色背景,加入了象征着奉献与热情的红色,同时采用《人民日报》经典的"报纸色",还参考报纸的排版模式,勾勒出百事可乐与《人民日报》相结合的独特风格。在内容上,百事可乐将具有代表性的四种职业的"热爱"故事,刻录在百事可乐罐体上,打造出一版限量联名可乐罐礼盒,将满满的正能量通过罐身传递到生活的每个角落,实现精神理念上的鼓舞,产生了强大影响力。
>
> 资料来源:https://baijiahao.baidu.com/s?id=1691184482278254946&wfr=spider&for=pc,略改动。

#### 2. 纵向跨界营销

纵向跨界营销,就是厂家与商家两个不同的个体联合,共同投入市场、共同建设渠道、共同服务消费者,实现厂商之间的战略联盟,利益共享。纵向跨界营销的核心在于厂商合作的双方一定是建立在战略目标一致、思想理念一致、行为动作一致的基础上,才能在跨界营销的合作过程中达成默契与双赢。如经销商持股厂家、厂家与经销商跨界成立营销公司、经销商买断品牌经营、经销商从厂家贴牌经营等,都是厂商之间根据各自的经营优势进行的跨界营销。

### 3. 交叉跨界营销

交叉跨界营销模式,就是企业、合作对象、消费者之间形成三位一体的联动关系,企业、合作对象、消费者共同享受各自所需的价值与利益。交叉跨界营销的主要角色是消费者,企业、合作对象只是规则的制订者、操作者,但在整个营销过程中,三者是融为一体的共赢者。

**案例分享　　可口可乐的交叉跨界营销**

可口可乐与加拿大两大音乐公司 mymusic 与 MuchMusic 开展交叉跨界营销活动,可口可乐专门生产一批容量 600mL 的可口可乐、雪碧等,在产品标识下面,藏有价值 5 美元的代金券。这些代金券,消费者既可以用来购买 mymusic 网站的任何 CD,还有机会立即获得包括 MuchMusic 公司 Big Shiny Tunes 乐队在内的三场音乐之旅。整个活动中,代金券总金额累计达到 1.35 亿美元。

## 四、跨界营销操作步骤

### (一)战略层面

#### 1. 明确目的

要真正做好跨界营销,企业首先要明确跨界目的,清楚现阶段跨界合作的诉求,是为了提升品牌价值还是改善品牌形象,又或者是获得不同圈层的用户,不同的诉求决定了不同的跨界方式,营销效果衡量指标也会不一样。跨界双方的合作可以有短期、中期、长期的策略意识,有产品联合、渠道联合,有相类似的核心理念支持跨界,否则只能算媒体资源置换。

#### 2. 精准定位

企业在做跨界营销之前,需要进行精准定位,包括对自身品牌、合作品牌、目标群体的定位。例如,企业要清楚目标消费人群的特征,详细分析企业自身及合作者的客户,并对其消费习惯和品牌应用习惯了然于胸。具体而言,要做到以下三点:①精准互补,即客群的精准,以及资源、技术上的精准互补;②品牌理念和消费者需求趋同性,即品牌调性保持一致,最大限度减少"违和感";③吸引注意力,即从包装形式到平台策略,都需要锁定消费者的注意力。

#### 3. 出其不意

跨界营销的本质是利用不同品牌之间的化学反应制造话题,越具有"反差感"的两个品牌进行跨界,越能引发消费者的想象和讨论。另外,市场竞争日趋激烈,消费者的求知欲始终在新鲜事物上,只有打破常规,才能给顾客耳目一新的感觉。

有部分品牌为了寻求反差的刺激感,会与自身差异极大的品类合作,若太过了,反而会造成品牌损害。也就是说,反差需要在品牌间共性的基础上建立,只有品牌本质、产品特性在某些方面存在契合度,跨界营销才能发生"化学反应"。

**案例分享　　六神味儿的 RIO 火了**

"一口入魂,两口驱蚊"的花露水口味鸡尾酒撩到你了吗?RIO 鸡尾酒和六神花露水跨界联合,一款限量 RIO 六神鸡尾酒猝不及防地在竞争激烈的酒品行业里 C 位出道,17 000 瓶 RIO 花露水味鸡尾酒 1 分钟售罄。一个是年轻的专业鸡尾酒品牌,另一个是国货老字号产品,两者联名,在营销概念上有足够的冲突和冲击力,就有瞬间引爆话题的可能性。

人群交叉延展,全域助推,种草拔草齐飞。RIO与六神本次的深度合作不仅在产品上挖掘出不同品牌间的粉丝并进行延展,同时对其进行精准的投放及沉淀转化,是此次两者跨界合作的重点课题。RIO将"RIO鸡尾酒人群"和"六神人群"进行分析,并通过阿里巴巴集团旗下数字营销平台阿里妈妈进行全域广告体系的全面触达。上线仅24小时,就有1万多人将RIO六神鸡尾酒装进了购物车。第一轮投放后,RIO把这些粉丝数据回流到品牌数据银行进行沉淀,并将消费行为分组细化,对收藏、加入购物车以及成功抢到预售的购买人群进行分组沉淀,并进行二次触达。

从被种草到成功拔草,再利用微博拔草人群的晒单,激发多次传播,利用微博种下"新一片草原"。RIO通过品牌数据银行发现,这次跨界全域营销影响的年轻人群(18~29岁)占到整体的2/3以上,且集中在上海、江苏、浙江、广东等省份的一二线城市。说明这次跨界创新,帮助品牌拉动了年轻人群,并向一二线城市推进,拓展了品牌日常营销触达的酒类核心人群。最终,RIO六神花露水味鸡尾酒单品成交的新客户占比高达92%,种草拔草的效果可见一斑。

销量背后收获的潜在消费者,才是跨界营销的核心。除了收获销量与舆论关注度外,RIO还通过这次跨界营销为品牌积累了大量的消费者资产,用于未来的消费者运营和管理。据RIO介绍,这次跨界营销单预售及正式售卖期间,RIO就在品牌数据银行收获了A-I-P-L(认知、兴趣、购买、忠诚)全链路消费者21万。RIO通过积累这些消费者资产,使其拥有消费者持续运营的能力。仅在推广期间,"认知人群"(awareness)和"兴趣人群"(interest)提升了61%;通过二次触达直接拉动"购买人群"(purchase)和粉丝(loyalty)人群增长超30 000。按照这样的思路,未来可以持续运营A-I-P-L人群间的转化。更重要的是,消费者资产的累积打破了网红产品的桎梏,为未来的持续创新打下基础:在人群的深度偏好挖掘上为产品创新提供养料;在投放操作上,可以通过挖掘比对跨界产品人群与日常产品人群的属性,有更多沉淀,寻找新的切入点,为新品的打造提供源源不断的动力。

RIO表示,接下来将会借助全域营销的能量持续运营这次跨界营销收获的消费者资产,并打通站内站外的消费者数据进行沉淀再触达,进一步解决站外广告率转化不高的问题,全链路衡量并优化自身营销活动的价值。

资料来源:http://www.yidianzixun.com/article/0JSWoTaP。

## (二)战术层面

### 1. 找准合作对象

企业跨界营销选择合作对象的核心是"和而不同",相似的品牌量级、相似的目标人群,但同时具有某方面的反差效果。具体而言,可以从以下五个维度选择合作伙伴。

(1)品牌价值较高:跨界品牌需要有一定的知名度和用户基础,这样的跨界才能在较大范围的用户群体中引发共鸣和讨论,所以也有"跨界营销基本上是属于大公司的游戏"这样的说法。

(2)受众相似或互补:跨界的两个品牌受众要相似或者互补,这样才能合作共赢。

(3)产品利益点互补:跨界的品牌、品类之间需要存在某种品牌共性,跨界行为才能发挥品牌之间的协同效应。

（4）品牌具有话题性：跨界的品牌和品类需要具备话题性，才能引发大众的好奇心，不断传播发酵。

（5）品牌美誉度较好：选择品牌美誉度较好的品牌，以避免跨界对本品牌造成负面影响。

**2. 内在联结确定**

要完成一次高质量的跨界营销，关键在于确定合作品牌之间的内在关联点。具体方法如下。

（1）元素联结，即两种品牌之间的某些关键元素构成互相强化的效果。

### 案例分享　　　　　德克士烟熏之语香水

德克士在新品"南美烟熏鸡腿堡"上市之际，联合气味图书馆的香水产品推出"德克士烟熏之语"香水，双方锁定气味作为共同卖点，尝试感官营销新思路。

德克士南美烟熏鸡腿堡中的"烟熏"味道，是产品的核心利益点，但是"烟熏"作为一种味道，很难用画面来完美诠释其诱人之处。所以，为了展现"烟熏"的诱人之处，通过香水产品和烟熏快餐产品的"气味"作为沟通桥梁，让消费者能够更加直观地感受到，这是一款以烟熏味道为主要卖点的快餐新品；另外，"德克士出烟熏之语香水"这个名称一听就很吸引人，不仅话题性十足，而且让人蠢蠢欲试。不出意外，这款产品刚一上线，就刷爆朋友圈，而且让德克士会玩、有趣、年轻时尚的品牌定位在消费者心中留下深刻印象。

资料来源：https://www.sohu.com/a/278399159_464031。

（2）场景联结，即跨界品牌之间的使用场景能够产生交叉，例如，2018年，网易云音乐和亚朵酒店推出跨界酒店产品"睡音乐主题酒店"。该酒店融合了亚朵轻居的线下社交空间与网易云音乐的线上社交内容，将创造一个集聚住宿、社交、娱乐等多种功能的新型酒店业态。

（3）次元联结，即让自己的品牌"突破次元壁"，比较经典的方式是游戏、影视剧道具植入和情节植入。

**3. 用户参与设计**

跨界营销，从产品层面看，主要在于消费者是否真的能够获取、体验、分享跨界产品；从信息层面看，主要在于营销活动能否引发受众讨论，这也是跨界营销的根本所在，几乎所有的跨界营销都不是以跨界产品的销售为目的，触发传播层面的互动才是核心。但企业也要注意，营销不能淹没产品，在跨界营销过程中凭借强大的产品性能，让消费者群体感知产品才是关键。在更高层次上，企业借助跨界营销触点的演绎让消费者认同品牌体现出来的调性和理念，这样形成一条层层递进的传播链路，使品牌深入人心，也为后续的品牌建设积累资产。

# 任务四　社群营销

> 学前思考：你参加过相关的社群活动吗？你是怎么加入这个社群的？在这个社群中交流什么内容？你为什么愿意留在这个社群？

社群营销是一个口碑传播的过程，其人性化的营销方式不仅深受用户欢迎，还可以通过用户口碑会聚人群、扩散口碑,让原有用户成为继续传播者。企业要想成功通过社群进行营销,需要先了解社群与社群营销之间的关系,掌握社群营销的基本理论。

## 一、社群概述

社群,广义而言,是指在某些边界线、地区或领域内发生作用的一切社会关系;狭义而言,是指以互联网工具为载体,有共同特征或兴趣,并相互交流、相互参与,有人与人的链接,并相互提供价值的群体。其中人和人只有产生交叉的关系和深入的情感链接,才能被看作社群。一个完整且典型的社群通常有稳定的群体结构、一致的群体意识、一致的成员行为规范和持续的互动关系。同时,社群成员之间既要能够保持分工协作,又要具有一致行动的能力。

近年来,大部分社群是随着微信群的应用而逐渐兴起和发展,但实际上,以前的线下俱乐部、同好会都是社群。互联网的便利性,让社群成员的沟通和信息的传达可以不受空间和距离的限制,这不仅方便了社群成员之间的沟通,也方便了运营者的管理。社群经济的火爆是移动互联网与新媒体进化的产物。

### (一) 社群的构成要素

为了让大家对社群有更直观的认识,以下总结了社群的五个构成要素,分别是同好、结构、输出、运营、复制,简称为"ISOOC 原则"。

社群的构成要素

**1. 同好(interest)——决定了社群的成立**

同好是指对某种事物的共同认可或行为,是社群成立的基本前提。同好可以分为很多类型,可以基于某一产品,比如华为手机、小米手机;可以基于某一行为,比如热爱旅游、阅读;可以基于某一标签,比如星座、某明星的粉丝;可以基于某一空间,比如生活小区;可以基于某一情感,比如老乡、校友;可以基于某一三观,比如热爱国货。每一种同好类型,都可能形成一个与之对应的社群。

**2. 结构(structure)——决定了社群的存活**

根据同好建立的社群非常多,然而可以真正存活下来并持续运转下去的却很少,影响一个社群存活的重要因素就是社群的结构。社群结构包括组成成员、交流平台、管理规范。一个成熟的社群,不仅要有发起人、社群成员,还必须细分出管理人员、组织人员,制定完整的社群规范,控制社群的秩序和社群成员的质量,同时为社群成员提供必要的联系平台,加深成员之间的联系。也就是说,社群一要设立管理员,二要不断完善群规,不仅要帮助同好建立联系,还要进行规范的管理,保证社群可以持续、健康地发展下去。

**3. 输出(output)——决定了社群的价值**

一个能够持续发展的社群,要能够为群成员提供稳定的服务输出,创造价值。很多社群虽然最初可以吸引同好,也进行了完善的管理,但由于无法持续为成员输出价值,从而造成成员流失或社群日渐沉寂。为了让成员可以通过社群得到价值、产生价值,社群内必须要有持续性的分享,引导群内成员互相分享,培养社群内的领袖人物,分享不同层次、不同领域的知识。

#### 4. 运营(operate)——决定了社群的寿命

运营决定了社群是否能长期持续地发展下去。在一个保持活跃、具有凝聚力的社群里，群内的每一位成员通常都会有很强的归属感，能够自发产生主人翁意识，自主维护社群的发展和成长。而要做到这一点，必须对社群进行运营，运营要建立"四感"：①仪式感。加入要通过申请、入群要接受群规、行为要接受奖惩等，以此保证社群规范。②参与感。通过有组织的讨论、分享等，让群内有话说、有事做、有收获，以保证社群质量。③组织感。通过对某主题事物的分工、协作、执行等，以保证社群战斗力。④归属感。通过线上线下的互助、活动等，以保证社群凝聚力。

#### 5. 复制(copy)——决定了社群的规模

社群的复制性决定了社群的规模，复制性是指可以通过复制手段建立多个相似的社群。当然，社群不是越大越好，由于社群的核心是情感归宿和价值认同，社群越大，情感分裂的可能性就越大，信息遴选成本就越高，人员相互认知成本也会越高。所以在复制这一层，需要认真思考是不是真的有必要通过复制扩大社群规模？是不是真的有能力维护大规模的社群？一个具备复制性的社群一定具备核心文化和核心成员，这样的复制才有可能有效。

### (二) 社群的特征

社群是一种关系连接的产物，成员之间可以交流互动、互相了解、共同进步。总的来说，社群的特征主要有以下几点。

#### 1. 信息公开化

一个社群能持续发展的最基本的要求是信息公开化。信息公开化能够让群成员相互了解，真实的信息可以增加群成员之间的信任，使社群更具凝聚力。如果一个社群的成员连最基本的信息都无法获知，那么这个社群就很难让群成员凝聚在一起，更谈不上持续发展。

#### 2. 高效沟通

社群能够快速发展，得益于微博、微信等高效工具的发展和普及应用。通过高效的沟通互动工具，社群成员可以自由交流和互动。

#### 3. 弱中心化

社群弱中心化体现出社群成员的平等性和自主性。网络社群是一个较为扁平化的组织，信息呈网状结构传播，每个人都拥有平等的话语权，可以实现多人互动。正因为如此，每个人都能成为信息渠道，每个人的观点都能获得相应的反馈与重视。弱中心化并不与社群有领袖、有管理规则相悖，弱中心化指的是内容、信息不再由专人或特定人群生成，而是由全体成员共同参与、共同创造。

#### 4. 互动持续频繁

社群是以共同兴趣、共同利益等为纽带组成的群体。对于网络社群而言，依靠网络的便捷性，社群成员间持续而频繁的互动，才能发挥更大的作用，使社群成员具有更强的黏性，偶然的、转瞬即逝的互动对网络社群是无益的。

#### 5. 裂变性和聚合性

一方面，社群可以实现多对多传播，制造或抓住引爆点，利用社群的网络结构，使传播呈现滚雪球般的裂变;另一方面,社群成员通过高频率的信息互动,能够快速地使基于某些共同点结成的社交小圈子产生很强的聚合力。

## 二、社群营销概述

**1. 社群营销的概念**

裂变增长:性价比最高的获客之道

社群营销是指企业为满足用户需求,通过微博、微信、社区等各种社群来推销自身产品或服务而形成的一种商业形态。社群营销通过互联网超强的传播效应,借助社群成员对社群的归属感和认可度而建立,通过良好的互动体验,增加群员之间的黏合度和归属感,形成强大的凝聚力,让群员自觉传播品牌,甚至是直接销售产品,从而达到营销目的。

社群营销与其他营销方式不同的是,它是一种通过社群成员的信息分享进行自我创造,进而实现社群自我运营的营销方式。社群成员的参与度和创造力是促进社群运转的前提条件,因此社群要想长久地生存下去,需要进行社群成员的更替,换掉那些不能为社群产生价值的成员,引入能为社群创造价值的成员,以保持社群的活力,同时也使社群的组织结构更加完整,保证社群营销效果最大化。

**2. 社群营销的价值**

新媒体时代下,社群营销已经成为企业和粉丝互动不可或缺的营销方式,是提高转化率最好的方式之一。社群营销是通过社群的自生长、自消化、自复制能力实现运转,以社群成员的创造机制为链条进行发展并打造营销效果的。简单来说,社群营销的价值主要有以下三个方面。

(1)树立企业形象。树立企业形象是一个长期的过程,品牌形象的塑造必须被大众广泛接受、长期认同和追随,而社群营销就可以使用户快速地了解、认识品牌。

(2)促进产品销售。无论是有共同兴趣的学习群,还是从个人目的出发的运动、减肥塑身群,在共同的价值观和营销活动的影响下,社群营销能够激起用户的购买欲望,促进产品的销售。

(3)维护顾客黏性。建立社群后,可以增加企业与用户的互动和交流,使用户更深入地参与到产品的反馈升级及品牌推广中,主动为品牌发展助力。

## 三、社群营销策略

建立社群并不难,但是要让社群成功运转,达到社群营销的目的,就要熟悉社群营销策略。

### (一)明确社群定位

社群是由一群有共同兴趣、认知、价值观的用户组成。社群成员在某一方面的特点越相似,越容易建立相互间的感情联系。因此在建立社群之前,必须先做好社群定位,明确社群要吸引哪一类人群。例如,小米手机社群,吸引追求科技与前卫的人群;罗辑思维社群,吸引具有独立思考标签的人群;豆瓣社群,吸引有文艺情怀的人群。当社群有了精准定位之后,才能推出契合社群成员兴趣的活动和内容,不断强化社群的兴趣标签,让社群用户产生共鸣。一般来说,社群的定位类型主要包括以下五种。

**1. 产品社群**

产品社群是指以产品为核心形成的社群组织。在这种社群中,产品就是群成员之间沟通的桥梁,起到增强群成员凝聚力的作用,同时,营销人员还可以加入群聊,通过与群成员之间的互动促进产品的销售。

**2. 兴趣社群**

兴趣社群是基于共同的兴趣爱好建立起来的社群,如游戏社群、母婴社群、明星粉丝社群等,这种兴趣社群最容易促进消费行为的产生。例如,在游戏社群里,大家谈论的是怎么做任务、有什么挖宝攻略等,如果有成员表示自己没有时间,群内成员顺势介绍自己知道的代练或自己可以代练,那么交易就完成了。

**3. 品牌社群**

品牌社群是用户对某一品牌产生了认同感,从而聚集在一起的社群。品牌社群是产品社群发展到后期的表现,群成员能够通过彼此的交流互动产生对品牌的共鸣。在这个社群中,企业需要考虑大家为什么加入这个品牌社群,是为了获取品牌的产品或活动信息、结交好友、解答疑惑,还是为了得到优惠,然后"对症下药",这样就能很好地维系该社群并实现品牌的变现。

**4. 知识社群**

知识社群的本质类似于兴趣社群,是以学习交流、获得知识为目的,自发形成的学习社群。例如英语学习社群、考研社群等,这类群体的定位是学习知识或资源交流而非社交,所以打造优质内容就成为该社群营销的重中之重。这类社群营销更多的是推荐图书、课程等。

**5. 互融社群**

社群并不是封闭的,一个社群也可以具备多个标签,例如罗辑思维社群就是一个互融社群,既是产品社群,又是兴趣社群和知识社群;不同社群可以交叉组成一个新的互融社群。

### 案例分享 牵手吴晓波探索跨界营销 "亚朵·吴"成国内首家社群酒店

2016年11月9日,亚朵创始人耶律胤与财经作家吴晓波正式宣布联手打造中国首家社群酒店"亚朵·吴"酒店。吴晓波和亚朵,一个是突出"将生命浪费在美好的事物上"的社群领袖,一个是为所有美好事物提供载体的人文酒店。正是这种理念的契合,决定了他们的跨界合作。

当时吴晓波频道用户已突破200万,全国有80多个书友会,亚朵在30多个城市有酒店,双方有一半以上的城市都有重合。亚朵和吴晓波频道客群的高度重合为双方品牌合作奠定了基础。双方的用户主要是30~35岁的新锐中产,这部分人群基本都拥有5~10年的工作经验,崇尚品质生活,也具有一定的消费能力,是消费升级队伍中的主力军。

双方跨界联合,用户入住酒店可以看到蓝狮子书籍,还可以体验来自吴晓波频道"美好的店"的精选产品,比如进入客房时,吴酒和巴九灵茶已经在静候品尝,这个场景是典型的O2O的1.0时代产物。亚朵和吴晓波频道跨界合作的目的不止于此,不仅是线上社群实体化的落地,更是实体行业向线上的转化。亚朵一直致力于通过不同产品渗透到不同的用户圈层,希望带领用户感知一种生活方式,彻底打破线上线下的传统束缚,实现体验式消费场景。亚朵旗下酒店购物平台,已实现收入破1 000万元的记录,八次众筹突破6 200万元,位居行业第一。除此以外,吴晓波频道和亚朵会员共通体系,共享权益。

资料来源:http://www.eeo.com.cn/2016/1110/293872.shtml。

不管如何对社群进行划分,都是为了确定社群的基调,保证社群既能满足成员特定的价值需求,又能为社群营销人员带来回报,形成良好的自运行经济系统。

### (二)吸引精准用户

要想精准营销,必须拥有精准的用户,因此任何营销推广的前提都是对精准用户的细致分析,了解目标用户的消费观念、地域分布、工作收入、年龄范围、兴趣爱好和工作环境等。了解用户与社群定位相辅相成,了解用户更方便社群定位,准确的社群定位更有利于吸引精准的用户人群。

### (三)维护用户活跃度

对于社群营销而言,能否建立更加紧密的成员关系直接影响着社群最终的发展,因此用户活跃度是衡量社群价值的一个重要指标。现在大多数成功的社群营销已经从线上延伸到线下,从线上资源信息的输出共享、社群成员之间的优惠福利,到线下组织社群成员聚会和活动,目的都是增强社群的凝聚力,提升用户活跃度。

### (四)打造社群口碑

口碑是社群最好的宣传工具,社群口碑与品牌口碑一样,都必须有好产品、好内容、好服务等支撑,并经过不断积累和沉淀才能逐渐形成。一个社群要打造良好的口碑,必须先从基础做起,抓好社群服务,为用户提供价值,然后逐渐形成口碑,带动用户自发传播社群,逐步建立以社群为基点的社交圈,这样社群才能真正得到扩大和发展。

## 四、社群活动策划与开展

在成功建立社群后,要想保持社群的活跃度,需要策划并开展社群活动,增强社群的凝聚力。策划、开展社群活动是保持社群活力和生命力的有效途径,也是加强社群成员情感联系、培养社群成员黏性和忠诚度的有效方式。

### (一)社群线上活动

要保持社群的活跃度,社群分享、社群交流、社群福利、社群打卡等都是十分有效的方式,可以不同程度地活跃社群,提高社群成员的积极性。

**1. 社群分享**

社群分享是指分享者面向社群成员分享一些知识、心得体会、感悟等,也可以是群成员之间针对某个话题进行的交流讨论。专业的分享通常需要邀请专业的分享者,也可以邀请社群中表现杰出的成员进行分享,提高其他成员的参与度和积极性。一般来说,进行社群分享,需要提前做好相应的准备。

（1）确定分享内容。为了保证分享质量,在社群分享之前,应该对分享内容、分享模式进行确认,特别是对于没有经验的新手分享者而言,确定内容和流程必不可少。

（2）提前通知。在确定分享时间后,应该在社群内提前反复通知分享信息,以保证更多的社群成员能够参与进来。

（3）分享暖场。在分享活动开始前的一段时间里,最好有分享主持人对分享活动进行暖场,营造一个好的氛围,同时对分享内容和分享嘉宾进行适当的介绍,引导成员提前做好倾听准备。

（4）分享控制。为了保证分享活动的秩序,在分享开始前,应该制定相关的分享规则,约束社群成员的行为,如分享期间禁止聊天等。在分享过程中,如果出现干扰嘉宾分享、讨论与分享话题不符的内容等情况,控场人员应该及时进行处理,维护好分享秩序。

（5）分享互动。在分享过程中,如果嘉宾设计了与成员互动的环节,主持人应该积极引导,甚至提前安排活跃气氛的人,避免冷场。

（6）提供福利。为了提升社群成员的积极性,在分享结束后,可以设计一些福利环节,为表现出彩的成员赠送一些福利,促使社群成员积极参与。

（7）分享宣传。在分享期间或分享结束后,可以引导社群成员对分享情况进行宣传,社群营销团队也应该总结分享内容,在各种社交媒体平台进行分享传播,打造社群的口碑,扩大社群的整体影响力。

**2. 社群交流**

社群交流是发动社群成员共同参与讨论的一种活动形式。社群交流需要挑选一个有价值的主题,让社群的每一位成员都参与交流,通过交流输出高质量的内容。与社群分享一样,社群交流也需要经过专业的组织和准备。

（1）预备讨论。对社群交流来说,参与讨论的人、所讨论的话题都是提前需要考虑的问题。一个好的话题往往直接影响讨论效果,通常来说,简单、易于讨论、有热度、有情景感、与社群相关的话题更容易引起广泛的讨论。除确认参与成员、话题类型外,话题组织者、主持人、控场人员等也必不可少,合理分配角色,及时沟通,可以保证在社群交流时不出现意外事件,保证交流良好的秩序和氛围。

（2）预告暖场。在社群交流活动开始之前,最好有预告和暖场阶段。预告是为了告知社群成员活动的相关信息,如时间、人物、主题、流程等,以便邀请更多成员参与活动。暖场是为了保持活动的积极性,让活动在开场时有一个热烈的氛围。

（3）进行讨论。话题交流活动在正式开始后,一般按照预先设计好的流程依次开展,包括开场白、讨论、过程控制、其他互动和结尾等。需要注意的是,与社群分享一样,当讨论重点过于偏离主题,甚至出现与主题无关的话题等情况时,控场人员要及时进行控制和警告。

（4）结束讨论。在社群讨论活动结束后,主持人或组织者需要对活动进行总结,将比较有价值的讨论内容整理出来,总结活动的经验和不足,并可以对活动进行分享和传播,扩大社群的影响力。

**3. 社群福利**

社群福利是提高社群活跃度的一个有效工具,一般来说,不同的社群通常会采取不同的福利制度,也可以多种福利形式结合使用。

(1) 物质福利。物质福利是指对表现优异的成员提供物质奖励,一般为实用物品,或者具有社群特色的代表性物品。

(2) 现金福利。现金福利是指对表现优异的成员提供现金奖励,多为奖金的形式。

(3) 学习福利。学习福利是指对表现优异的成员提供学习类课程奖励,如免费参与培训、免费报读课程等。

(4) 荣誉福利。荣誉福利是指对表现优异的成员提供相应的荣誉奖励,如颁发奖状、证书,或给予设定的头衔、称号等。荣誉福利若设置合理,可以很大程度地提高社群成员的积极性。

(5) 虚拟福利。虚拟福利是指对表现优异的成员提供暂时虚拟的奖励,如积分,当积分达到一定程度的时候,成员就可以领取相应的奖励。

**4. 社群打卡**

社群打卡是指为了使社群成员养成一种良好的习惯或行为而采取的一种方式。社群打卡有监督并激励社群成员完成某项计划、促使成员不断进步的作用。

1) 打卡规则设置

社群打卡如果没有设置严格的规则,很难持续进行下去,也就无法获得良好的效果。一般来说,为了保证社群成员能够坚持打卡,积极实现个人目标,管理人员可以从以下四个方面设置社群打卡规则。

(1) 押金规则。设置押金积分制度,入群成员需要交纳一定押金,完成目标后退还押金,未退还的押金则作为奖金,奖励给表现优秀的成员。在判断完成度时,可以制定积分制度,设置积分加减项目,同时积分也可作为优秀成员的评判标准。

(2) 监督规则。监督规则是指管理人员对社群打卡情况进行统计、管理和监督,并通过消息或通知发布打卡情况。监督规则一方面可以激励未打卡的成员积极完成打卡;另一方面通过公布已打卡成员的打卡情况,使坚持打卡的成员产生自己的付出"被看到"的感觉,从而有持续打卡的意愿。

(3) 激励规则。激励规则是指为持续打卡、表现优秀的成员设置特殊的奖励,奖励可以是多种形式的,如物质、精神、荣誉等,也可以根据打卡成员的个性、特色、职业等为其设置专门的奖项,体现个性化,提高社群成员的积极性。

(4) 淘汰规则。淘汰规则是指制定淘汰制度,淘汰打卡完成度不高的社群成员。

为了保持社群成员持续打卡的积极性,建议定期或不定期地对社群规则进行优化和升级,保持社群成员持续打卡的热情。

2) 打卡氛围营造

一个积极健康的打卡社群,必定拥有良好的打卡氛围,这可以鼓励社群成员坚持在社群中打卡,加强成员对社群的情感联系和认同感。有利于营造社群打卡氛围的因素主要有以下几种。

(1) 榜样。榜样是一种可以持续激励人们前进的力量,社群打卡是一件十分需要毅力的事情,需要榜样的引导和激励。对社群打卡的组织者而言,一定要起到榜样的作用,让其他成员看到榜样的坚持,产生跟随的动力。

(2) 鼓励。很多人加入社群打卡的目的是让自己变得更好,但是打卡需要长期坚持,所以他们需要从同伴的鼓励中获得继续下去的动力。当打卡人觉得自己受到了同伴的关注时,就会不断自我激励,完成更多事情。

(3) 竞争。一个社群中如果有一部分成员拥有积极向上的精神,就能带动其他成员,为整个社群营造出积极的氛围。所以设置竞争机制刺激成员进行打卡也十分重要,例如给积极参与打卡的人更多权限或奖励,培养更多社群榜样。可以设计物质奖励、精神奖励等措施,对优秀成员的持续输出进行持续激励。

(4) 惊喜。惊喜是指不定时为社群成员发放一些意料之外的福利,如奖励免费课程,邀请名人进群分享等,不仅可以为社群成员带来新鲜感,还能让他们觉得加入社群打卡很有价值。

(5) 情感。社群是一个需要在成员之间建立情感连接的场所,在打卡过程中,有很多值得挖掘的打卡故事,如带病坚持打卡、深夜坚持打卡等。这些有温度的事情十分有利于建立社群成员之间的情感连接,让他们被坚持者的行为感动,并努力成为社群中的优秀成员。这种情感连接,能够增强社群成员之间的黏性。

## (二) 社群线下活动

在全渠道营销时代,线上与线下相结合才是顺应潮流的营销方式,社群营销也不例外。虽然线上交流限制更少、更轻松自由,但线下交流更有质量,也更容易加深感情。一个社群中的成员,只有从线上走到线下,才能建立起成员之间的更多联系,让情感联系不再局限于社交平台和网络,而进一步链接到生活圈、兴趣圈、朋友圈、人脉圈中,联系越多,关系越牢固。

**1. 线下活动类型**

对于社群而言,线下活动主要包括核心成员聚会、核心成员和外围成员聚会、核心成员地区性聚会等。不管是哪一种聚会形式,在聚会过程中,都可以适时发布一些聚会实况到社群。这样,一方面可以增加社群影响力,增加成员对社群的黏性;另一方面也是持续提高和保持社群活跃度的有效方法,可以刺激更多人积极参与线下活动。

**2. 线下活动策划**

社群的线下活动根据其规模的大小,会有不同的组织难度。为了保证活动的顺利开展,在开始之前必须有一个清晰完整的活动策划,方便组织者更好地把控活动全局。活动策划要做到有计划、有目的、有质量。

1) 活动计划

活动计划是指对活动的具体安排,主要内容包括活动策划团队名单、任务分配模式、宣传方式、报名方式、活动名称、活动主题、活动目的、活动日期、活动地点、参与人员、参与嘉宾、活动流程、费用、奖品、合影及后续推广等。为了更好地对活动全程进行控制,在写活动计划时,通常还需要制作一个活动全程的进度表。

2) 团队分工

通常社群类型和活动目的的不同,其线下活动的内容和流程就会不同,对应的团队分工也会不同。一般来说,社群在策划线下活动时,主要需要进行以下分工。

(1) 策划统筹。策划统筹是指负责制定活动方案,把控活动方向,统筹活动安排等。

（2）线上宣传推广。线上宣传推广是指在确定活动信息后，需要组织线上管理人员对活动进行推广，如在社群、公众号、微博、知乎等平台进行宣传，设计和发布活动海报，邀请媒体等。此外，也可收集活动参与人员关于活动的建议，反馈给策划统筹人员，以便进一步对活动方案进行优化。在活动开展过程中，宣传人员还可以对活动进行直播，发布游戏、奖品、分享等照片。

（3）对外联系。对外联系人员是指负责筛选和洽谈活动场地、活动设备，邀请活动嘉宾的人员。该人员必须确认活动场地和设备正常无误，活动嘉宾的邀约和分享文稿无误。为了方便及时沟通，对外联系人员可以制作一份活动重要人员的通讯录。

（4）活动支持。活动支持主要是指引导签到（现场签到、引导人员入场、发放入场前的物料等）、PPT的播放、活动开展过程中的录影拍摄及主持人的工作安排等。

（5）总结复盘。总结复盘是指对活动的效果进行总结和反馈，生成复盘报告，为下一次的线下活动提供参考资料。

团队分工可以保证活动有序开展，设置了合理的团队分工并明确各组的具体任务后，不管是在活动筹备期、活动传播期、活动进行期还是在活动复盘期，都可以做到有条不紊。

# 任务五 场景营销

> 学前思考：你喜欢迪斯尼乐园吗？你认为它和其他游乐园的最大区别是什么？

场景营销对很多人来说是一个比较新鲜的术语，但事实上这一做法早已出现，只是在传统营销模式下，没有受到重视而已，例如，家电零售中的各类体验店、家居零售企业的各类样板间、婴童用品零售企业的亲子活动等，都是场景营销的具体应用。当然，在全渠道营销大背景下，借助于信息技术，特别是移动互联网技术，场景营销方式日益多样化，内容也越来越丰富，已然成为一种重要的营销模式。

## 一、场景与场景营销

### （一）场景

场景就是消费者生活的具体情境，消费者在某个时间、某个阶段所处的环境都可以形成场景。例如，电影院售票厅通常都会设有零食、饮料售卖区域，这就是一种场景，因为人们在观看电影时通常会购买零食和饮料。场景可以视为人们消费行为的反应。

重新构建营销场景

在全渠道营销背景下，场景更多地是指借助于互联网和移动互联网，将各种消费行为高效连接起来，利用内容来重构产品与用户的连接。场景可以是真实的，也可以是虚拟的，但无论何种场景，其核心都是人——消费者。

场景通常包含人物、时间、地点、环境、行动、结果六大要素。这六大要素的具体内容如表3-2所示。

表 3-2 场景的六大要素

| 六大要素 | 具体内容 |
|---|---|
| 人物——谁 | 性别、年龄、职业、爱好、过去习惯、当下需求等 |
| 时间——在什么时候 | 季节、节庆、日期、星期、白天/晚上等 |
| 地点——在什么地点/去哪里 | 地理位置、国家、城市、街区、楼宇等 |
| 环境——在什么样的环境下 | 信息环境(图像、声音、气味等)、周围人群/人群关系等 |
| 行动——做什么 | 线上或线下有目的或无目的购物、饮食、等候、交流询问等 |
| 结果——产生了什么样的结果 | 停留、离开、消费等 |

在场景构建的过程中,这六个因素是必不可少的。场景六大要素的存在与延伸为零售企业提供了制造场景的无限可能:在任何时间、任何地点,零售企业都可以根据人物的具体行为来设计、创造营销场景。

### (二) 场景的特征

营销中的场景来源于人们最基础的生活情境,但又与生活情境有所区别。除具备前述六大要素之外,营销场景还呈现出如下特征。

**1. 场景的功能性**

每一个场景都有相适应的综合商业环境。场景本身的商业环境会对消费者进行选择,例如,购物中心汇集了购物、美食、游戏、电影等功能,依托这些功能,就能吸引相应的消费者。

**2. 场景的周期性**

场景会因为时间的不同而有不同的变化。不同时间点的作用下,场景对消费者的吸引力会有所差异。例如,某门店在 5 月 20 日前制造出"说出你的爱"互动表白营销场景,吸引众多消费者前来体验,而 5 月 20 日过后,这个场景就缺乏吸引力,该场景的再次出现就只能等到下一个"520"。

**3. 场景的公开性**

在任何场景中,人们的行为都是公开的,甚至可以被量化。例如,在一家超市购物,消费者所选购的各类商品,如米、面、油、肉、蛋、奶等,整个消费过程和结果都是公开的、可以被发现的;而且,对该零售企业而言,消费者的各类数据都是可计量、可获取的。

**4. 场景的群体性**

一部分场景是由一些群体在某个时点制造的。例如,快闪活动、节庆期间庆祝活动等,都是众多消费者参与的某种统一的行为,这些都是群体性的场景。

**5. 场景的变动性**

人在场景中行为会发生变动,这是一种不可预估的变动。例如,一个消费者本来是在购物中心选购衣服,但这时正好有熟人告诉他网上同款的衣服更便宜,于是他听从熟人的建议,转而到网店选购。受心理因素等影响,消费者常常会切换购买场景。

### (三）场景营销

场景营销作为一种营销模式,将营销方式与人们的生活场景结合起来,从而让企业实现营销目的,让消费者获得最佳体验。场景营销的核心就是要抓住具体场景下消费者的心理状态和动机,利用场景唤起消费者在该场景下的消费需求。

场景营销与人们的生活紧密结合,能达到广告的目的,满足人们的心理期待,解决消费者的选择困难等。可以说,场景营销的出现很好地解决了人们生活中的问题,也引导着人们改变现有的生活方式来追求更好的生活。

**1. 场景营销的分类**

按生活场景来划分,场景营销可以分为两类:一类存在于现实生活中;另一类活跃在互联网的使用中,可以分为 PC 场景营销模式和移动场景营销模式。

终端建设的
场景化策略

（1）现实生活中常见的场景营销。这一类型的场景营销存在于日常线下消费中,例如,超市中经常使用的情境陈列方式,为再现生活中的真实情景而将一些相关商品组合陈列在一起,如用室内装饰品、床上用品、家具布置成一间室内环境的房间,用厨房用具布置一个整体厨房等。这种场景营销方式,使商品在真实中显示出生动感,向消费者有效传递商品信息,具有强烈的感染力。

### 案例分享　　　　宜家样板间:卖货还是卖生活的想象

作为场景营销先行者,宜家用自有商品打造样板间,为每一件商品设计一个能道出故事的情境风格,让消费者在样板间能感受到产品的使用效果,可以考虑选择什么样的产品进行搭配。此外,宜家的样板间随着新品和季节不断变化。

宜家基本上不围绕产品说事,而是一直在阐述"什么是家、什么是生活",传递一种"我买的不是家具,而是像宜家样本间一样美好的生活"的想象。很多消费者到宜家是冲着"找灵感"来的,因为在宜家样板间一个个细致的场景设置里,总能轻松找到居家解决方案。

宜家从无到有制作一个样板间,至少需要用到三份资料:第一份资料是主人资料,宜家商场的每个样板间都有一个虚拟主人,只有对空间主人的具体行为与生活剧情描述,才能对应相应的产品与解决方案;第二份资料是销售部提供的本年度主推产品的明细列表;第三份资料是调查分析报告,调查对象是现有及潜在顾客人群,宜家每年都会对这些典型家庭做实地调查。

（2）PC 场景营销。PC 场景营销一般存在于计算机端,是基于人们的网络行为而产生的,通常采取"兴趣引导＋海量曝光＋入口营销"模式。例如,消费者通过搜索引擎收集信息时,系统会自动根据搜索词条、浏览频率等数据,推送相关的资料信息让这些信息的曝光量持续增加。用户在"感兴趣、需要和寻找时",企业的营销推广信息才会出现,充分结合了用户的需求和目的,是一种充分满足企业"海量＋精准"需求的营销方式。

（3）移动场景营销。移动场景营销一般借助手机和移动互联网完成,因而具有很好的移动性和连接的实时性,企业能与消费者随时随地建立联系、进行互动,而消费者可以在任意场景的触动下发生购买行为。实际应用中,移动场景营销往往基于位置及大数据来分析判断消费者在当下所处场景中对于购物的需求以及消费者自身的特点,判断得出结论后,再为消费者推送相应的产品信息或优惠信息。

**2. 互联网时代场景营销的特征**

(1)场景营销的碎片化。消费者行为的不确定性叠加互联网各类消费信息的海量化,使得基于互联网衍生出的营销场景具有高频生成、转换快速、片段呈现等特点。同时,互联网具有连接一切的功能,消费者行为与互联网的关系更加紧密,在任何碎片化的时间中,消费者都能够参与基于互联网所制造的各类场景。

(2)场景营销的高迭代性。互联网模式下的商业场景建立在商业模式的周期中,不同场景必然会跟随商业周期进行切换。所以,对于企业而言,其商业场景会经历频繁的迭代,而且为了最大可能地吸引消费者,每一次迭代都会通过不同路径来实现。因此,场景营销也必须进行快速迭代。

### 拓展知识　　高德地图场景营销的不断迭代

2014年,高德地图被阿里巴巴并购,标志着其进入了数据时代。高德地图除为车主提供便捷导航服务外,还是阿里生态圈的重要引流端口,是用户消费数据的重要来源。因此,阿里入主高德之后,做的第一个关键决策就是要求高德回归到地图基础技术上,不再以本地生活服务O2O为发展路径,而是以优质服务吸引用户、提高用户渗透率、增加活跃用户量为发展路径。

为提高用户体验,围绕消费者对电子地图的使用需求,高德地图在功能上快速迭代,营造出一个又一个高效使用的场景,不断增强用户黏性。下面以2017年下半年为例,说明高德地图功能快速迭代所带来的使用场景的迭代,如表3-3所示。

表3-3　高德地图功能迭代

| 时间 | 功能迭代 | 使用场景迭代 |
| --- | --- | --- |
| 2017年6月7日 | 升级运动功能,智能推荐周边跑步路线 | 满足健身达人需要,方便他们寻找跑步路线;特别是身处外地时,更为方便 |
| 2017年6月29日 | 上线共享单车服务 | 提供共享单车找车服务,以及扫码取还车服务,解决短程出行问题 |
| 2017年9月20日 | 推出乐游云服务 | 外出旅游,可以知道周边景点信息,并完成提前购票、酒店预订等 |
| 2017年9月22日 | 推出适时公交服务 | 可以查看公交适时到站情况,减少等待时间 |
| 2017年11月7日 | 共享单车加入公交规划 | 整合多种出行工具,提高出行效率,节省出行时间,用户可以更好地进行出行规划 |
| 2017年12月6日 | 上线货车导航 | 因为货车路线与小轿车路线有差异,导致货车驾驶员经常遇到不能通行的问题。自此以后,货车驾驶员也可以放心使用 |

通过上述功能的快速迭代,高德地图围绕用户需求,不断扩充和丰富使用场景,目的在于让高德地图成为用户日常生活中必不可少的工具。功能和使用场景的迭代,必然要求开

展场景营销时也要不断调整，通过系列化、多样化的场景设计，让消费者能够切实体验到功能扩充所带来的价值，提升消费者对产品的接纳度，从而提高产品的市场占有率。

(3) 场景营销的跨界性。在互联网时代，规模经济被划分为个性化定制经济等更加细小的经济体，打破了原有经济体界限，同时又融合了其他经济体元素。围绕营销这一活动，原有互不相关的领域的元素被重构，形成各种各样的新场景。由于跨界频繁，不同场景间的差异逐渐模糊化，逐步呈现出混搭的感觉。

(4) 场景营销的体验性。场景营销的核心是体验，营销场景的构建是为了给消费者美好的体验，通过体验来刺激消费者消费，进而让消费者对这种营销场景形成依赖心理，使消费者在任何时间进行消费时都会自然而然地想到并选择该场景。场景营销就是让消费者满足感增强的心理营销。

### 拓展知识　　借助 IBCD 工具洞察取舍场景

在营销场景设计中，一般会使用 IBCD 工具来对场景进行取舍，其中 I（industry）指的是行业坐标、B（brand）是品牌坐标、C（customer）是客户坐标、D（demand）是需求坐标。

场景优化：线下零售体验升级

(1) 行业坐标(I)。用来检查行业与场景之间的关联度。行业坐标的衡量指标是差异性和行业性，两者具备其一即可，但若是两者兼具则会更理想。例如，西贝莜面村推出的"亲子私房菜"场景体验活动将餐饮业与亲子教育结合起来。这两个行业存在巨大差异，却可以经过设计构建一种新的营销场景，创造出更高的价值。

(2) 品牌坐标(B)。用来检查消费者参与度与品牌调性的匹配度。匹配度如果高，则会强化品牌调性，反之，则会弱化品牌调性。在洞察与设计场景时，要让场景的参与度与品牌调性实现良好的均衡。如果过于强调品牌调性，那么可能会让设计的场景体验远离消费者的期望；如果场景参与门槛过于复杂，那么最终的参与度就不会很高；如果场景体验过于恶俗，那么即使有较好的参与度，最终的价值也不能实现最大化。

(3) 客户坐标(C)。用来检查新场景能够适应的区域和客户数量是否足够大。其检查的维度集中在新场景的普适性和制造成本方面。这是因为，在不同的地域针对不同喜好度的客户打造营销场景成本很高，所以要在充分了解消费者的基础上做出取舍，选择更实用的场景进行开发。

(4) 需求坐标(D)。用来考察消费者的需求强度和需求类别。消费者的需求有物质需求和精神需求，也有强烈的需求和中等程度或较弱程度的需求等。在这些需求中，场景就是要消除痒点、唤醒盲点，同时再给予尖叫点、爽点和甜点。在场景中，产品一般都可以满足消费者的物质需求，但对于消费者的精神需求，即场景带给消费者的爽点与甜点，就存在不确定性。所以，在制造场景时，不能将企业认为的强需求附加在用户身上，而是要通过调研证明这是强需求，以唤醒消费者的需求盲点，让其对这种场景形成消费依赖。

IBCD 工具是建设场景的重要指标工具。在考虑场景建设时，综合运用 IBCD 工具的指标，就可以在更加全面的场景思维下构建场景。通常，在使用 IBCD 工具制定场景方案时，会运用到"IBCD 场景方案评定表"，如表 3-4 所示。

表 3-4　IBCD 场景方案评定表（举例）

| 场景 | 行业坐标（I） | | 品牌坐标（B） | | 客户坐标（C） | | 需求坐标（D） | |
|---|---|---|---|---|---|---|---|---|
| | 差异性 | 行业性 | 参与度 | 品牌调性 | 客户数量 | 市场区域 | 强度 | 类别 |
| 场景一 | 强 | 中 | 高 | 一致 | 多 | 大 | 高 | 物质 |
| 场景二 | 中 | 强 | 中 | 一致 | 中 | 中 | 中 | 精神 |
| 场景三 | 弱 | 弱 | 低 | 不一致 | 少 | 小 | 低 | 两者兼具 |

对照该评定表，企业就可以确定所要构建的场景中对应产品的一些属性。

资料来源：营销铁军．场景营销[M]．苏州：古吴轩出版社，2020，略改动。

## 二、场景营销常用技术

场景营销的实现必须有一个完备的场景，而想得到一个完备的场景，就需要一些技术手段来帮助搭建营销场景。目前，场景搭建使用最多的技术手段有移动设备、社交软件、定位系统等。这些建立在移动互联网时代的技术手段是场景营销的得力助手。

**1. 移动设备**

移动设备的盛行基于移动互联网的发展，在移动互联网的普及下，越来越多的移动电子设备进入大众的生活，而这些移动设备正好是营销场景的载体。具体来说，移动设备在营销场景搭建过程中的作用主要体现在以下两个方面。

（1）移动设备逐渐成为各类信息的终端。移动设备整合了文本、声音、图像等多种传播媒介，融合了纸媒传播与互联网的交互功能，成了新媒体时代的信息终端。例如，只要存在移动互联网，人们就可以依靠一部手机实现网上阅读、视频观看、网络预约、网络购物、网络分享、网络交流等。可以说，移动设备已经完全可以满足人们接触不同媒介的需求。所以，企业在构建营销场景时，移动设备就是有力的支撑。

（2）不同的媒体会有不同的接触群体。针对不同人群进行研究，发现不同人群会接触不同的媒体。例如，非单身群体与电视媒体接触的机会较多，因为一家人一起看电视节目的场景非常普遍，他们能对电视中出现的广告场景等进行讨论，容易激发购买行为，这时候企业就可以在电视媒体中投入一些居家生活的营销场景。而单身群体可能更多地通过移动设备接受资讯，尤其是新闻资讯，所以企业就可以在这些资讯的页面构建出符合这类群体的场景营销广告。

**2. 社交软件**

社交软件是构建人与人之间信息交流的通道，随着社交媒体的渗入和普及，社交软件与大众生活的关系越来越密切。社交媒体的代表有腾讯旗下的微信、QQ，新浪旗下的微博等。此外，陌陌等也在社交软件中占据一席之地。

如今大众普遍适应了社交软件的应用，其中年轻人占据很大比例。如果能从以下两方面着手设置营销场景，就能快速吸引社交软件端的年轻消费者。其一，设置语言场景。为了抓住社交媒体端的年轻消费者，企业可以用更能体现年轻人姿态的语言来传播热点话题，进而引导消费。其二，设置时令场景，这就要搭时间的顺风车，借助时令节点对消费者情绪进行安抚的同时，提出自己的话题并引发他们的关注。

**拓展知识** 　　　　**社交软件上的场景营销技巧**

（1）关注目标。寻找注意社交软件消费者群与企业目标消费者的契合度，结合双方特点及需求点构建场景。

（2）目标战场。通过社交软件建立消费者联系，双方进行深度互动与沟通，捕捉信息，为场景构建提供数据支持。

（3）重视互动。重视消费者与消费者之间以及企业与消费者之间的互动。

（4）把握特质。场景设计要契合社交软件的传播特性，这样才能设计出引爆社交软件的场景。

**3. 定位系统**

在各项技术手段的支持下，场景营销的路径越来越广，特别是定位技术的出现，为场景营销注入了新的活力。例如，iBeacon 技术是 2013 年苹果公司推出的一项低能耗蓝牙技术。iBeacon 发射信号，iOS 设备定位接收并发出反馈信号。iBeacon 技术的出现，让传统的室内定位更加成熟，很好地提升了人们对室内定位的体验感。此外，iBeacon 技术也促进了线下网络的建设，这主要是因为 iBeacon 技术使得电子设备的精准度明显提升，在定位方面能够实现室内、室外全方位的覆盖。

## 三、场景营销实施流程

通常情况下，一次完整的场景营销包含四个环节，分别是场景定向、用户定向、行为定向、媒体和内容定向。这四个环节环环相扣，层层递进，只有在完成前一环节的基础上，才能进阶到下一环节，最终达成一次成功的场景营销。

**1. 场景定向：场景营销的基石**

场景定向就是要根据消费者随时随地的需求给出合适的营销契机。例如，各款外卖软件会根据人们在不同时间的饮食需求推出符合各个时点的餐食：在早上推出各类营养早餐，到了中午推出丰盛的午餐，下午的时候会有下午茶等休闲食物，晚餐时间会有美味晚餐，甚至到了深夜还会有夜间专送的夜宵。

外卖平台这种服务设定的基础就是消费者时间日渐碎片化。它利用消费者在碎片化时间内的特定需求推出相应的餐食服务，不仅满足了客户的饮食需求，同时也让企业充分地利用了时间，实现了经营的优化。

这种场景定向可以潜移默化地影响人们的认知，引发人们的好奇心和消费欲望，使得企业轻松挖掘出潜在消费者。因此，场景营销首先要确定场景定向，它能为后续活动的打造奠定总的方向和基调，是整个营销活动开展的基石。

**2. 用户定向：精确锁定用户**

用户定向就是企业将自己的客户定位在哪类消费者群体上。为完成用户定向，企业首先需要通过对用户的分析设定大的用户分类框架，然后追踪创意广告初步投放后的数据并不断修改用户画像，逐渐完善对用户特点的分析，然后将用户的这些特点应用到后续的创意宣传中。在用户定向中，调查分析是非常重要的环节，只有通过有效的市场调查，才能获得用户数据，进而清晰地确定自己的用户定位。

在互联网模式的场景营销中,企业要做到精准的用户定位,就需要使用以下"移动互联网信息流广告投放的闭环流程"来吸引用户:分析用户→设想用户画像→创意宣传→修正用户画像→数据追踪→线上投放→用户数据收集分析。

用户定向分析广告投放之后,企业就需要根据广告的回馈进行以下两个方面的工作。

(1) 采集用户特征。主要包括:①统计已有用户的基本信息,分析基本的用户特点;②观察不同流量和不同浏览界面的结果,分析用户的关注点;③分析用户喜好,假设用户类型,描绘用户画像。

(2) 了解产品的受众群体。当用户画像绘制完成后,企业就应针对不同的用户宣传自己的产品。例如,面对学生用户时,宣传会聚焦在"小众""经济""有设计感"等词上;面对中老年的中产阶级消费者,产品宣传将更多地定位于"尊贵""沉稳"等风格上。在针对不同的用户设计不同的宣传语时,要注意以下三个问题:①用户,用户可以分为哪些类型,他们各自关注的是什么;②场景,各类用户会在自己的活动场景中表现出哪些行为;③需求,企业的产品在哪些方面契合了用户的需求。

精准的用户定向可以帮助企业快速与用户建立连接,这对于提高企业的营销效率至关重要,其对于产品投放和营销场景的确定具有很好的帮助,是企业场景营销设计的重要环节。

**3. 行为定向:借助数据分析确定用户行为定向**

用户行为定向的实现需要通过追踪、分析互联网用户的网络浏览记录,借助数据分析工具对这些记录进行分析,进而确定用户的行为特征,为用户行为定向广告的投放提供依据。用户行为定向广告有以下两个重要的特点。

(1) 个性化。行为定向广告具有个性化的特点,使每个人在网页上看到的广告有所差异,实现了"千人千面"。

(2) 基于消费者过去的行为。通过对网页浏览数据、消费者行为数据、社交软件使用数据等的分析,网站就可以精准地预测用户感兴趣的产品,实现精准投放。

消费者利用购物软件购物的过程中,如果之前选购了某种商品,再次进入系统,系统就会自动推荐同类商品,这其实就是基于用户行为定向原理而进行的营销服务。这种基于个性化的服务能增加消费者的购买欲望,提高用户的购物体验效率,增强用户对产品的好感。

**4. 媒体和内容定向:借助媒体进行优质内容宣传**

在互联网媒体时代,优质产品有了非常好的发展契机,因为丰富的传播渠道可以让产品进入各类媒体用户的眼中,进而带动一系列的消费。那么这种借助媒体的策略该如何实施呢?来看一个例子。

在很多年轻人都喜欢观看的某真人秀电视节目中,安慕希品牌强势冠名该节目的第二季,使得品牌知名度迅速提升,于是安慕希继续赞助了该节目的第三季。在后续的节目中,安慕希甚至启用了全体常驻嘉宾进行品牌代言。在这个过程中,安慕希的市场占有率得到大幅度提升。安慕希的成功宣传主要在于对媒体的借势,这种利用媒体进行优质内容宣传的营销举措很好地传播了品牌形象,使场景营销实现了最终的落地。

## 四、场景营销常见方式

### (一) LBS 场景营销

LBS(location based service)营销也称基于位置服务的营销,它以地理位置为基础,通过资源的共享和互换等方式,来提升消费者的体验,是一种基于消费者地理信息的精准化互动式营销。在互联网时代,借助移动网络 GPS 技术,LBS 技术在企业的营销推广中被越来越多地采用。企业利用该技术在准确获取用户的即时位置信息的同时,通过移动端入口将用户导入自己的平台,然后为用户提供增值服务。这就为 LBS 技术赋予了更多的商业价值,在移动化的碎片时间和场景中,LBS 更能为人们提供随时随地的服务,让全场景体验时刻在人们的生活中上演。

**1. LBS 场景营销的价值**

LBS 营销是移动互联网时代特有的一种新型营销模式,其所具有的商业价值主要体现在终端客户上:为用户提供更多的场景需求解决方案,或搭建新的场景为用户创造意料之外的场景。从本质上看,LBS 商业价值的最终定位还是为消费者提供精准化的营销服务,这样不仅可以让企业实现价值的最大化,还能让消费者在更加完备的场景中获得最佳体验。企业一般会从如图 3-2 所示几个方面来实现 LBS 商业价值的最大化。

| 借助LBS精准营销 | 实体店和社交网络结合,提升用户忠诚度 | 借助LBS实现口碑传播 | 发现用户需求,提升服务质量 |
|---|---|---|---|
| LBS的最大价值就是用户的即时定位,这可以将企业、场景、用户实时地联系起来,让企业在实时了解客户的生活方式、行为习惯、兴趣爱好等的基础上,构造实时的营销场景,精准地为用户服务 | 商家除了可以借助实体店的会员卡、折扣券实现营销之外,还可以利用LBS平台的线上签到数据、消费数据等为消费者提供相应的优惠和折扣,与此同时再对用户进行细分,人性化和个性化地满足消费者的需求体验,进而让用户对企业产生好感,保持忠诚度 | LBS所具有的搜索记录、拍照上传等功能,可以将产品通过社交途径传播得更远,对于企业来说,这就在无形中实现了自己的口碑传播,从而吸引更多的消费者 | LBS能对用户生活进行更细致的挖掘,发现用户在生活中的细微表现,将用户需求清晰地呈现给商家。商家可以依据这些需求信息为用户提供更加精准化的服务,提高服务质量 |

图 3-2 LBS 商业价值的最大化途径

**2. LBS 场景营销典型应用**

LBS 场景营销最明显的特点就是智能化、个性化和场景化。这些特点在如下 LBS 场景营销三大典型应用中有充分体现。

(1) LBS 与生活信息的结合。LBS 与生活信息的结合是指人们可以将自己在一些场所(餐厅、理发店、电影院等)或场景中的体验通过 LBS 平台分享到社交平台上,并对自己的消费内容进行点评。

消费者的分享和评价是对企业口碑的又一次传播,而其他消费者通过了解社交平台上的分享信息及评价,就能找到更加适合自己的企业或产品。

(2) LBS 与物流货运车辆的结合。LBS 与物流货运车辆的结合主要通过一些物流 App

来实现。例如,通过物流App,客户就可以预约取件、接收送件提醒、实时查询物流等,使物流信息变得更加透明,实现了可视化。此外,对于物流公司而言,其可以通过实时定位实现物流资源的整合,从而让资源得到有效利用,节约运营成本,提升物流效率。

(3) LBS与酒店预约的结合。传统的酒店服务模式都是提前预约、上门住宿,在这种经营模式下,客户一般无法对酒店的实时情况(房间数以及房价标准、优惠活动、周边设施等)进行了解,同时酒店也无法对用户需求进行了解,双方都是基于对彼此的不了解来开展服务和被服务的。而借助LBS场景营销,企业可以和消费者进行更加有效的互动,使酒店与客户建立一种更加积极主动的关系。例如,企业通过推出一些限时签到奖励、邀请好友签到团购等优惠让利活动吸引更多的用户登录LBS平台,对酒店的各项信息(房间类型、价格、优惠活动等)进行查询了解。

LBS营销与人们本地生活的有效结合在方便用户消费体验的同时,也给企业提供了更多的机会,两者基于LBS平台服务共同受益。

**拓展知识**　　　　　　**二维码下的移动互联营销场景**

在二维码日益普及的背景下,移动互联网时代的营销场景变得更加丰富,二维码记录的信息进一步丰富了场景营销。于是,各种各样的二维码营销场景开始出现,如扫码网购、扫码支付、扫码了解详情、扫码听音频、扫码看视频、扫码乘车等。一个二维码,成了很多信息的载体,方便了人们的生活。同时,一些企业也很好地利用二维码进行营销活动:扫码进入企业网站进行站内互动,设计包括促销信息的二维码吸引客户,用二维码来展示企业的信息和形象,贴码进行防伪等。

实体店同样可以对二维码进行深度使用,构建出基于二维码的营销场景,发挥二维码的实用价值,例如,可以利用二维码解决店面产品展示空间不足的问题,也可以利用二维码解决店面人员不足问题。

资料来源:营销铁军.场景营销[M].苏州:古吴轩出版社,2020,略改动。

### (二) O2O场景营销

O2O场景营销是基于互联网技术的一种新型营销模式,通过线上与线下互动,在满足人们线下消费需求的同时,也为人们开拓了线上消费路径。其中最为典型的应用有以盒马鲜生为代表的线上线下一体化购物,以美团、滴滴为代表的线上预订、线下消费,以及各类社区团购等。各类线上线下营销模式的成功,表明在互联网时代,O2O营销是场景营销中的一种重要形式,消费者很多消费行为都通过线上下单、线下配送完成,这种省时、省力的营销模式丰富和优化了消费环境。

**1. O2O场景营销的价值**

O2O场景营销通过连接线上与线下,构建出独特的营销模式,这种消费模式的优势明显,实现了产品思维与营销思维的有效结合。

(1) 扩大营销范围。O2O场景营销的优势主要体现在对用户消费的培养,进而扩大营销范围。O2O场景营销可以很好地满足消费者需求,因而能够吸引更多的消费者加入,甚至通过用户的分享行为吸引其他消费者继续加入这样的营销场景中,从而在扩大营销范围的同时提高企业影响力。

（2）强化与消费者的连接。O2O场景营销促进了网络平台与线下门店、商品服务与消费者，以及消费者之间的连接。O2O模式实现线上业务与线下业务的融合，推动企业在营销过程中通过各种渠道发掘消费者需求；同时，还可以把消费者对各种产品的接纳进行数字化展现，以促使其他消费者进行该产品的消费。在具体产品营销过程中，可以借助一些营销工具来完善营销场景，例如，使用微信平台的卡券、红包等，吸引消费者加入O2O场景营销模式。

（3）深化消费数据分析。O2O场景营销不仅体现为线上与线下连接，还体现为利用网络平台提供的数字化工具，达到推广效果可查、每笔交易可跟踪。掌握消费者数据，一方面可以深化对消费者的了解，发现更多的消费者需求信息，并据此完善营销场景；另一方面可以有效提升对老客户的维护与营销效果。

**2. O2O场景营销的典型应用**

O2O场景营销的一个典型应用就是通过LBS+O2O方式开展精准营销。通过LBS的位置服务和O2O对线上、线下消费场景的连接，可以构建基于位置定位的精准营销。这种精准营销产生了消费半径，可以让一定范围的消费者享受到更好的营销服务。

这种消费半径上的精准营销模式还融合了推荐消费。具体来说，当消费者进入某一具体消费场景之后，通过LBS营销将附近的商家推荐给消费者（这里的"附近"指消费半径以内，例如一座写字楼的周边通过步行就可以较快到达的位置）。在这样的主动推荐下，消费者就可以根据自己的消费意愿自主选择商家或产品进行消费，这就是精准的O2O场景营销。这种基于LBS根据用户位置的场景营销，结合个性化的定制服务，在让用户得到高质量消费体验的同时，还能通过社交分享实现企业口碑的传播。

例如，以点评起家的大众点评，配合O2O场景营销和百度地图，以团购、优惠券、推荐的方式为大众提供服务。其对用户个人进行了高度的关注，在大众点评的"我的"个人中心，各项信息设置得十分完备，将用户的点评、签到、关注等进行了整合，极好地扩充了用户的各项体验。用户除了解自己的信息之外，还可以对附近签到用户的评价内容进行察看与评价，增强了用户与用户之间的互动。当然，通过社交媒体平台，用户还可以将消费体验、商家评价分享出去，供其他消费者参考。

**（三）O2M场景营销**

O2M场景营销是移动互联网时代的一种新型营销方式。作为O2O的细化，O2M场景营销通过"线下实体店＋线上电商＋移动终端"的融合，致力于打造线上、线下和消费者移动终端的闭环的营销场景，更加突出了移动终端和移动电商在营销场景中的地位。在O2M场景营销中，场景和营销渠道是两个关键，场景是指商家为用户打造的满足不同消费需求的购物环境和场合，而渠道是指商品在企业与消费者之间的流通路线。

O2M营销中的场景可以分为渠道场景和渠道外场景。渠道场景即通过线上、线下各种固定渠道产生的交易行为。渠道外场景，即不通过任何渠道，在渠道之外产生的交易行为。也就是说，人们可能会在各种固定渠道外购物，例如，人们通过微信达成交易意向，然后线下付款完成交易行为的方式，就属于渠道外场景的交易方式。

**1. O2M 营销场景的构建**

(1) 依托渠道的 O2M 营销场景构建。基于渠道的 O2M 营销场景应该围绕移动端打造,但又要注重对传统线上与线下的总体布局。在场景构建时,首先,填补渠道空白。O2M 营销场景包括线上、线下、移动端三个方面,要打造完整的购物场景,就需要把上述三个渠道都覆盖。对大多数企业而言,线上和线下渠道已经成熟,移动端渠道仍有较大的发展空间。要想在移动互联网的时代下构建 O2M 营销场景,企业应查漏补缺,完成全网布局,实现全网渠道的闭环,特别是移动端的建设。其次,打造配套齐全的线上、线下基础设施,助力打造移动端营销渠道。为了让移动端更好地为场景营销服务,就需要从打造线上、线下的基础设施着手。具体而言,线上要从价格体系、会员服务及引流等方面配合移动端渠道的打造;线下要从实体门店、各种营销活动、本地化服务等方面着手,在配合线上营销的同时为移动端提供流量引导、产品供应、物流仓储等。

(2) 脱离渠道的 O2M 营销场景构建。脱离渠道的营销场景是指不依靠渠道的 O2M 营销场景,这种营销场景的打造需要通过以下六个环节来完成:①搭建产品展示平台。没有固定渠道没关系,但是无论如何,企业产品需要被充分展示,企业形象也需要被充分展示,消费者才能完成商品挑选的过程。所以,企业应构建一个展示平台,在展示产品的同时,展示企业的形象和文化,让用户可以充分了解产品和企业,只有这样,才能建立起与用户的基本信任。②构建比价、选购场景。仅有展示平台还不够,还不能坚定用户购买决心,这个时候,企业需要为用户购买决策提供依据,最好的依据就是比价,让用户有选择的空间。只有当消费者看到在企业平台可以买到更价廉物美的产品,才会最终产生购买需求。③打造交易平台。等客户最终决定购买,企业就需要为他们提供完整交易平台,包括一系列的流程,如确定购买、填写资料、提交订单等,关键点在于解决如何下单的问题。④设计客户服务流程。在场景构建中,客户服务环节不可或缺,例如,及时处理消费者在购买过程中的咨询、为用户提供良好的售后服务等。⑤搭建支付环节。当消费者最终决定购买的时候,如何支付也是一个很关键的场景,是线上支付,还是线下支付?支付完成后,是否能收到商品,有什么保障?这都是消费者很关心的问题。如何打造让消费者信赖的支付环节,考验着企业的场景打造能力。⑥打造交付环节。当消费者下单并完成支付,这个时候如何又快又好地将产品交付到消费者手里也很关键,是用快递,还是当面交货,抑或客户自提?这都是必须妥善考虑和设计的。

**2. O2M 营销场景中流量的汇集**

O2M 营销场景构建的关键在于如何把线上、线下流量汇集到 M 端,即移动端,并沉淀下来。

(1) 线上流量进入移动端的通路。要将线上流量汇集到移动端,就需要以企业拥有的平台为核心进行相应的战略调整,这个过程一般需要通过以下三个步骤完成:①自主经营的线上平台的调整。添加企业的微信、微博等社交媒体窗口以及页面分享模块等,让流量从平台向移动端转移。将线上的邮件、电子杂志等与线下的画册、单页等结合起来为移动端引流。用移动端客户服务将用户转化为销量与会员。②线上资源的调整。对线上销售平台与推广平台的资源进行有效调整,摆脱外界控制,加入二维码等连接工具,让流量向移动端转移。③第三方电商平台的调整。入驻电商平台的企业的流量主要有店内流量和外部流量。店内流量需要从竞争者手中抢夺,外部流量的引导与自主经营的线上平台的流量调整相似。

(2) 线下流量进入移动端的通路。企业进行线下流量整合时,要从以下三个层面展开:①注意企业的具体形象,对其进行适当的调整。企业的发展除要得到市场认可之外,还需要得到社会的认可,这就要求企业积极进行企业文化和企业发展理念的构建,让企业形象以更加积极的面貌展现在用户面前。②注重门店拥有的资源,并对其进行有效整合。O2M 营销场景对于线下门店而言仍然具有很大的优势,线下门店可以通过会员流量管理(如在移动设备上以电子显示的形式标注会员身份,简化会员进入方式,建立与会员的互动机制,为会员提供足够多的可选择项目)、构建店内引流体系(如挖掘并发挥店内的宣传体系,将店内的各项活动与促销有效地结合起来,通过移动设备传入移动端,便于用户接触)、构建店内购物场景(在门店内覆盖 Wi-Fi 设备、移动端显示设备等提升用户的购物体验)等方式引入流量资源。③调整线下活动,利用事件进行营销,并关注其进展。企业除在门店内进行营销推广之外,还可以借助一些事件和话题进行焦点营销,这可以很好地吸引大众注意力,增加品牌的关注度,间接地将流量引到移动端。

### 拓展知识　　　　　场景价格方法论

在场景营销模式下,由于场景模式的加入,产品价值在这样的营销模式中发生了重要的变化,这是因为对一件产品来说,如果加入重新构思的场景,那么其所代表的价值可能就不仅是表面的价值,还有更深层次的隐性价值,也就是场景带给消费者的精神享受与满足感的价值。因此,在场景营销模式下,由于产品的价值提升,就需要对产品重新定价。这就需要场景价格方法论的指导。

(1) 定价策略的演变

一般意义上的产品定价考虑的因素是产品成本和毛利,但对产品定价进行细致分析后,就会发现品牌定位、市场机会、产品特色、用户感受等都会影响价格。从理论角度分析,定价方式经历了三个阶段:成本价格(成本+毛利)→心理价格(消费者愿意支付的心理成本)→场景价格(成本+场景价值点)。

经历这样三个发展阶段之后,定价体系进入以场景价格为主的时代。人们的消费理念也开始升级,物质利益与精神利益重合的价值体验消费成为主流,也就是说,人们愿意为自己得到的体验感买单。在这样的消费环境下,如果产品和服务能够在特定的场景下创造符合消费者价值点的价值,那么产品定价体现为场景价格。

消费升级使得人们的消费主张更关注享受(如品质、工艺、功能、精神层面的愉悦等),企业要想让自己的品牌进入消费者的消费范畴,就需要设置用户体验场景,充分展示场景价值点的价值,价值点会让产品产生品牌溢价,形成场景溢价。

场景溢价=场景价值点的价值(物质价值+精神价值)

例如,可口可乐设计的"鹿"音屏告白装,其预售价格高达 99 元/瓶。这么高的定价基于可口可乐设计的营销场景,因为这种告白瓶的瓶盖有一个迷你录音机,消费者可以将自己想要的告白录到录放机中,当对方打开瓶盖时,录放机就会播放录音。这种营销就不只是产品的营销,更是场景的营销。

(2) 产品场景价格论

对于具体的产品,在确定其场景价格时,要借助场景对产品或品牌的价值点进行充分展示,让关注物质价值的用户得到效用满足,让关注精神价值的用户得到更多愉悦。

基于上述场景价格方法论,企业可以通过以下一些途径,让产品在借助场景满足用户需求的基础上,形成场景价格。

① 挖掘渠道价值点提供精神满足。为了满足消费者购物过程中的三问(买什么?在哪买?为什么买?),企业可以采取两种方式,对产品的价值点进行展示。

其一,通过对用户展示产品的价值识别点,实现场景价格定价。同一产品,在不同的营销方式下,消费者愿意支付的价格会有差异,这是因为营销方式具备价值识别的功能。例如,小罐茶,同样的高品质茶叶,当其采用国际新锐设计师设计的铝合金小罐,营造一罐一泡的极致个人消费场景后,其价格就会是其他优质茶产品的几倍,这就是场景赋予其价值点作用的结果。其二,借助渠道的场景价值,实现场景价格定价。当场景和销售渠道融合时,营销和满足消费者需求会在同一时间完成,产品渠道与消费渠道达到了良好匹配。例如,海底捞营造的系列场景。

② 提供场景解决方案,消除消费者的痒点。当产品能够专注于某个特定的消费场景,为用户提供场景化的痒点解决方案时,就能让产品体现场景价值。例如,通过改变产品包装来适应不同场景的消费需求,这既是一种场景解决方案,同时也让产品体现场景价值。这就要求以产品为道具,通过制造或借助场景话题来为其附加价值,从而让用户得到愉悦感。例如,小茗同学饮料,通过制造场景文案话题,让消费者在选用饮料的同时得到附加的愉悦体验,从而实现场景价格的确定。

(3) 产品场景价格核定方法

虽然场景设计能够吸引消费者为这样的场景价值买单,但是这个价值点到底值多少钱呢?这就需要对场景价格进行核定。企业可以利用以下公式来核定场景价格。

场景价格＝成本价格＋场景附加值(场景成本×品牌认知×顾客需求度)

式中,场景成本为产品分摊的场景制造成本,其可能是制造成本(物料成本、人工成本等),也可能是特殊渠道的新增或购买成本;品牌认知为品牌的知名度、在行业内的影响力,其最高值为1;顾客需求度为顾客对该场景的需求程度,可以分为三级:一级为需要,用数字1表示;二级为喜欢,用数字2表示;三级为渴求,用数字3表示。

进行场景价格核定时,需要注意如下几点:①结合时代消费特征与品牌特征。不同时代会有不同的消费特征,产品的场景价格要根据时代消费特征和品牌特征来确定。②结合时代消费习惯,用户体验与产品价格相匹配。当下是休闲消费时代,人们在消费时更加注重产品品质和体验感,高品质和完美体验要有与其相适应的价格。

资料来源:营销铁军.场景营销[M].苏州:古吴轩出版社,2020,经编者整理改编。

# 能 力 训 练

## 能力训练1　社群营销方案制定

社群营销是一种贴近消费者的营销模式。社区营销将人放在第一位,企业所获得的用户具有精准性与忠实性,并且随着社群的不断发展,社群营销的技巧也层出不穷。通过社群营销,可以借助社群中人与人之间的关系链接的裂变实现快速的品牌传播和扩散,从而获得更多的利润和价值。

## 一、训练内容

组建共同学习小组,每个小组选择一家企业营销社群,利用所学的社群营销知识,制定社群营销方案并具体实施。

## 二、训练步骤

**1. 选择目标企业并收集相关资料**

共同学习小组成员分别查找采用社群营销模式的企业,并收集该企业基本信息。然后小组讨论并选定目标分析企业,围绕目标企业进行二次信息收集。

**2. 整理分析相关资料**

根据前期收集资料,对目标企业社群营销案例进行具体分析,策划一次社群活动,以保持社群的活跃度,并提高社群成员的积极性。

**3. 撰写社群营销活动策划方案**

根据前期讨论结果,撰写社群营销活动策划方案。

## 三、训练要求

**1. 训练过程**

通过自主探究、教师辅助指导的方式完成训练任务。

(1) 教师布置任务。
(2) 学生组建共同学习小组(建议3~5人),确定小组成员分工。
(3) 初步查找企业资料。
(4) 小组讨论明确目标企业。
(5) 进行二次信息收集。
(6) 根据所学内容,整理分析相关资料。
(7) 提交社群营销活动策划方案。

**2. 训练课时**

建议训练课时:课内二课时;课外二课时。

## 四、训练成果

社群营销活动策划方案一份。

# 能力训练2　跨界营销案例分析

## 一、训练内容

组建共同学习小组,选择一个典型的跨界营销案例,通过线上资料收集、线下实地走访、亲身体验等方式,对其营销方式进行具体分析,以PPT形式呈现结果。

## 二、训练步骤

**1. 选择目标企业并收集相关资料**

共同学习小组成员分别查找采用跨界营销方式的企业,并收集该企业基本信息。然后小组讨论并选定目标分析企业,围绕目标企业进行二次信息收集。

**2. 整理分析相关资料**

根据前期收集资料,结合跨界营销六大原则,对目标企业跨界营销案例进行具体分析。

**3. 制作项目成果 PPT**

制作项目成果 PPT,并进行展示,之后根据教师反馈的意见进行修改。

## 三、训练要求

**1. 训练过程**

通过小组自主探究、教师辅助指导的方式完成训练任务。

(1) 教师布置任务。

(2) 学生组建共同学习小组(建议 4~6 人),确定小组成员分工。

(3) 初步查找企业资料。

(4) 小组讨论明确目标企业。

(5) 进行二次信息收集。

(6) 根据所学内容,整理分析相关资料。

(7) 共同制作 PPT。

**2. 训练课时**

建议训练课时:课内二课时;课外二课时。

## 四、训练成果

跨界营销案例分析 PPT 一份。

# 项目四

# 全渠道营销平台选择

## 学习目标

**【知识目标】**

1. 熟悉常见的线下营销渠道模式及特点。
2. 掌握微博营销的价值及营销策略。
3. 掌握微信营销的价值及营销策略。
4. 熟悉 App 营销、小程序营销、二维码营销、H5 营销的特点及应用。
5. 了解写作营销和知识问答营销的类型及常用的平台。

**【技能目标】**

1. 能够辨析线下营销模式的侧重点并根据企业情况选择合适的线下营销模式。
2. 能够设计微博营销活动。
3. 能够设计微信公众号平台增粉策略。
4. 能够设计 App 营销的推广方案。
5. 能够收集相关信息,勾勒企业用户画像,选择合适的全渠道营销平台。

**【思政目标】**

1. 具备团队协作与沟通意识。
2. 具备自媒体法制意识和职业道德。
3. 坚持学思结合、知行统一,具备勇于探索的创新精神、善于解决问题的实践能力。

全渠道营销平台选择导学

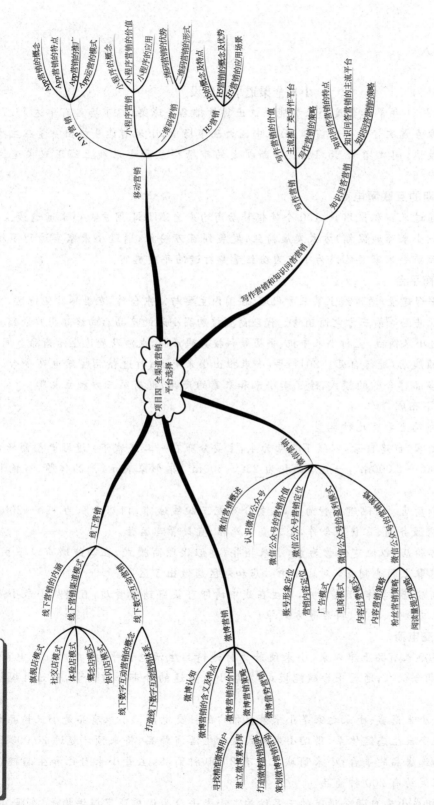

## 小米全渠道平台建设

数据显示,2021年第二季度小米智能手机出货量排名全球第二,市场占有率达16.7%。这是小米手机业务首次晋升全球前二,而在中国大陆市场中,小米智能手机出货量在主要厂商中同比增速最快,同比增长35.1%。不断扩大的市场得益于小米线上线下双渠道运营策略。

**1. 小米早期的互联网电商**

小米早期通过米聊积累用户,100个梦想赞助商均来自MIUI用户。小米通过线上(小米社区、新媒体、小米商城促销)方式发展粉丝,发展到百万粉丝,通过小米家宴达到了粉丝建设的高潮。目前小米家宴已成为小米为粉丝量身打造的年度盛宴。

**2. 小米电商平台**

小米电商平台建设,通过线上第三方代理,在国内主要与京东合作,在世界其他地区,主要通过Flipkart、亚马逊等第三方电商销售。代理商直接购买小米的产品后向终端用户分销。小米线上直营通过小米商城,主打小米手机、平板等科技数码产品,也涉及周边生活商品。同时,小米开设天猫旗舰店,进行自营。2017年,小米推出小米有品,打造精品生活电商平台。小米有品采用了多品牌合作的模式,除了卖小米和米家的产品,也有第三方独立品牌。

**3. 小米线下布局**

小米线下布局主要有几种类型。

(1) 小米之家,自建自营,以线下直营为主,主要分布在一二线城市,进驻大型商场,旗舰店面积为1 000~2 000 m²,一般店面积为250~300 m²,集形象展示、产品体验、咨询和销售功能于一体。

(2) 小米专卖店,以他建自营为主,主要分布在三四线城市,门店面积为150~200 m²,小米与各地优秀服务商、零售商合作,小米直供产品、直接管理运营。

(3) 小米体验店,以他建他营为主,小米指导,类似代理商模式,在四线城市以下主推,在产品SKU选取上因地制宜,对城市中心店和郊区店做出了区隔。

(4) 小米直供店,当作C端客户,店主在线申请即可获得销售资质,直接从小米小规模订货,店主可通过微信、电商、抖音等方式推广。

**4. 小米社交电商**

自2017年小米有品上市以来,小米便着力打造精品生活电商平台,推广社交电商,在全国范围内招募合伙人,通过平台赋能模式,发展小米渠道的外部合作力量,开始大规模发展社交电商。

小米有品、小米商城、小米之家是小米着重推广的社交电商。小米有品是小米精品购物开放平台,依托小米生态链体系,借助小米模式主打生活消费品,将来预计超过20 000种商品,是众筹和筛选爆品的平台;小米商城上线有2 000种商品,主营小米自己和生态链企业产品;小米之家大约有200种商品。

它们共同组成小米自营全渠道的三层结构。小米平台为优质商家提供物流、客服、品控等全方位的支撑。小米与400余家行业头部企业达成了合作。小米有品同时打造会员模式"有品推手",有品推手采用邀请制注册,新用户通过邀请码注册开通成为推手会员,推手会员享有自购省钱,推广赚钱的权益。

5. 小米物流

物流是全渠道策略成功实施的保障,小米在物流建设方面也不断加强。2019年,小米宣布与中国邮政建立战略合作,双方在北京小米科技园举行了战略合作签约仪式,签署战略合作协议。在快递物流方面,小米与中国邮政开展了更广泛的业务交流和合作,中国邮政将为小米集团提供仓储、物流及快递配送和行政办公类文件、物品寄递等服务。中国商标局信息显示,"小米快递"商标已经通过审核。小米快递的成功注册,助力小米全渠道生态系统建设。

资料来源:吴越舟,赵桐. 小米进化论:创建未来商业生态[M]. 北京:北京联合出版公司,2021,略改动。

思考:

(1) 小米为什么采取全渠道营销策略?
(2) 如何看待小米的全渠道营销策略?

终端服务与运维策略

# 任务一 线下营销

> 学前思考:结合你最近一次逛街的经历,谈谈线下门店有哪些营销方式让你印象深刻。

近几年来,线上各大平台轰炸式推广,电商热度激增,带来的直接后果就是线上流量价格飙升;同时,消费者需求也开始转变,从追求线上便捷消费逐步演变为追求购物体验感。这样,选择回归线下就变得顺势而为,线下优质流量也成为很多企业重新关注的目标。

## 一、线下营销的内涵

线下营销是针对"线上"营销而言的,主要是针对目标市场的小众群体,以阶段性滚动的方式提供即时行动的诱因,运用非媒体广告的方式,力图实现"一对一"互动式沟通的营销手法。线下营销主要采用店面营销、促销活动、活动公关等手段为客户提供品牌宣传、产品助销服务。

**案例分享**　　　　　　**小米线下千店同开**

众所周知,小米手机是在互联网上发家的,一直走的是轻模式,既不在线下开店,也不请明星代言。小米线下渠道布局始于2016年。2019年,小米专门成立线下大部门,由线下销售运营部、小米之家、渠道管理部、省代业务部、运营商战略部、零售市场部、区域管理部、综合管理部八个部门组成,雷军亲自负责,这也说明了小米对线下的重视。

2021年1月9日,全国1 003家"小米之家"同时开业,遍及全国30个省,覆盖270个县市。小米现在不断加码线下渠道,截至2021年6月30日,小米之家在中国大陆的线下门店数已经超过 7 600 家,实现从市到县的全面覆盖。

线下营销具有以下特点。

(1) 更好沟通。线下营销直面客户,减少了大部分的信任风险,可以尽可能地展示产品优势,根据客户反应及时调整营销策略,更有利于拉近客户关系。

(2) 更好体验。从企业角度看,在线下与消费者直接接触能够收获更多消费者的真实反馈,提升品牌的认知和好感;从消费者的角度看,线下营销则能够给人带来仪式感和惊喜感。

### 案例分享  熊爪咖啡,你被治愈了吗

熊爪咖啡,全名 HINICHIJOU,门店没有门、没有窗,只有一堵灰色的墙,一个特别的"山洞",洞口旁边有一个二维码,消费者可以扫码点单,咖啡制作完毕之后,店员会使用熊爪将咖啡从"山洞"中递出。从点单到制作咖啡,通过熊爪给客人递送咖啡,整个过程没有任何面对面的互动。但是熊爪会和客人互动,握握爪、击个掌,熊爪还会比心、比耶、竖大拇指,或是来一记摸头杀。这只毛茸茸的熊爪,吸引了很多消费者排队购买。有消费者表示,重温一下小时候那种被人暖暖的抚摸的感觉其实蛮好的。

(3) 更高转化。线下门店基于商圈设立,定位明确,会让消费者更有选购与下单的场景感,更能够做到真正的品效合一,缩短消费者的消费链路,销售转化率明显更高。

(4) 更低成本。线下营销内容阅读率、互动率相对比较高,传播频次较高,传播成本较低,目标人群精准度较高。

特别的咖啡店,
熊爪咖啡

网红门店 2.0:
最稳定的私域
品牌流量池

## 二、线下营销渠道模式

随着新兴技术的发展和消费者需求的变化,企业营销方式也应进行相应调整,以保持与时代、与消费者需求的关联性。电子商务的快速发展使得消费者可以很方便地在线购买产品,因此线下零售门店必须具有足够的吸引力和独特性,才可以使消费者愿意前来购物。旗舰店、社交店、体验店、快闪店、概念店等现代零售模式纷纷出现以吸引消费者,让他们找到区别于线上的线下购物独特价值。

### (一)旗舰店模式:品牌表达

#### 1. 旗舰店的含义

旗舰店,是指城市中心店或地区中心店,一般是品牌在某地区繁华地段的规模最大、同类产品最全、装修最豪华的门店,是企业的直营店。作为一个展示品牌血统、品牌文化精神,进而影响市场对品牌印象的知觉工具,旗舰店通过为顾客提供参考标准,建立一个超出产品本身的生活方式典范。旗舰店的目的是要吸引顾客来购物空间探索并愿意花费更多的时间进行体验,从而建立与品牌的情感联系;同时,也能更好地展示企业品牌形象,是企业体现品牌定位的重要方式。

**旗舰店的选址要求**

旗舰店选址要考虑商圈,即要注意商圈及周边的人口密度。旗舰店要考虑核心商圈及周边1km范围内居住的人口数量及购买水平,并辐射到3~5km范围居住的人口数量及购买水平。旗舰店周边要有发达便利的公共交通,最好靠近快速交通,交通便利、快速交通和私家车发达地区的人口范围还可扩大到10~15km。旗舰店选址也必须与所在城市发展规划相衔接,只有这样,才能在规划发展区域内形成新的人口导入区,也就是形成该地区潜在的商机。

**2. 旗舰店的营销作用**

(1)旗舰店具有显著的营销公关功能。作为在一个地区黄金地段的旗舰店,地段的尊贵同样会与品牌的形象联系起来。显耀的位置除是良好交易场所外,更传递品牌本身定位信息。第一印象是至关重要的,而在进入新市场时,旗舰店展现和表达品牌的内涵对产品在当地市场的形象具有深远的影响。

(2)旗舰店是品牌精神的集中体现和沟通场所。旗舰店作为一个沟通的场所,为现有的和潜在的顾客提供了一个可以直接和品牌互动交流和体验的场所。旗舰店不仅拥有最全、最新的商品,更是品牌精神和形象的集中体现,呈现出品牌的独特韵味。旗舰店在提供购物场所的同时,还会带给顾客全方位的感官享受。

(3)旗舰店可以作为对其他渠道的支持和发展样本。旗舰店可以增强品牌在业内的声誉,建立市场信任度。由旗舰店所带来的品牌价值有利于促进企业在当地的营销水平,随之带来其他分销渠道销售额的增长。而旗舰店的展示风格、建设品质以及服务水准,都为其他零售渠道提供了参考和蓝图,对于保持品牌的内涵一致性起到了重要作用。

 **展厅现象:实体店遭遇前所未有的威胁**

"展厅现象(showrooming)"这个词最早来源于美国,就是消费者把实体店当作商品展厅,他们仅仅是到店里进行观摩、体验、比价,然后到网上去购买。因此很多实体店看似客流不断,实则是一种虚假的繁荣。这一切给实体店造成了前所未有的威胁。

实体零售店面对"展厅现象",践行过以下营销策略。

首先,实体店大幅度降价成为打击电商的重要手段之一。国美曾经在多处公交站、地铁站打出广告——"国美低价,横扫全城,全网比价,差价两倍返""国美双11,让网价都成浮云"等。不仅是电器和日用品,2015年年初,香奈儿、巴宝莉、卡地亚等奢侈品牌也纷纷下调实体店的商品价格,目的就是打击电商、打击海淘、打击代购,避免让成本极高的实体店变为"展示厅"和"广告牌",不让实体店变为消费者的试衣间和体验店。

其次,零售商开始积极开拓线上平台,利用线上与线下融合的O2O模式来覆盖全渠道。以苏宁为例,2013年,苏宁为了应对电商冲击,消除"展厅现象",采取"线上线下同网同价"的策略,结果,虽然苏宁的总营收增加了7.19%,利润总额却下降了,毛利率大打折扣。除此之外,ZARA、无印良品也遭遇了同样的状况。

最后,提升实体店购物体验。早在2001年,苹果公司创新建立体验店,强调客户体验是苹果一直以来的战略手段。对于实体店而言,消费者获得的服务体验和购物体验是得天独厚、独一无二的核心竞争力，也是增加用户黏性、培养忠诚度的有力手段。某国际知名咨询公司针对中国消费者的一份研究报告指出：女性是中国主要的消费群体，男性在购物时对价格并不敏感；当前，中国主要消费人群是较为年轻的中产阶级，他们更加关注的是购物体验，例如舒适的购物场所、高档的商品、优质的服务等，驱动消费者购物的因素已经由"物美价廉"转向了"品牌＋品质＋体验"。

资料来源：https://www.sohu.com/a/45196606_250046，略改动。

### （二）社交店模式：创造归属感

实体店可以发挥的另一个作用是培养归属感和社交感。能够做到这一点的品牌将拥有更多忠诚的客户。社交店模式重在打造同好文化聚集地。例如，荣耀潮玩店，摒弃了"手机卖场"模式，设计打造了年轻人的潮玩空间；在装修和布局上，年轻时尚，处处体现着青春的气息；高速的无线网络、舒服的沙发、畅饮的饮料、免费的彩色照片打印，荣耀潮玩店看起来更是一个温馨的年轻人的俱乐部。

### （三）体验店模式：互动体验

体验店模式是为了满足顾客在购买前想看到和体验现实产品的需求。由于电子商务平台只能通过 VR 和 AR 虚拟展示商品，无法满足顾客亲身体验这一需求，体验店模式得以出现并受到越来越多的关注。体验店的存在，是为了提供产品试用、定制和品牌体验，实际上是不以销售商品为目的的。相对而言，体验店更加重视消费者与产品的互动空间设计，重视产品可视化呈现，侧重提供不同的产品样本供顾客体验。

> **案例分享**　　　　　　　　**三只松鼠线下投食店**
>
> 三只松鼠在天猫上线不到 100 天，便成为中国网络坚果销售第一；2012 年的"双十一"，创造日销售 766 万元的奇迹，名列中国电商食品类第一；2014 年，三只松鼠在"双十一"当天销量突破了一个亿；2015 年的"双十一"，三只松鼠天猫单店实现 2.51 亿元的销售额。短短不到 5 年的时间，三只松鼠成为"坚果老大"。2016 年 9 月开始，三只松鼠开始线下征程。
>
> 三只松鼠线下体验店充分展示三只松鼠 IP 和休闲特色，服务包括动漫互动、休闲娱乐、高科技体验、线下销售等，注重消费者可感知的体验与互动。三只松鼠投食店以"城市歇脚地"为理念，为消费者打造一个休闲舒适的生活区。在投食店里，三只松鼠品质与服务的展现形式不再局限于线上的文字交流，投食店给予广大消费者一个真正接触三只松鼠企业文化的机会。
>
> 投食店门口有三只堆叠的松鼠，店里靠近门口的地方也放置着一大一小两只松鼠，憨态可掬。门店所售商品除正常坚果类休闲食品外，还包含松鼠玩偶、松鼠抱枕、松鼠文具，还有一本叫作《松鼠老爹》的书，在门店主墙壁的液晶屏上一直在播放三只松鼠系列的动画宣传片。一声"主人，您好！"承载了每一次主人和松鼠的连接与服务。"主人，快来吃我吧！"是印在每一件工作服上的文字，每一位服务人员在工作时都时刻告诉自己"我在服务，我不是我"。传统的收银台也被命名为"打赏处"，充满趣味性。
>
> 工作人员身穿统一休闲服装，整体装修氛围以森林木材色调为主，让人感觉轻松愉悦。

1/3 的门店面积设置了休闲座椅和吧台,增加了可以现做的"水+轻食"系列产品,以奶茶、果汁为主。每个门店配套了 KTV 设置。店内商品陈列也很有特色,十根长 3 米的管道装满坚果,消费者只要打开阀门,就能用纸杯接住商品。

2016 年"双十一"当天,三只松鼠全渠道销售额突破 5.08 亿元,到"双十二",三只松鼠宣布年度全渠道销售额 50 亿元目标已经实现。

### (四)概念店模式:探索新方向

概念店是鼓励创新和探索新方向的零售形式。这种零售店形式是实验性的,概念店的商业空间设计一般带有颠覆性。通常在设计中会加入新的材料、形状和技术,打破常规,从而创造更多提供新颖的购物体验的机会。

品牌在概念店形式中可能不太容易被识别,但它是探索品牌发展的机会。这种概念店可能专注于一个特定的目标受众,呈现新的产品,或展示其他零售结构。一个成功的概念店能给未来的零售发展带来正确而关键的指引。

**案例分享** **innisfree 悦诗风吟中国首家全新概念店在南京开业**

2019 年 9 月 1 日,自然主义品牌 innisfree 悦诗风吟中国首家全新概念店在南京开业。悦诗风吟全新概念店通过减少人为修饰诠释"新自然主义"概念,体现品牌自然可持续的环保理念,并向消费者传递绿色健康生活概念,更为满足当代人快节奏生活的需求,悦诗风吟概念店引进了全球首家 Green Cafe To-go 绿色咖啡外带服务。

### (五)快闪店模式:快闪+主题+空间

快闪店顾名思义就是临时性的门店,作为一种营销工具,是提高品牌知名度、建立品牌联系的重要方式。一般而言,品牌对线下快闪店的定位在于快闪店能使品牌形成线上与线下闭合回路,通过线下为消费者带来良好的体验,进而增加线上门店流量,并提升品牌的知名度。

**案例分享** **助力卖家增长,亚马逊开始提供线下销售渠道**

亚马逊携手 Enterprise Nation 推出了 Clicks and Mortar 计划,在英国多地开设 10 家快闪(pop-up)店。这个计划旨在打造一种新的零售方式,让那些崭露头角的线上品牌通过实体店展示扩大其影响力。这些快闪店将有 100 多家中小企业加盟,为顾客提供多种选择,商品类型从家居用品、健康美容产品到食品、酒水饮料和电子产品应有尽有。这些加盟的品牌都已经成功打开了线上市场,现在他们希望可以体验实体零售。除此之外,亚马逊还为中小企业开设基金和提供培训,助力小企业成长。

快闪店本质上是用较小的时间成本获得多方面的资源,在短暂的时间基础上,强调营销活动的主题新颖性、概念创新性。品牌会推出最有可能被目标消费者接受和认可的且最能够满足其心理需求的产品或场景,并传达给目标消费者,有利于为消费者留下深刻的印象。"快闪"的持续时间长约一年,短则数小时。

📋 **拓展知识**            为何"Z世代"更爱"慢闪"

"慢闪店"特指行业中营业时间相对较长的门店,一般开店时长为1~6个月,且多含销售成分。据2019—2020快闪店样本调研发现,"慢闪店"中的"Z世代"客群比例显著激增。"慢闪店"的投入成本结构基本不变,但性价比一般更高,如场地成本相比短期的3~5天,一个月以上的成本平摊到单日更划算。同时较长的营业时长能带来稳定的销售利润。而这类"慢闪"明显更对"Z世代"胃口,因为它们既有较好的体验又有更实惠的价格,同时,"Z世代"更热衷于进行口碑传播,以月为周期的慢闪店更能渗透群体,引发打卡活动。

### 1. 快闪店的演变历程

快闪店经历了"快闪"至"主题"、"时间"至"空间"、"经济效益"至"品牌效益"的演变历程。

（1）快闪为器,贩旧盈利为本。快闪店最初是各大潮流品牌打造的,它们往往是各大公司提高品牌知名度、吸引客户、创造收入的方法。例如,川久保玲曾在2004年通过整修德国柏林城区的一家旧书店,开设了全球第一家经营期为一年的快闪店。现在,以去库存为目的的零售类快闪店不断增加,这类快闪店利用低廉的租金、便利的门店搭建,成为销售过往积压产品的有效途径,也正因如此,这类"快闪店"会有自己的销售目标,"快闪"时长也相对较长。

（2）强调体验,创意设计优先。强调设计的快闪店主要满足受众注重创意和时尚品位的审美需求,并将这些特质包装成为视觉新奇和空间奇幻的艺术空间,这种形式更多地被称为"概念店""主题店"或是"虚拟体验店"。此类快闪店装饰出现在时尚快消品和文化产品行业,产品包含有趣兼具美感的设计元素,并借助吸引年轻人的互动装置艺术,展现个性与感性的理念,加强互动性。

🎀 **案例分享**        XCOMMONS携手老佛爷百货举办"PAUSE·止"集成展

2020年8月21日—10月30日,艺术发布组织XCOMMONS携手老佛爷百货在上海老佛爷百货共同举办线下虚拟创意空间。XCOMMONS将不同领域人士的内容统筹到发布场景的概念体验与零售环节之中,呈现内容与产品相呼应的线上与线下空间。

"PAUSE·止"集成展通过装置表演、互动影像、动态秀场、公共艺术展、快闪商店等方式与设计师一道,为受众带来一系列沉浸式时尚艺术实验现场。门店具有"将品牌理念视觉化"的特性,即通过独特且吸睛的店面造型"让消费者从视觉上感受到品牌的核心价值理念",从而达到品牌推广的目的。

当然,强调体验型的快闪店也会使用"朴素"的展示形式,传递品牌的设计理念,为消费者提供真实贴近的产品体验。例如,戴森刚进入中国市场时,首先做的就是在各地开设快闪店,让产品从线下进入中国观众的视野。2018年,戴森在上海设立"八分钟洗头店",该快闪体验店只在上班高峰期营业两个半小时,利用戴森旗下各大优质客户在八分钟内洗头做造型。

（3）深化互动,整合线上线下。近年来,还有一类快闪店则通过品牌联名、制造热点话题或发布限量款的方式,与消费者进行互动。例如,一些互联网公司也逐渐开始意识到线下场景建设对提升线上客户黏性的重要性,因此选择用新奇的线下体验迅速积攒人气,打破线上平台流量瓶颈。知乎就曾在2017年开设"知乎粮仓""知食堂"和"不知道诊所"等快闪店,同时在线上通过"社交参与"的方式强化互动;2018年"双十一"前后,JOYSPACE京东无界零售快闪店在北京、上海、成都、广州四大城市落地,并通过与抖音、B站、微博的合作,将三方流量引至快闪店。同时,这类快闪店不看重经济效益,更青睐与用户近距离沟通,试图获取更多用户流量。

**2. 快闪店的空间设计:需要搭建的创意**

消费者价值取向的转变迫使品牌不断地创新产品品质和服务体验,搭建快闪店就是构建差异化的购买环境来满足顾客日益增长的消费需求的一种有效方式。在快闪店展示、销售产品,让消费者感受品牌的情感价值与文化理念。随着技术的发展,"快闪"在空间上会不断变化,在场景的选择上会偏向开发和采用新技术或贴近品牌自身的平台对消费者施加影响,努力让消费者处于立体化的沉浸式互动体验中,进而提升消费者对品牌的好感度。

快闪模式能否吸引消费者注意力、提高消费者卷入度和引发消费者自主思考和传播,与互动装置艺术的组合方式、呈现方式和互动方式有极大的相关性。因此,互动装置艺术需考虑人性化、趣味性、生活化、便捷性、体验性等因素,并借助新媒体的二次传播,在短时间内形成良好的口碑。

### 三、线下数字互动营销

随着新零售的不断发展,线下零售的营销方式也发生了相应的变化,数字互动营销被越来越多地运用到线下体验中。

如何打造数字化门店

#### (一)线下数字互动营销的概念

线下数字互动营销指的是在线下门店利用互动和智能设备给用户提供新的线下购物体验,从而达成转化的营销方式。线下数字互动营销的核心目标是实现用户增长。

线下数字互动营销产生的原因如下。

**1. 企业的数字化运营需求**

对于线下门店而言,通过智能设备系统提供的有趣互动吸引客流,同时获取相应的用户数据,在提升效率的同时拉动成交,形成有效的线下消费者数字化运营方法。

**2. 消费者尝试新的购物体验的需求**

通过新的互动方式来获取商品,丰富线下购物的体验路径,了解门店的服务内容,进而传递品牌的理念,完成从普通顾客到忠实顾客的转变过程。

#### (二)打造线下数字互动营销体系

**1. 将线上的数据思维带入线下场景**

在传统零售中,数据更多偏重于商品的后台分析和管理,在前台的营销上,用户数据的获取手段和使用相对较少。而线下数字互动营销主要目的是通过互动吸引消费者,同时进行数据收集,再转化为更个性化的精准运营。所以线下数字互动营销是从线上的产品数据模型着手,再将模型带到线下的营销场景中,尝试打造体系化、数字化的营销方式。

### 2. 线下互动营销应用

根据 AARRR 模型,通过获取、激活、留存、转化、裂变这五个递进的步骤达成用户的转化。线下互动营销就是按照这五个步骤开展,吸引进店(获取)→互动体验(激活)→带来回访(留存)→下单成交(转化)→分享传播(裂变),在每个步骤中匹配相对应的互动产品。

  **案例分享**　　**和淘宝心选一起,探索线下数字互动营销的新玩法**

在杭州亲橙里门店中,淘宝心选打造了四个智能设备进行整体用户动线的串联,通过 iLucky 无人福利箱吸引用户进店,同时体验商品,再由 iChoice 智能货架和体感游戏等设备进行店内的沉浸式产品互动体验,这些设备同时打通线上淘宝数据,通过游戏奖励的形式反复将用户带回店内,再利用 iCasher 自助 POS 下单转化,最后通过用户和媒体的对外传播,再次吸引新用户进店,形成利用线下互动营销来达成用户增长的闭环。

互动设计案例一:iLucky 无人福利箱

iLucky 无人福利箱是一个利用自助售货硬件改造的智能商品互动设备,通过简单有趣的交互操作吸引用户获得免费的商品体验。

iLucky 无人福利箱在获取、激活和传播这几个方面都可以发挥能量,对门店来说是引流利器、对外公关传播的抓手以及获取线下精准的用户数据的有效途径;对于用户来说,能够快速发现并对心选门店产生兴趣,通过有趣的互动方式完成对商品的获取。

互动设计案例二:iChoice 智能云货架

iChoice 智能云货架是淘宝心选原创的商品互动设备,包含交互视觉以及内容制作(通过短视频来讲述商品背后的故事,同时透出核心卖点及价格优惠),交互手段简单易懂,当用户拿起任意一件商品,屏幕会即刻自动匹配相应的内容,与此同时完成对消费者行为的记录,打通线上与线下用户数据,精准推荐,通过无人导购的方式,提升商品的转化效果。

iLucky 无人福利箱被称为门店引流"核武器",大量用户排队参与,成功引导进店,与此同时还带来了更大的曝光效果。iChoice 智能云货架在帮助重点商品的转化上,也有很好的效果。更为重要的是,所有参与互动的用户都将成为心选的精准目标用户,在离开门店后,还可以通过线上持续地进行服务,通过其他手段,不断引导回流复购,最终达到打造品牌忠实用户的目标。

资料来源:淘宝设计公众号,经编者整理改编。

# 任务二　微博营销

> 学前思考:你有微博吗?谈谈最近比较热门的微博营销事件。

2020 年受新冠疫情影响,消费者的注意力和时间更多向线上倾斜,由此刺激了众多企业纷纷布局电商,大幅度增加线上营销预算和投入成本。购物环境也从"人找货"变成"货找人"。在这种趋势下,如何突出重围、抢占先机成为企业制胜的核心。微博营销已经成为亿万网民参与和众多企业营销的平台。

## 一、微博认知

### （一）微博的含义

微博是指一种基于用户关系的信息分享、传播及获取的,通过关注机制分享简短实时信息的广播式的社交媒体和网络平台。用户可以通过计算机、手机等多种终端接入,以文字、图片、视频等多媒体形式实现信息的即时分享、传播互动。

国内的微博平台主要是指新浪微博。自2009年8月上线以来,新浪微博就一直保持着爆发式增长。2014年,新浪微博正式更名为微博。

**拓展知识**　　　　　　　　　　**微博相关数据播报**

微博财报数据显示,截至2021年6月,微博的月活跃用户已达5.66亿,与2020年同期相比净增4 300万,月活跃用户数中约94%为移动端用户;日活跃用户达到2.46亿,与2020年同期相比净增1 600万。

截至2021年6月,微博视频号开通量已超千万,其中百万粉丝视频号规模超过3万个。微博对此表示,"2021年开始,微博进一步提升了在社交、热点等核心产品上的竞争力,更加突出微博独特的竞争优势,结合有效的渠道策略,提升用户的规模和活跃度。此外,微博进一步加大视频领域的投入,强化用户在微博发布视频、消费视频的使用心智,提升产品的竞争力。"

### （二）微博的特点

微博作为一种分享和交流平台,具有以下特点。

**1. 社交性**

社交是微博的核心特点。微博属于开放式社交平台,微博的内容以及转发、评论、关注都是开放式的,用户之间只需要关注对方,成为对方的粉丝,就可以随时随地接收被关注者发布的信息,在微博平台上,这一特性被称为"背对脸"。

**2. 矩阵式**

作为开放式社交平台,微博在用户关系上具有矩阵式特点,各种用户由于不同的兴趣和侧重点,汇集成不同的矩阵,而矩阵的核心就是知名博主。

**3. 媒体性**

微博信息发布门槛低,方便快捷,在微博平台人人都是媒体源,微博用户既可以是信息传播者,也可以是信息接收者,信息的传播者和接收者之间地位平等,信息高速度扩散,可以有效弥补电视、报纸、广播等其他传统媒体的不足。

**拓展知识**　　　　　　　**当微博变成超"博客",这是退化吗**

微博刚开始有140字数限制,发布的信息较短,对用户写作能力的要求相对较低,大量的原创微博内容被生产出来。因此,微博的出现标志着个人互联网时代的真正到来。

2016年,新浪微博面向全体用户取消140字限制,最高可输入2 000字,但是在信息流中,超过140字的默认会折叠,保证首页信息不至于过载。微博表示,"不断降低内容发布门槛是趋势,140字实际上比10 000字门槛更高。微博从一张图到九张图,从图片到视频,再到长微博,一直在降低内容发布门槛——未来是用户手机里面能存什么,微博就能发什么"。

## 二、微博营销的含义及特点

微博作为一个社交媒体平台,受到企业的青睐,企业在明确思路、精准定位的基础上,开展微博营销活动可以取得不错的效果。

微博营销

### (一)微博营销的含义

微博营销是指以微博作为营销平台,将每一个用户当作潜在营销对象,通过更新自己的微博向网友传播企业信息、产品信息,树立良好的企业形象和产品形象,并与用户交流互动,或发布用户感兴趣的话题,以达到营销目的的一种营销方式。微博的魅力在于互动,对于企业微博来说,粉丝的多少、质量的高低,都关系到企业微博最终的商业价值。

### (二)微博营销的特点

基于微博的社交媒体性,相对于传统营销方式,微博营销具有以下特点。

**1. 内容立体化**

随着互联网技术的高速发展,微博的呈现形式日益完善,加上微博取消140字的限制,改变内容发布规则,促使微博营销可以利用文字、图片、视频等多种形式对产品和企业进行展示,微博内容立体化,能够使潜在消费者更形象、更直接地接受信息。

**2. 传播速度快**

微博最显著的特征之一就是裂变式传播方式,可以说是病毒式的传播速度,信息被瞬间传播扩散。一条关注度高的微博在发出后在很短的时间内转发量就可以达到几十万,在极短的时间内被最多人阅读。许多品牌推广在微博上一经曝光就能够形成爆炸式的传播。

**3. 发布便捷性**

一方面,微博发布信息的程序简单便捷,企业只要不违反相关法律规定,就可以随心所欲发布内容,可以连续动态地系列发布;另一方面,微博服务实现了随时随地更新信息的可能。

**4. 影响广泛性**

关注企业微博的粉丝大多是对企业及其产品或服务感兴趣的人,企业在发布有关产品或服务的微博时,这些信息会立刻被粉丝接收。通过粉丝关注的形式进行病毒式的传播,影响面非常广泛,同时,微博的名人效应能够使事件的传播量呈几何级放大。微博的裂变式传播加上名人效应,使得微博营销的价值实现了最大化。

**5. 互动灵活性**

微博的社交属性决定了企业在微博能与粉丝实现实时沟通,能够及时有效地获得粉丝的信息反馈。另外,微博的话题选择也具有很大的灵活性,企业可以自由选择粉丝感兴趣的话题,吸引粉丝阅读和参与,增加互动性,以提高营销效果。

> **拓展知识**　　　　　　　　　**微博营销用户互动**

在微博营销活动中,企业积极与用户互动能够增强用户的黏性,依靠用户的转发,微博能够推广到更多的人群中。微博的互动功能主要有转发、评论、@提醒、私信、点赞等,每个功能都各有不同的特点。在微博营销过程中,企业要善于利用这些功能,与用户形成持续的良性互动,这样才能进一步提升营销活动的效果。

(1) 及时回复用户

在微博上,企业用更具人情味、幽默感的语言回复留言、进行评论,且第一时间回复,这很重要。快速反应往往能让刚刚发布评论或微博的人更容易感到贴心,实时互动的感觉会让用户对该企业微博增加好感。有时候一些用户会提到企业微博的名字,但是不会用@,企业可以定期搜索"企业微博名字或相关信息",找出相关微博,主动和这些人互动。

(2) 主动转发微博

企业要尽可能转发一些热门微博,在转发的同时进行评论。如果转发评论的内容比较有吸引力,还有机会获得发帖人的转发回复,则会有较好的引流效果。因此,如果用户的评论非常精彩,企业应该主动转发并评论,用户看到自己的微博被转发也会非常高兴。假如你是"大V",你的转发会给普通用户带来几十次乃至上百次@提醒,这样可以促进企业与用户的互动。

(3) 借用私信交流

企业利用私信功能能够提高互动率。企业可以在微博评论中或关注列表中寻找优质用户,向用户定向发送私信,和用户探讨双方共同关注的话题,也可以谈论对方感兴趣的领域,或者询问对方的需求,借此拉近与用户之间的距离。此外,如果企业不方便公开回复用户在线@官方微博或"大V"的问题,也可以用私信沟通,这也是一种可以让用户认为更有亲密感的方式。需要注意的是,不要轻易晒出私信,否则会失去私信的意义,很多人在私信聊天记录被晒后会感到很尴尬。

(4) 积极主动关注

主动关注别人也是一种很直接的微博互动营销方法,主动关注可以挖掘到潜在的用户,增加营销机会。企业可以寻找通过互粉来增加粉丝数多且活跃度高的用户,主动关注他们,这样回粉率会较高。

**6. 营销成本低**

在微博平台,企业可以享受免费微博服务,同时这些微博平台还拥有庞大的用户群体,为企业开展微博营销提供了坚实的基础。相对于传统媒体,微博营销成本低,企业用户能轻松灵活、随时随地发布微博信息。

### 三、微博营销的价值

大部分微博用户都会通过微博进行信息搜索,并且很多用户会在浏览微博时主动点击微博中的链接,跳转到链接所在的页面查看其中的内容。微博上可以发布的内容十分丰富,有趣的视频、最新的新闻、专业人士的文章、企业的新品宣传等都可以通过微博发布,吸引用户关注、互动,从而带来巨大的营销价值。微博的营销价值主要体现在以下六个方面。

**1. 品牌传播**

在互联网营销时代,不管是个人品牌还是企业品牌,都需要通过多渠道推广宣传,才能被更多人关注和了解。微博作为很多网络用户获取信息的主要平台之一,为品牌推广奠定了坚实的用户基础。在微博中,可以通过发布品牌最新动态、开展促销活动等,引起粉丝的关注,从而达到品牌曝光和宣传的目的。

### 2. 广告宣传

有注意力的地方就会有广告,对于微博而言,其广告宣传的效果比较明显。需要注意的是,微博营销的广告发布方式不同于传统媒体,应当多使用创意性的软文来植入广告。

### 3. 产品调研

微博是较多用户常用的社交工具之一。用户通过微博记录自己对产品或服务的想法、爱好和需求等内容,企业可以基于微博对目标用户的偏好、生活状态、品牌态度、购买渠道、购买因素等进行调研,获得更加准确的消费者数据,从而制定出更好的产品策略和营销策略。

### 4. 产品销售

微博支持添加外部链接,很多个人或企业微博在发布信息时,会同步附带门店地址,便于用户购买。尤其是在阿里巴巴与新浪合作之后,新浪微博也成了很多中小企业获得流量、销售产品的重要渠道。

### 5. 客户服务

微博是一个社交平台,用户可以直接通过微博反映产品或服务的问题。企业也可以通过跟踪用户使用情况,利用微博实时解决用户反映的问题,实现一对一服务。

### 6. 危机公关

微博信息的裂变式传播虽然为营销提供了更大的空间,但同时也容易造成负面信息的大范围传播,此时危机公关就起到了至关重要的作用。当出现不利于自己的言论时,就要及时进行危机公关,正确处理用户对产品或品牌的负面评价,将危机造成的损失降到最低,最好能将危机转为机遇,为企业创造良好的形象。

**案例分享** 　　**海底捞"报复性涨价"后的危机公关**

众所周知,疫情对经济是实实在在的打击,尤其是餐饮业。2020年4月,随着新型冠状病毒肺炎疫情之后的复工复产,部分知名餐饮品牌出现了复业后涨价现象,被称为报复性涨价。例如,餐饮界知名的火锅大哥海底捞,开业即涨价。北京某海底捞门店,一复工价格就上涨了6%,人均220+,米饭7元一碗,半份土豆片14元,合一片1.5元。此番"偷偷摸摸"涨价引起网友不满。

海底捞危机公关应对方式如下。

(1) 海底捞的相关负责人回应的理由是:涨价是受疫情及成本上涨影响。根据国家统计局发布的最新数据,2020年3月食品价格上涨18.3%。

(2) 海底捞微博发布道歉信,并回调价格。海底捞道歉信具体内容如下。

① 此次涨价是公司管理层的错误决策,伤害了海底捞顾客的利益,对此我们深感抱歉。公司决定,自即时起,所有门店的菜品价格恢复到2020年1月26日门店停业前的标准。

② 海底捞各地门店实行差异化定价,综合考虑门店所在地的经营成本、消费水平、市场环境等因素,每家门店之间菜品价格会存在一些差异。

③海底捞各地门店推出的自提业务,目前提供六九折或七九折不等的折扣。我们将在4月25日前改良包装材料,并持续优化成本,希望顾客能够满意。

海底捞通过涨价引起舆论热度之后,在十几天的时间里,及时将价格回调,达到短时间大量曝光品牌的目的,从而实现"免费"的流量引入。

从海底捞发布的道歉信里可以看到海底捞的优惠政策,还有服务品质提升的内容。海底捞趁微博事件的热度,将营销信息植入道歉信,达到了很好的营销效果,转"危"为"机"。

资料来源:https://www.thepaper.cn/newsDetail_forward_6907631,略改动。

## 四、微博营销策略

微博庞大的用户群体使新鲜事件、热门话题等可以快速传播,对于企业而言,要想充分利用微博覆盖范围广、传播速度快等优势进行产品、服务或品牌的营销,就必须掌握微博营销策略。

### (一)寻找精准微博用户

大多数企业进入微博平台的最初目的是营销,实现这一目的的方法是使关注企业微博的用户成为精准的目标用户;如果用户对企业和产品不感兴趣,企业也难以实现营销目的。

**1. 通过标签找用户**

微博有一个比较有意思的功能是"标签功能",通过这个功能,企业可以将拥有相同兴趣爱好的用户聚集到一起。不同的用户会因为自己的喜好而被贴上不同的标签,这些标签能体现出用户自身的特点和喜好。而根据用户的特点和喜好,企业营销人员就可以将用户进行归类。如果某一类用户的喜好正好与企业目标用户的喜好一致,那么这一类用户就是企业的目标用户。

**2. 通过话题找用户**

话题是微博上最常用的功能之一,在微博上如果想发表一个话题或参与一个话题,只要在微博内容中加上"♯话题名称♯"即可。而企业营销人员可以通过微博的搜索功能搜索相关话题,这样,营销人员就可以快速找到发表过相关话题的用户。在这一过程中,应该尽量搜索与产品相关的话题,从而找到更多的精准用户。

**3. 通过社群找用户**

俗话说"物以类聚,人以群分",社群也是这个道理,社群里的人都是因为有共同的特点或共同的爱好和话题才聚集到一起的。如果社群和企业的产品有紧密的联系,那么,社群成员也就是企业的目标用户。如某些社群谈论美容或化妆的话题,假如企业刚好从事化妆品的生产与销售,那么该社群的成员便是企业的目标用户。

**4. 通过账号找用户**

寻找精准用户的简便有效的方式就是从与自己营销的产品、服务相关的账号中提取关注用户,这种方式不仅目的性强,而且容易将这些账号的关注用户转化成自己的用户。营销人员可以从竞品或同类产品的官方微博、意见领袖及行业相关账号的关注用户方面入手。关注了这些账号的人,大多是企业的目标用户。

## （二）建立微博素材库

要想做好微博营销，其中一个关键点就是建立素材库。微博素材的收集应当建立在微博定位的基础上，保持持续、有效的微博信息更新频率，有针对性地寻找与微博定位相匹配的内容。

**1. 专业领域素材的收集**

专业领域素材是指与微博定位相匹配的内容，也就是吸引粉丝的主要内容，如娱乐微博的娱乐信息、科普微博的科普信息等。这些专业素材的获取有很多途径，可以通过专业网站寻找相关信息，也可以阅读简书、豆瓣等网站中的专业人士的文章等。只有通过阅读不断积累知识，提升自己，才能为粉丝分享更多、更有用的信息，才能获得粉丝的持续关注。常见的素材收集网站主要包括中国知网、万方数据知识服务平台、全国报刊索引数据库、中国互联网网络信息中心等。

**2. 热点话题素材的收集**

热点话题永远是微博上传播最广、影响力最大的素材，特别是知名度比较大的社会话题，不仅被各大电商平台、企业加以利用进行营销，而且是很多自媒体、"大V"号博取关注和吸引流量的主要手段，甚至能否准确及时地利用热点话题借势营销，直接关系着微博营销的最终效果。要想做好热点话题借势营销，微博营销人员必须养成多阅读、多观察、多分析的习惯，勤于关注网络上的热点事件和热点新闻，并将关注到的有热点、有价值的素材收集起来，结合自己的微博定位制作并发布合适的微博内容。

## （三）打造微博营销矩阵

微博营销矩阵又称微矩阵，是微博营销常用策略之一。微博营销矩阵是根据产品、功能、品牌等不同的定位需求而建立的微博子账号，其目的是通过不同微博账号的定位精准、有效地全方位覆盖各个用户群体，以实现微博营销效果最大化。

### 案例分享　　　　　　小米的微博营销矩阵

小米公司的微博营销体系包括公司CEO、高层管理人员、职能部门员工、公司品牌、产品品牌等多个微博，同时对个人品牌和公司品牌进行营销打造，每个微博交叉关注，形成一个多维度的矩阵结构，从而实现推广范围和营销效果最大化。

**1. 建立微矩阵的方法**

微博的功能非常强大，不仅可以进行即时营销，还能进行品牌宣传、粉丝管理、公关传播等操作。但是如果使用同一个微博账号发送多个定位的内容，不免会使用户觉得微博账号不够专业、内容不够贴切，难以满足不同用户的需求。此时，建立微矩阵就是一个比较有效的方法。

常用的建立微矩阵的方法主要包括按品牌需求进行建设、按地域进行建设、按功能定位进行建设、按业务需求进行建设。

（1）按品牌需求进行建设。大多数企业都有很多产品线，这些产品线所塑造的品牌不同，因此可以直接根据品牌建立微矩阵，将品牌通过不同的微博账号连接起来，通过矩阵账号进行不同用户流量的相互引导，以避免用户流失。

（2）按地域进行建设。按地域进行建设这一方法在银行业和互联网行业等行业使用较为普遍，便于进行区域化管理。例如，建设银行开通了北京、上海、深圳等微博子账号。

（3）按功能定位进行建设。根据微博账号功能的不同，可以开通不同的微博子账号形成微矩阵，如宝洁公司根据不同功能开通了宝洁招聘、宝洁生活家等微博子账号。

（4）按业务需求进行建设。对于公司业务较多的企业微博来说，可直接根据业务需求建立微矩阵。如海尔分别为其主要产品开通了微博子账号，打造了覆盖面更广的微矩阵。

### 2. 建立微矩阵的模式

目前，企业建立微矩阵比较常见的模式主要有三种。

（1）蒲公英式微矩阵。蒲公英式微矩阵即由一个核心账号统一管理旗下多个账号，这种模式比较适合拥有多个子品牌的集团。例如，阿迪达斯旗下有阿迪达斯跑步、阿迪达斯足球、阿迪达斯篮球、阿迪达斯生活 NEO 等微博账号，由阿迪达斯这个核心账号统一管理旗下多个账号，具体如图 4-1 所示。但需要注意的是，作为核心账号，不能过多干涉、影响旗下账号的运作。

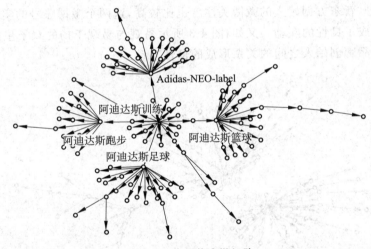

图 4-1 蒲公英式微矩阵

蒲公英式微矩阵传播的优势在于利用转发，有效地利用整体优势扩大信息的覆盖面并且信息可以多次到达用户，形成持续的影响，加强用户的印象。此模式需要注意的是：各账号间定位的明确性和一致性，内容的独特性，避免因为账号内容的雷同而造成用户的反感。根据目标受众选择转发的账号，选择可以覆盖相应目标用户的账号，而不是盲目转发。转发的内容需有一定的普遍性，过于垂直会影响传播范围。转发频率不要过于频繁，以免引起用户反感。

（2）放射式微矩阵。放射式微矩阵是比较常见的一种模式，主要由一个核心账号统领各分属账号，各分属账号之间是平等的关系，信息由核心账号放射向分属账号，分属账号之间信息并不进行交互，如图 4-2 所示万达的放射式微矩阵模式等。

放射式微矩阵传播的优势在于信息由中央传播到地方的用户，扩大信息覆盖的范围，信息传播线路较短，直接快速覆盖地方用户。但同样也需要注意的是：各账号间定位有地域差异化，从内容的选择、覆盖的用户上应有所区分。转发的内容必须在全国范围内有普遍作用，例如全国性的促销活动等。地方账号可开展本地服务，吸引更多本地的用户，与全国类

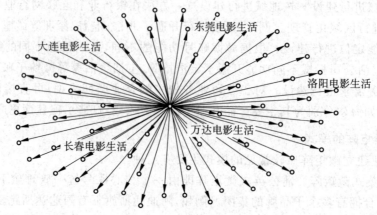

图 4-2 放射式微矩阵

的账号内容和功能上形成互补。

(3) 双子星式微矩阵。顾名思义,这种模式存在于两个或多个核心账号。例如,新东方有一个官方账号,新东方创始人的微博关注度也比较高,这两个微博账号的实质都是宣传新东方,两者就形成了良性的互动。又如,图 4-3 所示易观与易观于扬的双子星式的微矩阵模式,也是品牌与品牌创始人之间的关系形成的良性互动。

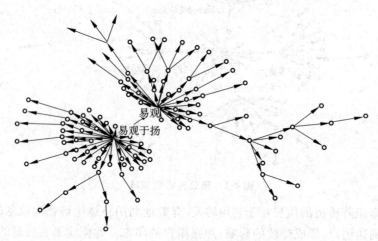

图 4-3 双子星模式微矩阵

### (四)策划微博营销活动

企业在微博平台上开展营销活动,具有面向用户群广、传播力强且能直接带来微博用户的特点。企业应围绕这些特点,策划出具有一定创意、有利于提升企业营销效果的活动。这里主要介绍六种微博营销活动。

**1. 转发抽奖**

企业发布一条活动微博,公布活动内容,一般会设置一些条件,如关注博主、至少@3个人、转发微博等。在规定时间内,参与活动的用户按照要求进行微博转发等活动后,企业会在参与者中随机抽出中奖用户。这种方式主要适用于刚开通了官方微博的企业或处于新产品发布时期的企业。

### 2. 抢楼活动

企业发布一条活动微博后,要求用户按一定格式进行回复和转发,通常都是要求用户至少@三个人,并进行评论。当用户回复的楼层正好是规则中规定的获奖楼层时(如99楼、200楼),即可获得相应的奖品。

### 3. 转发送资源

企业发布一条活动微博后,要求用户按一定格式进行转发,通常要求用户至少@三个人,并留下邮箱。凡是转发者,邮箱中都会收到一份优质资源,如各种软件安装教程、优惠券等。

### 4. 有奖征集

企业发布一条活动微博后,就某个内容发出征集令,如给淘宝店铺起名字,给某活动起标题、征集口号等,并通过设置一定的奖品吸引用户参与其中。这样既宣传了产品,又得到了某个名字、口号等,从而大大提高了产品的曝光率。

### 5. 免费试用

免费试用是指企业通过微博平台发布广告促销信息,这与传统广告不同,发布的产品是免费试用的。企业通过这种形式吸引目标用户参与活动,达到提升产品影响力的目的。在这种活动中,企业会根据用户填写的试用申请理由进行审核,审核成功后把产品发放给目标用户。

### 6. 预约抢购

在新产品发布期间,企业一般会通过各大网络平台对新产品进行高度曝光宣传,然后以预约抢购的限量销售模式出售产品。该活动特别适合企业新上市产品或开展新业务时采用,比较典型的是3C数码产品的预售。

 **拓展知识**　　　　　　**微博营销活动要点**

(1) 规则清晰、简单。如果微博活动的规则过于复杂,在阅读上需要消耗用户的大量精力,用户的参与热情就会降低。活动规则简单才能吸引更多的用户参与,最大限度提高品牌的曝光率。因此,活动官方规则介绍文字宜控制在100字以内,并配以活动介绍插图。

(2) 激发用户的参与欲望。只有满足了用户的某项需求,激发了他们内心深处的欲望,用户才会积极地参加活动。激发用户参与欲望较好的方式是设置微博活动的奖励机制,包括一次性奖励和阶段性奖励;需要注意奖励一是要有新意,二是要有吸引力,而且成本不能太高。

(3) 控制并拓展传播渠道。微博活动初期最关键,如果没有足够的人参与,很难形成病毒式营销效应。吸引用户参与可以通过内部和外部渠道两种方式解决。通过内部渠道时,营销人员可以在初期倡导企业内的所有员工参加活动,并且邀请亲朋好友参加。通过外部渠道时,企业一定要主动联系那些有影响力的微博账号,并灵活掌握合作和激励的形式。

(4) 沉淀优质用户和进行后续传播。企业在活动策划的起始阶段就要考虑如何沉淀优质用户和进行后续传播的问题,同时鼓励用户去@好友。但是@好友的数量有讲究,不能太多,太多会导致普通用户遭受@骚扰。另外,企业也可通过关联话题引入新的曝光点,带动用户自身的人际圈来增加品牌的曝光率,促进后续的多次传播。

## 五、微博借势营销

微博作为社交媒体平台,一直是网络明星、名人大V的话题阵地,每天都会更新各种各样的热点,作为一款数亿用户量的产品,企业如果能抓住其中的热点来做营销,就可以快速获得曝光,吸引流量。随着微博媒体属性的逐渐增强,微博借势营销成为商家最常用的营销方式,微博也成为借势营销的主阵地。

### (一)微博借势营销的含义

借势营销是将销售的目的隐藏于营销活动之中,将产品的推广融入一个消费者喜闻乐见的环境里,使消费者在这个环境中了解产品并接受产品的营销手段。

借势营销具体表现为通过媒体争夺消费者注意力、借助消费者自身的传播力、依靠轻松娱乐的方式等潜移默化地引导市场消费。换言之,便是通过顺势、造势、借势等方式,以求提高企业或产品的知名度、美誉度,树立良好的品牌形象,并最终促成产品或服务销售的营销策略。

微博借势营销就是借助有影响力的事件或微博大V,在微博展开与品牌或产品相关的段子或活动,扩大企业品牌和产品的知名度,达到一定的效果。一次成功的借势营销可以让企业花费较少的人力、物力成本,成功让产品或品牌进入目标用户的视野,甚至产生裂变式的传播效应。

 拓展知识     **借势营销的关键**

借势营销作为一种新型的营销手段,集新闻效应、广告效应、公共关系、形象传播、客户关系于一体,成为企业新产品推介、品牌展示、建立品牌识别和品牌定位等营销活动的重要策略。如何借势营销呢?下面介绍借势营销的三个关键点。

(1)把握借势时机。在大多数情况下,一个事件、一个物品、一个节日、一个自然现象都可以成为产品的借势时机。这就要求企业和营销人员具有高效的决策机制和灵活的应变能力,能够找准适宜营销的切入点、找准营销内容与借势事件的关联点,并快速做出反应进行营销。

(2)关联企业产品或品牌。在借势营销时,应当注意事件与企业的关联不能太牵强,还应当结合自身品牌或产品的实际情况(如市场地位、消费者印象等),把热点事件或人物等的借势点与自己的产品或品牌关联起来,不仅如此,还要注意大众心理,避免牵强附会而产生负面效应。例如,可以借助热点人物事件的关键标志物、关键词为自己的产品做宣传,或借助平常的节日等将之与用户的购买行为联系起来。

(3)发挥品牌优势进行创意营销。在借势营销活动中,还应当发挥品牌优势进行创意营销,打造自身产品或品牌的特色,避免与竞争对手的产品或服务同质化。例如,可口可乐的众多优秀借势营销事件,大多是围绕品牌优势再结合创意进行营销。

### (二)借势营销的途径

**1. 借助热门话题营销**

微博借势营销成败关键是对于事件利用,一个突如其来的事件可能成就一个品牌的经典或成就前所未有的销量。因此需要微博运营者时时关注时事和社会实践,敏锐把握社会热点,更好地利用大事件为企业服务,达到四两拨千斤的效果。

微博本身就是一个巨大的热点,微博热点可以通过热门标签、榜单、话题查看。这些排名靠前的微博,除去明星类的,其他都具有代表性。微博另一大热点集中地就是微博热搜,把鼠标指针放在微博搜索框内,下面就会出现热搜榜,点击即可查看完整热搜榜单,微博热搜榜是主要的热点来源地。但是,在利用微博热门话题进行营销时,还需要把握以下三个关键点。

（1）话题的选择。借助热门话题营销的关键是话题的选择,一个充满爆点的营销话题可以使个人或企业的营销效果事半功倍。一般来说,当下实时热点、热门微博、热门话题榜中的内容都比较适合作为话题营销的切入点,当然,如果没有比较合适的热门话题,也可以围绕企业主推关键词、营销活动或品牌创建话题。

（2）话题的加入。在微博的热门话题榜中可查看他人发布的热门话题,点击话题名称进入话题可以查看具体内容。结合自己的产品或服务,写一段与话题相关性较高的内容并带上该话题,可以使话题本身的用户群体加入互动,扩大营销信息的传播范围,如果互动效果较好,转发、评论与点赞数量较多,还会获得话题主持人的推荐,使微博内容始终展示在话题首页,增加自身微博账号的曝光度和营销内容的热度。

（3）话题的维护。在加入话题后,别忘记还要对话题内容进行维护,如发动粉丝转发、评论话题内容,提高话题的热度。另外,也可以联合一些行业"大V"或"网红"转发发布的话题内容,利用人脉关系迅速引爆话题热度。

### 案例分享　　华为P30手机微博话题讨论

华为为了宣传其新产品P30而创建了话题"#华为P30#",在话题的营销和维护过程中积极地参与话题。华为系官方微博对P30新品信息纷纷进行转发,@中国日报、@ZEALER中国等媒体对华为发布P30新品信息进行传播扩散。利用转发抽奖活动发动粉丝转发,并联合微博"大V"转发发布的话题内容,提高话题的热度。P30发布后,网上关于P30手机的讨论主要集中在双景录像、RYYB传感器等拍照功能上,甚至不少网友发出"买手机送相机"的感叹。

### 2. 借助事件营销

借助事件营销是很多品牌常用的营销手段,主要借助社会上一些关注度、讨论度比较高的事件。实际上,每次社会热门事件的发生都能引起各大企业的营销热潮,越有创意的借势营销,越能为品牌带来良好的营销效果。例如,江小白借用《流浪地球》中的经典台词对其品牌进行营销;可口可乐借用电影《复仇者联盟4》的热点对其产品进行营销。

### 案例分享　　可口可乐这广告,比《复仇者联盟4》还好看

在《复仇者联盟4》上映之际,Coca—Cola借势推出无糖复仇英雄罐套装的隐藏版预告片。女主拿着漫威的电影票,挥舞着手臂。可惜,剧情和现实中的上班族一样,只能目送公交车车尾。镜头一转,在主角的不远处,有一台可口可乐贩卖机。既然追不上公交车,那就来一瓶可口可乐吧！喝下可口可乐的女主角,犹如《复仇者联盟4》的主角附体,在追赶公交车的过程中,捡到了美国队长的"盾牌"和雷神的"风暴战斧"。一路披荆斩棘,翻越高墙,忍受酷热,利用"盾牌"躲避水炮弹……还好,结果是完美的,女主如愿以偿地看上了电影。

《复仇者联盟4》和可口可乐联名新广告

## 3. 借助名人营销

名人主要包括一些广受用户关注的人，如微博大 V、明星、政要、企业高管、网络红人等。

 **拓展知识**      **微博的大 V 经济学**

微博是国内最大的红人聚集地。"扶持大 V""顶部优先"是微博的主旋律。相对于长尾经济而言，二八原理可能更适合微博，服务好 20% 的内容创作者，他们的内容带来了 80% 的注意力。具体来说，微博会以更大的力度扶持重点内容创作者，即"头部用户"，微博 2020 年 9 月阅读量超过 10 万的"头部用户"达 34 万，比 2019 年增长 34%。月阅读量超过 1 000 万的用户比 2019 年增长更高达 70%。"头部用户"发布视频的播放量，最高可占到微博视频日播放量的 60% 以上。

**案例分享**      **派克钢笔的名人营销和事件营销**

所有用过派克钢笔的名人和大事件都会被派克当作营销素材来宣传。派克公司最先把目光对准当时的英国女王，也是英联邦的元首，她的所有物品几乎都是高贵地位的象征，派克公司动用一切资源和力量，让派克钢笔获得了英国女王伊丽莎白二世用笔的资格。

美国第 34 任总统艾森豪威尔，曾经在法国签署第二次世界大战结束协约时所用的签字笔，就是一支镶有 4 颗金星的派克铅笔；美国第 37 任总统尼克松对中国做了一次历史性的访问，他当时赠送给毛泽东主席的礼物就是一对特制的派克金笔；美国第 40 任总统里根与苏联总统戈尔巴乔夫签署关于"消除中程导弹"的裁军协议，用的就是派克钢笔，当时派克公司还在香港一家报纸的整个版面刊登了两个领导人互赠签字笔的照片，下面写着一行大字："千军万马难抵大笔一挥，大笔乃派克。"喜欢把派克钢笔作为礼物或在重要场合签约的还有肯尼迪、罗斯福、布什等几任总统，后来派克经常打出的广告就是：总统用的就是派克！

除了总统，派克钢笔也是柯南·道尔创作著名小说"福尔摩斯"的灵感之笔，也陪伴了著名作家张爱玲一生的创作历程。同时，派克钢笔还是 1997 香港回归主权交接仪式上的签字用笔。

为了展示其质量，派克公司还曾做过"超级实验"，把钢笔从大峡谷和 3 000 英尺高空的飞机上扔下来，结果钢笔仍然书写自如，这在当时也是轰动一时的大事件。

## 4. 借助节日营销

除热门事件外，节日、节气、假日等也都是自带流量的热门话题。首先节日本身具有仪式感和特殊性。节日，总会伴随着礼物、出游、人情味等关键词出现，与节日相关的话题能获得更高的关注度。其次，节日聚集流量的属性。节日期间，观众的观看需求比较集中、统一，而且人们会产生更强烈的互动意愿和情感需求。最后，节日自带的文化、情感内核易引发共鸣。节日营销能增进与消费者的感情，企业符合节日风俗习惯并结合自身品牌调性的活动，更容易引发观众的共鸣，而情感上的共鸣是最有效的营销手段之一。它可以拉近节日与观众的距离，让观众找到群体认同感和归属感，从而建立信任关系。

 **拓展知识**      **微博规划方案设计表**

××微博初步规划方向见表 4-1。

表 4-1　××微博初步规划方向

| | | | 详　情 | 描　述 | 频　率 |
|---|---|---|---|---|---|
| ××微博视觉 | 一般工作流程 | 品牌层面 | 头像 | ××品牌 Logo | 头像保持不变，给粉丝以品牌视觉记忆 | 一次性 |
| | | | 模板 | 符合"宴遇西北"调性，符合社交网民喜爱风格，以季节形式更换 | 需符合社交网人们喜好的调性，如春"万物复苏进朴时节"餐西北"，夏"清晰典雅风格"绿色西北"，秋"金色的季节充满浪漫气息"浪漫西北"，冬"极致奢华感"时尚西北" | 分季度更换 |
| | | | 企业简介 | 简短有吸引力，展现××餐厅，突出品牌理念 | 寻找中国西北天然食材，挖掘西北民间传统做菜工艺，开创中国西北民间菜系，让中国人、外国人都能便捷地享用到健康美味的西北民间菜 | 根据官网变化调整，不定期 |
| | | | 图片 | 展示××特色系列组图或餐厅环境或新西北风貌 | 在品牌层面的推广，更多是以组图或者系列介绍为主 | 每两周更换一批（焦点图六张） |
| | | | 视频 | 结合用户兴趣点的理念传播的企业视频，其他情感关联视频 | 将企业宣传片或者企业视频放在微博企业版中 | 暂不考虑 |
| | | | 友情链接 | 友情链接是为了让更多的粉丝了解到××餐厅别的网站，增加粉丝频率 | 建议××官网或是相关官加入这个友情链接里面 | 一次性 |
| | | | 标签 | 加入西北些和更具内涵等标签 | 标签设定：浪漫、绿色、民俗、新概念西北、时尚、精湛工艺、高档食蔬 | 每月讨论一次，是否需要添加或替换标签 |
| | | 产品层面 | 图片 | 图片更新 | 在没有重大节日或者品牌活动时，均用修饰过的产品图进行展示 | 每两周更换一批（六张） |
| | | 销售层面 | 宣传模块设定 | 加入官网链接或者图片外链到网上 | 可以在企业版页面板块加入官网链接或者图片外链到网上 | 一次性，先在友情链接中呈现 |

续表

| 一般工作流程 | | 详情 | 描述 | 频率 |
| --- | --- | --- | --- | --- |
| 微博内容 | 品牌层面 | 日常发布、转发内容 | 日常发布内容以"宴遇西北"为主线衍生成话题组：#音画西域#、#西北秀在西北人#、#方言微小说#、#草原生山珍#、#西北说原乡#、#绿色种植#、#食在×××#、#×精选#、#潮流饮食#、#××五合格#、#民俗风#、#老照片#、#行业动态#、#××情怀#、#西北爱情故事#日常转发、#网民讨论所有关××餐厅 | 发布每天二条，转发每天一条 |
| | 产品层面 | 食宴、工艺、食材等不同方向进行不同系列产品推送 | 分类别推广，迎合受众的兴趣，话题组：#×××精选#、#食在×××# | |
| | 客户服务粉丝关怀 | 粉丝关怀计划话题组：#爱在西北# | 重要节假日、节气，重大热点事件问候关怀等；每周的#爱在西北#形式可以变换多样，模板可以实时的制作，实时的祝福，甚至可以缩短即可只做一张照片，这样做即效果实时新好，也可以满足网民的新鲜感。 | 发布每天一条 |

续表

| | 详 情 | 描 述 | 频率 |
|---|---|---|---|
| ××微博活动 一般工作流程 | 品牌层面 定期举行针对品牌层面的微博活动,针对传播理念的活动 | 需要结合用户兴趣点、品牌利益点(具体需体现在内容、活动解决方案中) | 每两个月一次 |
| | 产品层面 进行产品角度出发的活动 | 需要结合产品利益点及用户兴趣点,组织针对系列或者某款产品的活动(具体需体现在内容、活动解决方案中) | 每两个月一次 |
| | 关怀活动:粉丝关怀计划(主题关怀活动) | 每一个月举行一次活动,可以借重要节日或普通节日组织有奖品的大活动,借重要节日的活动周期为五天左右,可以送一些小礼物等以增加潜在粉丝的互动。如:晒蛋糕有礼品的机制 | |
| | 客户服务 用户关怀 聆听活动:征集、聆听用户的意见 | 征集、聆听用户意见活动,可以小活动形式,投票形式进行,如:你认为西北的新概念代名词是___?四个选项选择其一。A.绿色西北,B.时尚西北,C.饕餮西北,D.浪漫西北。图片是最关键的亮眼,一定要抢眼,新的投票模式可以更好地利用图片效果。在投票展示一栏可长期展示 | 每月组织一次活动,具体意见创意内容、活动解决方案 |

续表

| | | 详情 | 描述 | 频率 |
|---|---|---|---|---|
| ××微博关系 | 品牌层面 | KOL | 主动与人群属性契合（美食、绿色生态、时尚、文化民俗）的KOL建立联系，让其对自己有认同感，产生良好口碑 | 参与讨论，建立关系，树立××在行业内地位，具体见KOL名录 | 每周开发一名 |
| | | 目标用户 | 有一定消费能力的中、高端人群及喜爱西北菜的网民 | 与我们的目标用户建立关系，定期与用户进行沟通，建立核心用户名录 | 每周将与我们正常对话五次以上的用户设定为核心用户，并归纳到核心用户名录当中 |
| | | KOL | 意见领袖关系建立 | 与美食类、新闻类、时尚类的内容，日常讨论××产品的内容，具体见KOL名录 | 每周开发一名 |
| | 产品层面 | 针对目标用户拉近关系，进行产品推送 | 沉淀出对任何产品的目标群体，找出对各个系列产品相对应的目标群，然后进行针对目标受众的关怀及推广 | 私信：经常与××互动的人，推荐产品<br>建立微群：可以尝试建立微群，使粉丝更加聚合<br>加入微群：加入美食、西北菜、民俗文化、时尚讨论群，针对产品进行推送 | 在有新品推出时主动向核心用户推荐，同时每天与日常挑选出来的核心用户进行互动，至少互动二人/天 |
| | 客户服务粉丝关怀 | 关怀机制关系 | 关注受众动态 | 每天搜索××、西北菜；××餐厅；西北菜、西北文化。主动搜索并参与回复和××有关的内容，与网民建立密切的关系；对所有谈及××的人，可以为产品的特色或者活动来发起求关注。寻求更多人 | 周一至周五工作时间每二小时搜索一次，含在每天参与讨论不低于10条中搜索"生日"关键词回复 |
| | 销售层面 | 主动寻找用户 | 搜索关键词，主动推送信息 | 主动参与到网民关于×××产品的讨论，可以推送官网链接 | 每二小时搜索一次，找到有相关意愿者，进行回复 |

续表

| 一般工作流程 | 类别 | 详情 | 描述 | 频率 |
|---|---|---|---|---|
| ××微博关系 | 销售层面 | 被动接受销售机会：用户咨询问机会 | 见在线客服话术机制 | 每日发现就及时回复 |
| | 销售层面 | 关系运用：KOL | 意见领袖提及××产品，官博放大 / 通过沟通将更多信息传达给网民 | 每月二次 |
| | 危机与声誉 | KOL危机处理：判断危机源头，通过关系谈判尽量避免危机扩散 | 及时与KOL沟通，了解实际情况进行及时处理 / 可以让意见领袖通过我们的产品宣传渠道，我们进行及时处理 | 一小时内与KOL取得联系，并将沟通结果上报部门领导及客户部项目经理 |
| | 危机与声誉 | KOL协助处理危机：利用关系好的意见领袖进行正向引导维护 | KOL及时出现，维护品牌声誉 | 一小时内联系至少一名KOL，该KOL可以出面发布品牌正面言论 |
| | 媒体及意见领袖关系 | 意见领袖的开发：主动搜索开发意见领袖 | 需要定时主动搜索开发所需行业的意见领袖 | 1. 每周至少开发二名美食、健康、时尚其他意见领袖<br>2. 每周至少二名意见领袖参与话题或主题活动<br>3. 每月至少公关一家媒体或行业微博 |
| | 媒体及意见领袖关系 | 意见领袖的关系维护：与官博进行互动的意见领袖要不定时沟通 | 需要定时查询经常与官博互动的意见领袖，参与到他们的话题讨论中 | |
| | 媒体及意见领袖关系 | 意见领袖的主动对话：主动提及××及评论我们内容的意见领袖要积极沟通 | 针对主动与我们对话的意见领袖，参与到他们的话题讨论中 | |
| | 媒体及意见领袖关系 | 主媒体公关开发：主动搜索开发媒体账号 | 针对新闻类、时尚类、民俗文化类、美食类媒体微博进行开发，希望可以相互关注并转发话题 | |
| | 媒体及意见领袖关系 | 媒体关系维护：通过公关及微博对话两个层面维护关系 | 找到媒体管理微博的人，与人建立关系的同时微博进行话题的互动 | |

续表

| | 一般工作流程 | 详情 | 描述 | 频率 |
|---|---|---|---|---|
| ××微博POWER ID | 产品层面 | 利用Power ID进行内容告知 | 通过Power ID的影响力扩散微博内容,提升知名度,粉丝量级50万以上,根据具体需求推广定量,可以邀请KOL进行产品试营,具体见KOL名录 | 每月运用四个 |
| | 客户服务 | 回复话术体系 | 需要及时更新网民疑问,建立月报机制 | 每日随时更新话术表 |
| | 用户关怀 | 在线客服机制 | 网民提出关于所有××答疑库 | |
| | | | 大微博搜索:系统运用不熟练时需要大微博搜索 | 售后咨询问题集合,结合问题,给出回复话术 |
| ××微博机制 | 一般工作流程 | 监测机制 | CRM系统筛查:逐步熟练Buzzopr | 需要每天每两个小时搜索关键词,及时发现 | 周一至周五工作时间每二小时搜索一次 |
| | | | 运用Buzzopt系统监测,抓取负面信息根据××CRM系统流程进行分配 | 周一至周五工作时间每二小时各业务组登录系统统一次 |
| | 危机与声誉管理 | 及时处理机制 | 需要清楚地判定何为负面信息并及时上报 | 发现问题,判断问题,及时上报 | 发现问题五分钟内上报部门领导,15分钟内将危机情况汇总上报客户端,客户端15分钟内上报客户 |

资料来源:https://www.doc88.com/p-6982924588 2498.html。

# 任务三 微信营销

> 学前思考：你关注了哪些微信公众号，为什么关注这些公众号？

微信已成为人们日常生活中非常重要的社交工具，商家们也纷纷入驻微信，在微信平台进行营销，从而激发更多的人传播企业营销信息，促进企业和客户更好地沟通交流，实现高效率转化成交。

## 一、微信营销概述

### （一）微信营销的含义

微信是腾讯公司2011年推出的一个为智能终端提供即时通信服务的免费应用程序，从最初的社交通信工具，已经发展为现今连接人与人、人与商业的重要平台。微信不存在距离的限制，用户注册微信后，可与周围同样注册的"朋友"形成一种联系。

微信营销

微信营销是一种创新的网络营销模式，是一种利用手机、平板电脑中的移动App进行区域定位营销，并借助微官网、微信公众平台、微会员、微推送、微活动、微支付等来开展的营销活动。用户订阅自己所需的信息，企业通过提供用户需要的信息，推广自己的产品，从而实现点对点的营销。

 **拓展知识**　　　　　微信相关数据播报

2012年3月，微信用户突破1亿，从零到1亿，用时433天。2018年5月，腾讯公布一季度年财报，宣布微信用户突破10亿。从无到有，从零到10亿，微信用了8年。

截至2018年9月，微信的月活跃用户数约为10.8亿人，其中55岁以上的月活跃用户约有6 300万人。2018年，微信消息日发送次数达450亿次，较2017年增长18%；音视频通话次数达4.1亿次，较2017年增长100%。值得注意的是，2018年，微信视频通话用户比2015年多了570%，随时随地"微信见面"已成为用户的一种日常。与此同时，2018年，微信用户的人均通讯录朋友数量也比2015年多了110%。

2021年1月21日，微信迎来上线十周年。微信公布最新数据：每天有10.9亿人打开微信，3.3亿人进行视频通话，7.8亿人进入朋友圈，1.2亿人发朋友圈，朋友圈每天有1亿条视频内容。每天有3.6亿人进入公众号，4亿用户使用小程序。

### （二）微信营销的特点

微信作为纯粹的沟通工具，企业与用户之间的微信对话是私密的，不需要公之于众，所以亲密度更高，企业完全可以进行一些真正满足用户需求与个性化的内容推送。与传统营销方式相比，微信营销具有以下特点。

**1. 点对点精准营销**

微信点对点的交流方式具有良好的互动性，企业在向用户精准推送信息的同时，更能与用户形成一种朋友关系。微信拥有庞大的用户群,借助移动端,微信能够让每个个体都有机会接收到企业推送的消息,继而实现企业对个体的点对点精准化营销。

### 2. 形式多样

微信平台除基本的聊天功能外,还有朋友圈、语音提醒、漂流瓶、公众平台、二维码、摇一摇等功能。用户可以发布语音或文字投入漂流瓶的大海中,与捞到漂流瓶的用户展开对话,也可以扫描二维码识别或添加好友、关注企业公众账号;企业可以通过扫码优惠的方式吸引用户,也可以通过公众平台与用户进行互动,进行口碑营销。

**案例分享**　　　　　　**招商银行的漂流瓶营销活动**

招商银行曾经将慈善活动和漂流瓶相结合成功做成了一次营销活动。只要用户收到招商银行所发出的瓶子,进而关注公众号,就可以参加"小积分,微慈善"的平台爱心活动,为自闭症儿童献出自己的爱心。不仅如此,为了使这次活动影响更加深刻,招商银行还将语音游戏注入漂流瓶,不仅提高用户的参与积极性,还进一步提高了公众号粉丝黏度,为自己建立积极正面的形象,也为产品的推广做好了充分的基础准备。

招商银行的这次活动主题在于爱心和互动,虽然并没有将自身产品直接推出,但"小积分"也是产品的一种展示形式,不仅使自己的形象正面积极,语音功能也在无形中增强了亲和力,为产品的推广打下了坚实的基础。

### 3. 曝光率高

微信在某种程度上可以说是强制了信息的曝光,因为用户接收信息前必须关注企业公众账号,因此,微信公众平台信息的到达率是100%。微信营销还可以实现用户分组、地域控制在内的精准消息推送,这也是微信营销吸引人的地方。因此做微信营销的企业不需要将时间花在大量广告投放上,只需要制作好精美的文案,定时定量,控制好用户接收信息的频率与质量,以保证用户的忠诚度。

**拓展知识**　　　　　　**微博营销与微信营销**

微博营销与微信营销的区别主要体现在以下几点。

(1)用户使用两个平台的习惯不同。微博平台用户更倾向于PC客户端,而微信则是移动客户端的软件。

(2)平台的属性不同。微博倾向于社会化信息网络,微信则倾向于社会化关系网络。

(3)信息内容的传播范围不同。微博内容是无限制的,谁都可以看;微信是一个私密闭环传播,没有成为好友的陌生人看不到企业的相关信息。

(4)平台传播特性不同。微博的传播没有限制,所以比较适合社会热点的时时传播;而微信信息传播更加精准,用户之间的关系更加密切,对信息了解更加深入,所以微信是一个深度信息精准到达的平台。

(5)微博更具备媒体特性。微博平台是一种浅社交、泛传播、弱关系的平台,而微信是一个深社交、精传播、强关系的平台。

(6)两个平台对于企业营销的作用不同。微博有媒体特性,更适合做企业品牌曝光;微信是一个圈子的平台,适合企业的信息推送,维护客户关系,打折促销活动。

### (三)微信营销的模式

微信营销包括朋友圈、微信群、微信公众号三种比较经典的营销模式。

**1. 朋友圈营销**

朋友圈营销是指利用微信的朋友分享机制,通过加好友的形式在朋友圈中进行软性推广的营销活动。在朋友圈发送导购信息,并转入私聊、进入微店、成交转化,已经成为许多电商运营的基本模式。

社交流量矩阵:
私域流量核心
四部曲

 **拓展知识**　　　　　**微信好友人数限制,怎么破**

之前,微信好友上限人数是5 000人,超过5 000人后,想要添加好友,只能删除部分好友才能添加。2020年1月9日,微信创始人在微信公开课PRO演讲中称,现在有将近100万人已经接近5 000好友。基于此,微信开放了好友人数的限制,微信好友超过5 000人后,可以继续添加好友了,但是,继续添加的好友只能设置为"仅聊天",对方无法看到你的朋友圈内容。

目前,企业微信已和微信打通,用户在企业微信即可与微信用户进行互通。而且企业微信也开放了朋友圈功能,也就是说,微信上满5 000好友后,可通过企业微信添加好友,并通过企业微信客户朋友圈触达微信用户。

朋友圈营销比较常见的活动方式主要包括转发、集赞、试用、筛选、引流、互动等形式。

(1)转发。"万能"的朋友圈总是能给人带来很多惊喜,朋友圈文章被转发的次数越多,企业或个人越能够快速且有效地加到更多的好友,并可以进一步扩大营销推广市场。要想朋友圈文章转发效果更好,首先必须提供优质的内容。引人注目的朋友圈内容拥有一个共同点,便是语言有力度,很多微信主体都有明确的语言风格定位,更容易吸引精准好友。其次,必须提供有趣的配图。一张图片就是一个故事,有趣的图片有时候更能产生仁者见仁、智者见智的效果,吸引大家的关注,因此,在选择图片的时候,不能随意配图,一定要让图片代替自己发声。再次,有奖转发。在转发活动中,对用户的参加资格不做任何限制,这样可以充分调动大家参与的积极性。评奖依据是用户转发之后获得的点赞和评论量,并据此确定一等奖到纪念奖等各奖项的抽奖范围。在奖品发放之后,发表用户体验心得,既能体现自己的后续服务,又能取得更多用户的信任。举办有奖转发活动,能够让用户增强参与感,保持参与热情,也能让更多的人看到朋友圈内容,吸引更多的用户关注,实现引流。

(2)集赞。集赞一般是指"让用户分享海报、文章至朋友圈,集齐$n$个赞就能获取奖品"的活动。相比之下,海报比文章更容易发布。海报集赞比文章集赞的涨粉效果好。集赞活动比较适合新店开业、线上宣传等。

(3)试用。试用一般是指在一款产品刚进入宣传期时,都会搞一些活动,如送小红包或送试用装等。在试用活动中,一般是活动参与者购买A产品可以免费试用B产品,只需填写一份试用报告、反馈试用效果即可免付邮费;或用户直接试用产品后填写试用报告,即可免费领取一定金额的代金券。

(4)筛选。筛选是指企业或个人事先说明一定的要求,并邀请满足条件的人点赞,由此筛选出自己需要的人群,以便进行后续的营销活动。这项活动的目的主要是通过设置条件,筛选用户,精准锁定意向用户,使营销活动更具针对性。

(5) 引流。引流最常见的方式是在朋友圈开展活动,吸引用户参与,用户获取的奖品则需要到线下实体门店或其他平台领取。

(6) 互动。朋友圈的每一次互动,都如同一次广告的展现,在激发用户活跃度的同时,也能给用户留下较深刻的印象。互动常见的几种形式包括:顺序互动,即根据点赞的顺序有不同的互动方式,由于点赞的人完全不知道点赞顺序,所以会有所期待;点赞量排名,点赞量等同于另一行为数量,既是一种互动,也是自己兴趣爱好的一种展现;点名接龙,如冰桶挑战、微笑挑战、A4 腰挑战、锁骨挑战等;互动游戏,如猜成语等。

 **案例分享**　　**微信发布公告:利诱分享朋友圈打卡行为违规**

曾几何时,微信朋友圈盛行打卡风潮,打卡和激励机制既鼓励学生坚持每日学习,又能在微信朋友圈中形成自传播。

2019 年 5 月 13 日,微信安全中心在其公众号上对外发布《关于利诱分享朋友圈打卡的处理公告》,流利阅读、薄荷阅读、火箭单词等公众号利诱分享朋友圈打卡行为违规。公告称,一经发现诱导分享行为,微信团队将采取封禁相关开放平台账号或应用的分享接口、限制使用微信登录功能接口等处罚措施。

上述公告称,一直以来,微信明确禁止利用微信产品功能进行诱导分享的行为。近期,某些公众号、App 软件等主体通过以返学费、送实物等方式,利诱微信用户分享其链接(包括二维码图片等)到朋友圈打卡,严重影响朋友圈用户体验,违反了《微信外部链接内容管理规范》。

**2. 微信群营销**

微信群营销是指一些企业会将老用户按照一定属性组建不同微信群,通过在群里发送 H5 活动海报、链接等信息,开展定期或不定期的营销推广活动,同时回答用户的咨询与疑问,处理售后事宜,增强用户体验,提升用户满意度。

微信群营销主要是开展互动营销活动,活动基本流程如下。

(1) 客户需求定位。微信群营销的关键点在于抓住客户需求的"痛点",客户才会心甘情愿加入微信群,并且不会屏蔽。商家在开展微信群营销之前,首先会对自己的客户进行调查分析,精准定位客户的需求是什么。

(2) 拉群裂变。建微信群就是建立自己的圈子,要经营这个圈子,让这个圈子里的人都有信任感。在对客户需求进行定位之后,商家需要建立自己的微信群,并准备好裂变海报。海报的主要作用是引导客户把商家微信群的信息传播到其朋友圈或其他微信群里,海报的文案与样式是否吸引客户是决定商家拉群裂变能否成功的关键。

(3) 目标人群筛选。加群的不一定都是精准的目标客户。因此,商家可以对群成员进行仔细的筛选,把不合格的群成员剔除。

(4) 群互动。商家要经常在群里与群成员进行互动,目的就是要提高微信群的活跃度,增强客户的黏性。如果一个群长期没有互动,很多客户可能会选择退群。群互动的方式有很多,商家可以发布门店产品上新的信息和优惠活动等,也可以举办一些和门店产品相关的讲座,分享经验技巧等。如水果店的微信群,可以每天分享一款水果的功效,并针对此款水果推出砍价、秒杀、拼团等促销活动来增加群内成员的参与度。

**3. 微信公众号营销**

微信公众号营销是指企业或个人通过开通微信公众号,向用户推送信息或提供相应服务的营销互动。微信公众号营销是企业微信营销的主要途径,下面重点介绍微信公众号的类型、价值、定位、盈利模式和营销策略等内容。

## 二、认识微信公众号

### (一)微信公众号概述

微信公众号是在微信平台上申请的应用账号。微信公众号是腾讯公司在微信基础上开发的功能模块,是现在新媒体营销宣传的常用平台。通过微信公众号平台,个人和企业都可以打造特色微信公众号,并在微信公众号上通过文字、图片、语音、视频等形式,与特定群体进行全方位的沟通和互动。

根据微信账号类型的不同,微信营销主要分为微信个人号营销与微信公众号营销。对于个人而言,其开通的微信叫作微信个人号,可以和手机通讯录绑定,邀请朋友们用微信进行交流、联系和互动。当然,个人也可以开通微信公众号撰写文章。从连接关系来看,个人微信号是点对点的关系,而微信公众号是一对多的关系。

**案例分享**　　**星巴克的"自然醒"营销活动**

"自然醒"营销活动是为了推广星巴克的一款新品"冰摇沁爽系列创新饮品"而推出的营销活动。这个活动通过微信公众号将星巴克线下的上千家门店关联起来,只要关注"星巴克中国"微信公众号并向它发送一个表情符号(兴奋、沮丧或忧伤皆可),立刻就能获得星巴克按其心情特别选择的音乐曲目。通过"自然醒"营销活动,星巴克微信公众号吸引了大量粉丝,进而利用各种活动使粉丝主动将星巴克微信公众号推荐给朋友。

### (二)微信公众号的类型

微信公众号有服务号、订阅号和企业微信三种类型,每种类型的使用方式、功能、特点均不相同。用于营销的微信公众号一定要选择最适合自己的类型,这样才能为达到预期的营销效果做好铺垫。

**1. 服务号**

微信对服务号的定位是给企业和组织提供更强大的业务服务与用户管理能力,帮助企业快速实现全新的公众号服务平台。具有管理用户和提供业务服务的功能,服务效率比较高,主要偏向于服务交互,如提供银行、114等服务查询功能的服务号。

**2. 订阅号**

微信对订阅号的定位是为媒体和个人提供一种新的信息传播方式,构建与读者之间更好的沟通和管理模式。订阅号具有发布和传播信息的功能,可以展示个人或企业的个性、特色和理念,树立个人形象或品牌文化。订阅号的本质是做内容,主要偏向于为用户传达资讯(类似报纸、杂志),具有较大的传播空间。如果想通过简单地发送消息达到宣传效果,可选择订阅号。

订阅号通过微信认证资质审核后有一次升级为服务号的机会,升级成功后,类型不可再更改。服务号则不可变更为订阅号。

**拓展知识**　　　　　　　　**微信服务号和订阅号的区别**

微信订阅号和服务号的区别如表4-2所示。

表4-2　微信订阅号和服务号的区别

| 项　目 | 订阅号 | 服务号 |
| --- | --- | --- |
| 主要功能 | 传达信息,宣传推广 | 服务交互,商品销售 |
| 适用人群 | 个人和组织 | 组织 |
| 群发消息数量 | 每天一条 | 每月四条 |
| 群发消息显示 | 没有消息提醒,折叠出现在订阅号文件夹中 | 有消息提醒,单独显示在用户的聊天列表中 |
| 九大高级接口* | 无 | 有 |
| 微信支付 | 无 | 认证后可申请 |

\* 九大高级接口包括语音识别接口、客服接口、OAuth 2.0 网页授权接口、生成带参数的二维码接口、获取用户地理位置接口、获取用户基本信息接口、获取关注者列表接口、用户分组接口和上传下载多媒体文件接口。

#### 3. 企业微信(原企业号)

企业微信主要用于企业管理,类似于企业内部的管理系统,主要用于公司内部通信,具有实现企业内部沟通与内部协同管理的功能,可帮助企业连接内部员工、连接生态伙伴、连接消费者。

### 三、微信公众号的营销价值

微信公众号是企业进行微信营销的主要方式之一。企业通过微信公众号,可以非常便利地展开品牌推广和产品服务。需要进行微信营销的企业,也可以借助微信公众号的价值,结合客户的需求提供相应的服务。总的来说,微信公众号的营销价值主要包括以下六项。

#### 1. 信息传播

对个人用户而言,微信公众号是建立个人品牌、扩大影响力的有力工具;对于企业而言,微信公众号可以提供企业更多相关信息的查询功能,如企业介绍、产品服务、联系方式等。

#### 2. 品牌宣传

品牌是可以带来溢价、产生增值的无形资产,一个成功的企业必然离不开品牌建立和品牌宣传。微信公众号丰富的文字、图片、音频、视频等功能,可以快速有效地把企业的品牌理念、促销活动等信息告知用户,具有互动性强、传递快速和投放精准等特点,让用户不仅可以接收品牌信息,还可以及时参与品牌互动,从而促进企业深化品牌影响,降低营销成本。

**案例分享**　　　　　　　　**1号店"你画我猜"活动**

1号店曾经在微信中推出"你画我猜"活动,活动方式是用户关注1号店的微信账号,1号店每天都会发一张图片给订阅用户,然后用户可以发答案参与这个游戏,如果猜中图片答案并且在所规定的名额范围就可以获得奖品。其实"你画我猜"的概念是来自火爆的 App 游戏 DrawSomething，并非 1 号店自主研发，只是 1 号店首次把游戏的形式结合到微信活动推广中。通过"你画我猜"营销活动，1 号店微信公众号吸引了大量粉丝。

### 3. 客户服务

不管是哪一种营销方式，客户服务一直都是企业的重点优化目标。微信公众号能吸引新客户、维护老客户，提高客户忠诚度，在服务质量直接影响口碑的环境下，能极大地方便企业与用户之间的交流。将微信与企业原有的客户关系管理相结合，可以实现多人人工接入。通过设置回复关键词，还可以自动回复客户，节约客服成本。

### 4. 开展调研

调研是企业制定经营策略的重要环节，调研数据将影响策略的制定，进而影响营销效果。微信公众号可以直接接触目标用户群体，不仅使调研数据更真实，而且节省大笔调研成本。

### 5. 电子商务

不管是电商平台还是电商企业，现在大都致力于简化消费者的购物流程，让其随时随地都可以便利购物。微信公众号具有销售引导功能，可以将产品或服务信息快速传递给消费者，引导其购买，缩短营销周期。例如，消费者在微信图文中看到某件商品产生购买想法时，可以直接通过微信下单、支付、查询物流和寻求售后服务等。

### 6. O2O 营销模式

O2O 是指将线下的商务机会与互联网相结合，让互联网成为线下交易的平台。O2O 营销模式是立体化营销的必然趋势，微信公众号则为线上线下立体营销的实现提供了便利的渠道。

## 四、微信公众号营销定位

想要获得更好的推广效果，必须做好微信公众号的定位。定位不仅包括微信公众号账号本身的形象定位，还包括营销内容定位，这样才能设计出用户喜欢的风格、特色和服务。以此建立的微信公众号才能更有利于发展精准用户，形成品牌效应，找准盈利点，达到营销目的。

### （一）账号形象定位

定位微信公众号账号形象，主要从行业、产品及功能三个方面出发，实现销售的思路，包括直接售卖产品、提供服务、通过分享知识和经验引导购买等方式。

#### 1. 行业定位

行业定位就是确定微信公众号营销的产品或服务属于哪个行业。利用行业定位，营销者可以省去分析与自己的产品或服务精确对应的适用人群的步骤，只需对自己的产品或服务进行行业归类，就可以简单地为微信公众号做出定位。

针对行业细分的微信公众号需要推送与本行业相关的消息，其专业性会更强。所谓"行行出状元"，行业定位准确，也可快速吸引粉丝，让微信公众号更有知名度。

### 2. 产品定位

产品定位是指以已有的产品或品牌作为微信公众号的定位基础,将微信公众号定位在产品或品牌上,有利于以后的流量变现或转变为电商模式。例如,"小米""联想"微信公众号就是典型的以名牌名称来定位的微信公众号。以产品定位的微信公众号需要原产品或服务具备一定的品牌知名度,这有利于微信公众号的前期推广。若产品或品牌知名度不足,以产品定位的微信公众号粉丝数量将受到限制。

### 3. 功能定位

不管是行业定位,还是产品定位,都要求分类界限分明。但部分微信公众号的分类界限并不明显,此时就可以按照产品的功能定位。以功能定位的微信公众号用于提供功能性服务,如以家政服务定位的"58到家"微信公众号,其功能就包括提供保洁、保姆、搬家等一系列上门服务。

## (二)营销内容定位

定位微信公众号营销内容,首先需要定位目标用户群体,而要定位目标用户群体,就应该了解目标用户的喜好,明确其行为动机。可以根据微信公众号要服务或推广的用户的地域、年龄、性别、教育程度、收入、行业等特点来策划营销内容,设计出他们喜欢的风格、特色和服务。

### 1. 地域

地域是影响用户行为的重要因素,不同地区的用户在文化、习俗、方言、喜好上都会有一定差异,甚至在接受能力、吸收速度上也会有很大不同。如南方和北方在生活习惯、气温气候上不同;一二线城市和三四线城市在生活观念、消费水平、接受能力上不同。所以微信公众号在面对不同地域的用户时,需要有一定的针对性,采用不同的营销方式。

### 2. 年龄

不同年龄阶段的用户需求是不一样的。年轻人喜欢新鲜事物,接受能力更强,面向年轻人推广时,轻松诙谐、网络热点、流行时尚等元素都有很大的吸引力。但这些内容却难以引起中老年人的注意和喜欢,生活周边、健康养生等内容更受中老年人青睐。

### 3. 性别

性别也是新媒体营销中影响用户行为的重要因素之一。大部分男性和女性日常关注的内容、感兴趣的事物是不一样的,所以他们对文章和内容的要求也不同。如娱乐、星座等内容更受女性用户欢迎,而科技、军事等内容更受男性用户欢迎。因此,微信公众号需要根据用户性别对自身风格做相应调整。

### 4. 教育程度

用户受教育程度不同,其所能接受的微信公众号文化、风格、内容就会不一样,受教育程度越高的人,对内容的要求也越高。

### 5. 收入

只有将产品推广给能够承受其价格的用户才能带来成交,也只有收入匹配的用户才能成为产品的核心用户。

## 6. 行业

用户的行业不同,其关注点就可能不同,所以营销需要与行业相匹配,并为目标用户人群设计他们关注的内容。

除需要分析用户的各种特征外,在进行微信公众号定位策划时,还可以从用户的使用场景出发进行策划,如目标用户一般何时查看公众号信息、是否愿意分享、有无付费行为等,然后结合用户的特征策划微信公众号内容和活动。

## 五、微信公众号的盈利模式

### (一) 广告模式

广告模式是微信公众号比较常用并且有效的盈利模式。在广告模式下,其盈利的途径主要包括平台广告、商业广告等。

#### 1. 平台广告

在微信公众号平台中植入广告,如流量主等。流量主就是一个微信公众号的运营者自愿把公众号中指定的位置分享给广告主来做广告展示,并按月获得收入。一般来说,微信公众号需要有5 000以上的粉丝数才能成为流量主。广告展现形式包括图文信息、图片、关注卡片、下载卡片等。

#### 2. 商业广告

微信公众号的运营者和商家对接的广告,一般情况下和平台没有任何关系,包括硬广告和软文广告。硬广告比较直接,一般都是在文章末尾直接放广告内容。硬广告投入成本较高,并且商业味浓厚、渗透力较弱,因此大多数情况下企业都会采用软文广告,如将广告巧妙地植入文章当中,使文章内容看上去"不像广告",做到广告即内容,内容即广告。

### (二) 电商模式

电商模式是指通过微信公众号销售货品的模式。按照货品的不同,目前微信公众号中的电商模式主要分为两种类型:一种是内容电商;另一种是服务电商。

#### 1. 内容电商

内容电商主要通过内容来实现转换,是目前主流的公众号电商模式。"百匠大集"公众号就是通过优质的公众号内容把读者引流到电商平台,实现内容的引导和转换。

**案例分享**  说出你的品牌故事:百匠大集

"百匠大集"公众号侧重于展现匠人背后的故事、匠心的展现,立足于打造中国最大的新锐匠人平台,助力匠人产业、延长产业生命,满足日益增长的消费需求。这是一个聚合平台,希望能让工匠精神真正助推制造业的转型升级。

"妈妈制造"入驻"百匠大集"公众号,携手时尚设计师,联合土族阿妈赋予盘绣新的时代精神,"妈妈制造"的手帕都是一针一线缝制出来的。当有了好的产品时,如何触达消费者呢?微信社交广告通过大数据分析,帮助他们锁定了"关注时尚与公益"的年轻族群,并通过LBS定向,精准地将"妈妈制造"的品牌故事和优质产品推送给目标群体,引导这些群体在被走心故事触动后,积极进行裂变式传播,成功让"妈妈制造"的品牌信息在年轻社群中引发大量扩散,最终广告曝光3 000万次,点击互动60万次,有效引爆了其在年轻群体中的影响力,并最终促成交易,实现了商业价值的转化。

**2. 服务电商**

服务电商销售的主要是某种服务,其公众号更多承载的是一个App的功能,如"嘀嗒出行""小猪短租"等微信公众号,商家除可以通过微信公众号的粉丝进行产品或服务销售外,还可以搭载第三方微商城(微店、有赞、京东等)直接开展电商销售。

### (三)内容付费模式

内容付费即单纯地依靠知识价值盈利的模式,适合文化水平高、知识丰富、技能过硬的微信公众号运营者。内容付费模式主要包括赞赏、付费课程两种功能。

**1. 赞赏**

赞赏是指用户阅读完文章之后,自愿向原创作者赠予赏金。在微信公众号中以同一作者名发表三篇或三篇以上的原创文章,即可申请创建一个赞赏账户,每个微信公众号最多可以创建三个赞赏账户。

**2. 付费课程**

一般情况下,付费能够获取更高质量的内容。在知识经济时代,优质内容理应获得与价值相符的回报,这不仅是对内容提供者的激励,也是对网络知识产权保护的有效助力。

## 六、微信公众号的营销策略

微信公众号营销的所有策略都是围绕用户展开的,通过用户的阅读、点赞、转发、购买等达到营销目的。在微信公众号营销中,内容和用户是非常重要的两个方面,营销内容的优质与否直接影响着用户数量,从而最终影响营销效果。

### (一)内容营销策略

微信公众号以内容进行受众定位,分享微信公众号文章给目标用户,吸引同质用户,再通过对后台数据表现的持续分析,不断调整和优化微信公众号的内容。

**1. 满足用户需求**

要想依靠微信公众号的内容吸引用户阅读甚至产生转化效果,就应当从用户需求入手进行内容的策划与定位,从不同角度挑选出最适合的选题。例如,行业热门消息、有深度的"干货"、名人视角、群众视角、有内涵的企业文化、生活实用技巧、生活感悟、产品福利活动等,以此吸引同质用户,使用户自动在圈子内分享和传播内容,以吸引更多属性相同的高质量用户。其中,微信公众号"丁香医生"的营销内容就是从用户的需求出发,向用户科普医学知识,让用户了解常见疾病及解决办法。

一般情况下,用户都喜欢阅读具有趣味性的内容。在写作微信公众号文章时,可以适当将内容娱乐化,从而提升内容的趣味性,引起用户的阅读兴趣。

**2. 原创**

如果将微信公众号比作一本书,那么用户就是这本书的阅读者。用户之所以想看这本书,完全是因为这本书会带给他们一种不一样的阅读感受,这就是内容的重要性。一般来说,微信公众号文章主要有原创和转载两种模式。其中,原创难度大,但用户的忠诚度相对更高。例如,微信公众号"同道大叔""丁香医生"等都是原创内容的典型代表。

 拓展知识　　　　　　　　原创文章的选题方式

原创文章的选题方式非常多样化,如九宫格思考、话题借势、节日策划等都是比较常用的选题方式。

(1)九宫格思考。九宫格思考类似思维导图,即从一个主题出发进行联想和延伸,发展出各种与主题相关的内容后,再对内容进行解析和组合。如一个成都美食公众号有两个主要关键词——成都和美食,通过"成都"联想到天府、宽窄巷子、辣、地铁等词,通过"美食"联想到火锅、小吃、低卡、川菜馆子等词,对这些词进行组合后,可得出"宽窄巷子的小吃""地铁线上的川菜馆子"等选题。为了提高文章的吸引力,可适当对标题进行润色,如"地铁1号线上那些让人停不下来的川菜馆子""带你吃遍成都地铁1号线",即可获得一个新选题。对主题词汇的联想越丰富,可以获得的选题就越多。

(2)话题借势。话题借势是一种十分常见且使用频率很高的选题方式,即借助近期热点事件确定选题,热点的话题度越高,营销效果就越好。例如,曾经很火的"世界那么大,我想去看看"事件,引发了各大品牌的"世界那么大"体,掀起了一波营销热潮。在新媒体营销时代,任何能够引起公众关注的热门事件都会引发各个品牌的借势营销。话题借势要求营销者具备一定的新闻敏感度,能够迅速及时地捕捉到热点话题,并快速执行。因此,营销者要积极关注各种新闻网站、资讯网站和媒体平台等,以便及时高效地进行话题营销。

(3)节日策划。现在几乎每一个节日都是一次营销机会,法定节假日、民俗节假日、各种纪念日、网络流行节日等都可以成为营销选题。作为营销者,应该提前对各个节假日话题进行策划。微信公众号原创内容策划方式比较多,除上述所介绍的方法外,申请名人文章授权,通过搜索引擎发掘话题,通过贴吧、论坛、微博等媒体平台发掘话题等方式都可以为微信公众号原创内容策划提供思路,只要策划内容满足目标用户的需求,就能够吸引和留住用户。

### 3. 情感丰富

一篇优秀的微信公众号文章往往能够通过情感的抒发与表达引起用户共鸣,唤起用户心理与情感上的需求,提高用户对产品或品牌的认同感、依赖感和归属感。常见的情感有3种,即爱情、亲情、友情,它们是用户最有切身感受的情感。除此之外,还要善于挖掘用户的情感需求,通过内容引起用户的认同,启发用户产生思考。

微信公众号"十点读书"的一篇名为"再爱孩子,也要让他承受这三种苦"的文章就是从亲情的角度出发,讲述了在孩子成长的道路上,父母应当如何教育孩子,因此获得了用户的认同。

### (二)粉丝营销策略

对于微信公众号而言,从投入运营的初期到快速成长期,再到稳定的成熟期,粉丝量和阅读量都贯穿整个过程。

**1. 微信公众号获得粉丝的方法**

(1) 通过邀请老客户增粉。无论企业的规模如何,老客户都占有一定比例。因此,可以通过微信、短信等方式邀请老客户(如有过交易的、有过互动的)关注微信公众号。

(2) 通过其他媒体平台增粉。如果已经运营了其他新媒体平台(如微博等),就可以在此基础上进行推广,以增加粉丝数量;如果没有,则可以在各种新媒体平台上分享有价值的内容,吸引用户关注。可以引流的平台有很多,如微博、QQ等社交平台,新闻、博客等门户类平台,论坛、贴吧等BBS类平台,知乎、百度知道等问答平台,美拍、秒拍等短视频分享平台,以及文库、网盘等资源分享平台等。

(3) 通过个人微信号增粉。微信是一个社交平台,其大部分用户都是基于社交需求使用微信的。微信公众号增粉可以充分利用微信的社交属性,通过增加个人微信号好友数量,再利用朋友圈或微信群等途径让个人微信号好友关注微信公众号。

(4) 通过活动增粉。为了吸引新用户,并提高用户的活跃度,可以设置一些线上、线下活动,吸引用户参加。但是,策划活动一般需要花费一定成本,所以,为了保证活动效果和活动收益,需要提前对目标用户进行准确定位。也就是说,在设计活动前,需要对微信公众号的用户属性进行分析,了解微信公众号中的哪一部分用户乐于参与和分享活动,并愿意购买产品。例如,某微信公众号的粉丝皆为年轻女性,该微信公众号想推广一款售价为319元的女性产品,于是设计了一个名为"职场最佳××"的活动。这个活动之所以将目标客户定位在职场,是因为职场女性更可能购买319元的产品,她们对该活动的传播能给产品带来更好的推广效果,也更容易为微信公众号带来更多有消费能力的用户。

(5) 通过设置微信公众号功能增粉。如果微信公众号的功能比较有特色,可以满足用户的具体需求,或可以为用户提供具体服务,就很容易吸引用户的关注。例如,某知识分享微信公众号,在分享信息时,还会为用户提供一些模板、素材、学习资料的下载服务,这样就可以吸引需要这些服务的用户。所以,微信公众号功能的设置非常重要。

微信公众号功能的设置应该从微信公众号服务的用户出发,联想和结合用户使用微信公众号的具体场景,如用户在什么时候、什么情况下会使用该微信公众号,根据具体场景整理出服务内容,并以此设计微信公众号功能。例如,一个餐饮微信公众号,用户使用该微信公众号的场景多为预约、订餐、导航、用餐提醒等服务,因此就可以为微信公众号设置在线预订、排队提醒、最优优惠、免费Wi-Fi、门店导航、订餐电话等功能。

**2. 微信公众号的粉丝维护与互动形式**

获得粉丝后,如果想要持续扩大影响力,还需要对粉丝进行维护。维护离不开互动,对于公众号粉丝而言,关键词回复、问题收集与反馈、评论互动都是比较有效的互动形式。

(1) 关键词回复。除了吸引新粉丝,关键词回复也是维护老粉丝的有效手段,在推送文章中引导用户通过回复关键词主动了解内容,可以增加用户对公众号的使用频率,同时还可以在自动回复中加入一些惊喜,提高用户黏性。

(2) 问题收集与反馈。可以在公众号中设计一些目标用户感兴趣的问题收集活动,提高用户的参与度;或解答用户问题,并反馈产品的使用情况,让用户与用户、用户与公众号之间产生互动。

(3)评论互动。对于开通了留言功能的公众号而言,评论区留言就是与用户互动的有效途径。很多用户在阅读推送内容时,还会阅读评论区的内容,公众号营销者可以在评论区进行互动,或在评论区进行自评,鼓励用户转发分享。

### (三)阅读量提升策略

**1. 选择合适的推送时间提升阅读量**

选择合适的推送时间,不仅可以更好地抓住用户的碎片时间,提高文章的阅读量,还可以培养用户的阅读习惯。一般情况下,用户查看推送文章的时间段大多在 7:00—9:00 上班途中、11:00—13:00 午休时间、17:00—19:00 下班途中、21:00—23:00 休息及睡前时间。在这些时间段,用户会对查看的文章内容产生反馈,容易出现文章反馈的高峰期。

针对不同类型的微信公众号文章,推送时间也不尽相同。

(1)励志类微信公众号文章。建议在 8:00 前推送,可以充分利用用户上班途中的时间激发用户的工作热情。

(2)趣味类微信公众号文章。建议在 19:00 后推送,以内容的趣味性博用户一笑,减少用户的疲惫,增加流量与转发量。

(3)消费类微信公众号文章。建议在晚上推送,因为用户挑选购买需要花费较多时间,较为充足的晚间休息时间可以让用户放心挑选。

(4)情感类微信公众号文章。建议在 22:00 以后推送,因为人的感情在夜晚会更加丰富,此时推送更容易触动用户,获得用户的认同,使用户产生共鸣。

总的来说,只有以满足用户需求为出发点,选择合适的推送时间推送文章才能达到最佳的营销效果。另外,在设置推送时间时,建议保持定时推送,例如,每天 12:00 推送,久而久之,用户就会养成 12:00 准时查看推送内容的习惯。

**2. 设置跳转链接提升阅读量**

在微信公众号中设置链接可以增加其他内容的流量,同时提高原内容的跳转率,达到双赢的效果。常见的可提升阅读量的设置链接的方法有两种:第一种是在自动回复中设置链接;第二种是在正文中添加链接。

(1)在自动回复中设置链接。微信公众号在发布信息时,若直接发布链接地址,可能会因为地址信息太长影响用户的阅读体验,此时可为文字设置链接进行页面跳转,使用户在看到关键的文字信息时,点击链接就可以跳转到其他页面。这样既保证了信息的识别度,又提高了其他页面的点击量和浏览量。

(2)在正文中添加链接。在正文中添加的链接内容可以是往期的优质文章,以带动用户点击链接,从而提升其他文章的阅读量,此类链接内容一般适合放在文前或文末。也可以是与文章内容有关联的其他说明或补充内容,以激发用户点击内容、了解更多信息,此类链接内容一般适合放在文中。

**3. 利用朋友圈提升阅读量**

用户一般很少会主动查看微信公众号中的内容,基本都是通过朋友圈被动接受好友分享的内容。将微信公众号文章分享到朋友圈可以说是最直接的提升阅读量的方法,但前提条件是个人微信号的微信好友要多。要想利用朋友圈提升文章的阅读量,就需要在运营微信公众号时,有意识地给内部人员的个人微信号增加微信好友,或结交其他公众号小编、有知名度并且微信好友较多的个人微信号拥有者,这样就能综合多人的影响力进行合作、互相分享,从而有效提升微信文章的阅读量。

**4. 利用 QQ 群、微信群等提升阅读量**

除利用朋友圈转发提升文章的阅读量外,还可以将文章链接转发到微信群、QQ 群,让群内人员通过点击阅读、转发提升阅读量。在此基础上,还可以通过发红包活动提高群内人员的活跃度,使转发更加有效。

## 任务四 移动营销

学前思考:你的手机中安装了哪些 App 应用程序?为什么你会安装这些 App 应用程序?

移动营销是指利用移动智能终端,以各种移动媒体形式直接向目标受众定向和精确传递产品、活动或服务等个性化即时信息,通过与消费者的信息互动达到市场营销目标的行为。移动互联网及移动智能终端的普及和发展,促进了移动应用的快速推广,也吸引了更多企业加入 App 营销、二维码营销、H5 营销、小程序营销的领域,并将移动营销纳入企业整体营销战略中的一环。

移动营销

对于用户而言,移动设备使用方便,操作简单,实用性强;对于企业而言,移动营销可以结合图片、文字、音频、视频、游戏等方式展现品牌和产品信息,是品牌与用户之间形成消费关系的重要渠道,也是实现品牌 O2O 营销模式的天然枢纽,有利于企业提升的营销效果和盈利效果。主流的移动营销方法包括 App 营销、小程序营销、二维码营销和 H5 营销。

 **拓展知识**　　　　　移动智能终端用户相关数据播报

《中国移动互联网发展报告(2021)》显示,截至 2020 年 12 月,中国手机网民规模已达 9.86 亿,较 2020 年 3 月增长 8 885 万,占整体网民的 99.7%。2020 年全年移动互联网接入流量消费达 1 656 亿 GB,比 2019 年增长 35.7%。其中,手机上网流量达到 1 568 亿 GB,比 2019 年增长 29.6%,在总流量中占 94.7%。

在移动智能终端发展方面,2020 年,国内智能手机出货量 2.96 亿部,智能音箱市场销量 3 676 万台,智能家居设备市场出货量为 2 亿台。同时,2020 年,中国可穿戴设备市场出货量近 1.1 亿台,同比增长 7.5%,其中智能蓝牙耳机市场出货量 5 078 万台,同比增长 41%;成人智能手表市场出货量 1 532 万台,同比增长 48%。

在移动应用数量和下载量方面,截至 2020 年 12 月,国内市场上监测到的 App 数量为 345 万款。其中,游戏类、音乐视频类、日常工具类、社交通信类、系统工具类 App 下载量排在前列。

## 一、App 营销

### （一）App 营销的概念

App(application)营销就是应用程序营销，它是基于智能手机和无线电子商务的发展而兴起的一种营销与运营方式。App 营销的核心是手机用户，企业将开发的 App 应用程序投放到手机或移动应用设备上，用户通过下载并使用 App 获得信息或达到其他目的。企业则以 App 为载体，达到推广品牌、挖掘新用户、开展营销的目的。App 营销是目前较为流行的一种营销方式。

### （二）App 营销的特点

App 营销能够为企业带来各种不同类型的网络用户和大量的平台流量，深入挖掘这些流量和用户，可以为企业带来更多的忠实用户，实现企业品牌的传播。作为移动营销特有的方式，App 营销有其独特的优势。

**1. 良好的用户体验**

与 PC 端相比，App 应用程序设计了更加满足手机用户需求的功能和界面，风格简洁清晰，突出重点，文字、图片的显示比例和排版也都更加注重用户的视觉习惯。所有功能的开发都是为了展示核心的功能和特点，针对性强，能够更好地吸引对 App 感兴趣的用户，提升用户的使用体验。

**2. 互动性强**

App 是一个功能完整的应用程序，除可以使用 App 完成各种生活娱乐的需求外，还能进行评论、分享等互动行为，增加与用户之间的联系。

**3. 种类丰富**

App 的种类十分丰富，企业可以根据自己的营销目的选择不同类型的 App 进行推广，如购物、社交、拍照、学习、游戏、教育等多个种类。

**4. 信息全面**

App 中展示的信息非常全面，可以帮助用户快速、全面地了解产品或企业信息，通过这种方式打消用户对产品的顾虑，增强用户对企业的信心，提高用户的忠诚度与转化率。

**5. 方式灵活**

App 的营销方式较为灵活，对于用户来说，可以通过扫描二维码直接下载安装 App；对于企业来说，可以通过手机或计算机后台发布、管理 App 中展示的内容。同时，用户在 App 中进行的活动也可以被企业统计分析，使企业更好地进行用户行为分析，帮助企业改善营销策略。

> **拓展知识**　　**App 的主流版本**
>
> 目前 App 的主流版本主要包括安卓（Android）系统和苹果（iOS）系统。其中安卓系统是由 Google 公司成立的 Open Handset Alliance(OHA，开放手持设备联盟)领导及开发的，

是一种基于 Linux 的自由及开放源代码的操作系统。苹果系统是基于 apple 的 Cocoa Touch 框架开发的移动操作系统,只支持 iPhone 手机、iPod touch、iPad 以及 apple TV 等苹果公司的产品使用,是一种属于类 Unix 的商业操作系统。对于企业来说,要根据自身定位与用户分析确定开发和投放的平台,以便最大限度获取流量客户。

### (三)App 营销的推广

企业 App 需要通过各种途径进行推广才能得到更多的用户,App 推广主要使用以下几种方法。

#### 1. 应用推荐平台

在各类 App 应用推荐网站、商店中进行上架,如 App Store、安卓市场、小米应用、华为应用市场等。这些应用平台拥有大量的流量,可以被用户搜索并下载安装。但需要注意进行 App 的排名优化,主要从用户的下载量和安装量、应用数据(如打开次数、停留时间、下载数量、评论数等)、App 标题关键词、应用评分、应用描述、应用视频等角度进行优化。

#### 2. 发码内测

发码内测是指利用饥饿营销的方式,先对 App 进行造势和预热,塑造 App 的形象和价值,再以有限的条件不断刺激用户,增加用户迫切希望获得的想法,如限时抢 500 个激活码等。

#### 3. 线下预装

对于有实力的企业来说,可以和手机厂商进行合作,在手机出厂前将 App 直接预装到手机里,这样购买了手机的用户就直接成为该 App 的使用用户。

 **拓展知识** 　**工业和信息化部规范 App 预装分发:基本功能外必须可卸载**

2017 年 7 月 1 日,工业和信息化部《移动智能终端应用软件预置和分发管理暂行规定》(以下简称《规定》)正式实施,规范手机 App 预装与分发市场。

《规定》要求,手机生产商和相关互联网信息服务提供者不得调用与所提供服务无关的终端功能、强行捆绑推广无关应用软件;未经明示且经用户同意,不得实施擅自收集使用用户个人信息、强制开启应用软件、违规发送商业性电子信息等侵害用户合法权益和危害网络安全的行为。

《规定》还特别强调,手机生产商和互联网信息服务提供者应确保除基本功能软件外的移动智能终端应用软件可卸载,手机中附属于这些可卸载软件的资源文件、配置文件和用户数据文件等也能被方便卸载和删除;同时,要确保已卸载的预置软件在移动智能终端操作系统升级时不被强行恢复。

#### 4. 限时免费

对于部分收费的 App 来说,可以通过开展限时免费等活动吸引用户下载和使用 App,通过功能、界面、服务各方面的优势引导用户进行后续的付费体验。

### (四)App 运营的模式

随着移动互联网的兴起,越来越多的互联网企业、电商平台,甚至传统企业开始将 App

作为销售的主战场之一，App营销的应用也越来越广泛。为实现更好的营销效果，需要为不同的应用设计不同的运营模式，主流的App运营模式主要包括广告运营模式、用户运营模式、内容运营模式和购物网站运营模式四种类型。

### 1. 广告运营模式

广告运营模式是众多功能性应用和游戏应用中最基本的一种运营模式，广告主通过植入动态广告栏链接进行广告植入，当用户点击广告栏时，就会进入指定的界面或链接，了解广告详情或参与活动。这种广告运营模式的操作十分简单，适用范围很广，广告主只要将广告投放到与自己产品用户匹配的热门应用上就能达到良好的传播效果，但这种广告植入方式会影响用户对App的使用体验，很容易影响应用的持续发展。

为保证广告的效果和App的寿命，在进行广告运营时，可以借助一些营销方法进行广告的植入，如内容植入、道具植入和背景植入等。内容植入是指在应用中自然地融入广告，且不影响用户对App的使用，甚至可以增加用户互动，以便达到更好的广告效果，例如，在拼图游戏中植入品牌图片，让游戏用户对碎片进行组合，最终拼成一张完整的品牌或商品图片；道具植入是指将品牌融入应用的道具中，在用户游戏的过程中增加品牌的曝光率和影响力，例如，餐厅游戏中将某食品品牌、餐具品牌作为道具等；背景植入是指将某品牌作为应用中某个界面、某个按钮、某个内容、某个主题的背景，还可以用奖励的方式引导用户使用该背景，从而达到对品牌进行宣传和深化的效果。

### 2. 用户运营模式

用户运营模式常见于网站移植类和品牌应用类App，这种方式通常没有直接的变现方式，主要是为了让用户了解产品，培养品牌的影响力和用户的忠诚度。企业设计具有一定价值和作用的应用供用户进行使用，用户通过该应用可以很直观地了解企业信息，与企业品牌产生更多的联系，同时应用又能够为用户提供便利。例如，某化妆品品牌针对化妆定制相关应用，吸引目标用户进行下载，在App中设计一些化妆、搭配、时尚等游戏内容，让用户在进行游戏的过程中，不断强化对品牌的印象，以便企业培养更精准的潜在用户群。

### 3. 内容运营模式

内容运营模式是指通过优质内容吸引精准用户和潜在用户，从而累积口碑和忠实用户，最终实现营销目的。内容运营模式需要先做好市场调查和目标用户群体的精准定位，并通过文字、图片、音乐、动画、视频等形式传达有价值的、符合用户需求的信息，以便对内容主题、营销平台等进行更加准确的定位，从而达到最佳的营销效果。例如，一些介绍搭配知识的App，通过为用户提供实用有效的搭配技巧，吸引有服饰搭配需求的用户，然后向其推荐合适的商品。

### 4. 购物网站运营模式

购物网站运营模式的App多由购物网站开发，其主要方式是商家开发出自己网站的相关App，投放到各大应用商店供用户免费下载使用，用户可以通过该应用随时随地浏览商品或促销等信息，并完成下单和交易。购物网站运营模式的App是移动电商运营的主要趋势，对于用户而言，移动应用的特性更加方便了商品的选购；对于购物网站而言，移动应用的便捷性也大大增加了流量和转化率，促成了更多的交易。

## 二、小程序营销

微信小程序爆发出的能量是惊人的,它利用自身能连接线上与线下服务的独特优势,将线上与线下的用户与众多商家连接起来。特别是在电商领域,95%的电商平台都已经接入小程序,希望能借助小程序瓜分微信超10亿的用户流量。

### (一)小程序的概念

小程序是一种不需要下载安装即可使用的应用,它实现了应用"触手可及"的梦想,用户扫一扫或搜一下即可打开应用。也体现了"用完即走"的理念,用户不用关心是否安装太多应用的问题。应用将无处不在,随时可用,且无须安装及卸载。

### (二)小程序营销的价值

**1. 重建入口**

小程序的出现完全颠覆了以往移动营销的入口模式。对用户来说,小程序无须安装和卸载,不占用手机内存随心使用。对企业来说,所有小程序共用一套微信账号体系,随着数据权限的开发,也可以追踪用户的行为。

> **案例分享　　　　肯德基小程序应用**
>
> 肯德基推出微信小程序,依托微信庞大的用户基础,将小程序应用到线下具体场景中,通过改革传统运营方式加速自身运转。肯德基小程序是首批上线的微信小程序,在发展运作中不断优化更新,如推出小程序点餐获取补贴的优惠活动,即在原有的公众号菜单中嵌入小程序点餐链接,然后通过补贴优惠活动吸引公众号粉丝进入小程序获取点餐服务。
>
> "公众号+小程序"叠加给肯德基带来了巨大的商业价值想象空间。微信被应用到肯德基的整个交易过程中。传统模式下,顾客到肯德基的消费过程包括四个环节:排队等候,工作人员点餐,结账,取餐。小程序的应用,将这个过程缩短为三个环节:消费者进入小程序点餐,结账,取餐。
>
> 如果顾客不想进店消费,也可以用小程序点外卖。从用户的角度来分析,小程序的应用能够帮他们省略排队环节,让消费者通过简便操作完成下单。从商家发展的角度来分析,小程序的应用能够获得消费者的相关数据资源,有效加速整体运营,提升用户体验。同时,还能节省前台的人力资源,将更多的员工安排到配餐环节,进一步满足顾客需求。
>
> 资料来源:刘勇为. 微信小程序营销攻略、精准引流、场景转化、运营推广[M]. 人民邮电出版社.

**2. 重构关系**

小程序不开放直接的用户关联,而是提供消息订阅模板,这推翻了通常意义下的注册用户的营销价值。小程序营销活动中必须考虑自身产品、品牌与用户形成快速交互,让用户体验到小程序的实际使用价值,提高用户留存率。

> **案例分享　　　借力小程序,蜜雪冰城线上与线下合力引爆流量**
>
> 2021年4月蜜雪冰城和支付宝小程序合作以来,其小程序的用户活跃度就一再刷新纪录。其中,4月比3月DAU(日活跃用户量)翻了3倍。2021年5月,蜜雪冰城在"520"推出

新品表白水,借助支付宝小程序尝试自运营的玩法,带来了流量的暴涨。

蜜雪冰城的"520"活动,在小程序上拉动5月DAU比3月增长4倍,当天点餐笔数比非活动期间增加了9倍。蜜雪冰城的小程序为什么能保持如此高的活跃度呢?其中又有什么经营秘诀?下面拆解蜜雪冰城的玩法。

(1) 线上发券,引导用户进行搜索

在"520"这一天,蜜雪冰城通过推出新品表白水,来卡点520的这个节日,带动话题传播。其在支付宝小程序中,设置品牌的优惠券"520表白水免费喝",通过发券活动来做线上的引流。

然后,在支付宝中预设搜索关键词:520表白、蜜雪冰城。搜索这些关键词之后,"520表白水免费喝"就出现在支付宝的活动浮层,用户通过支付宝的展示页面就可以快速进入小程序领券,并在全国门店核销使用,直接带动蜜雪冰城冲上微博热搜。

(2) 线下广告投放和热门活动引爆门店交易

在活动当天,借助支付宝丝路计划布局的城市交通广播等资源,蜜雪冰城通过流动的线下电视屏和公交站站牌的广告铺设,不断强化"上支付宝搜索'蜜雪冰城'"的物料,吸引更多的目标客群去支付宝搜索"蜜雪冰城",直接带动蜜雪冰城0元表白水成为多城热议话题。这些动作也很快见效,活动当天蜜雪冰城的小程序流量得到爆发,5月20日当天与5月日常相比,DAU翻8倍,其中搜索占96%。与此同时,蜜雪冰城还在线下发起了"免费领情侣证"的活动,来烘托节点氛围。据说,当天蜜雪冰城的新品在大部分门店不仅提前售罄,还在二手平台上出现了"一张情侣证500块"的天价传闻。蜜雪冰城以支付宝小程序为载体进行商家自运营,借助活动营销、粉丝经营让用户形成了持续访问支付宝小程序的习惯,同时,还充分利用了支付宝扶持商家自运营的丝路计划。

蜜雪冰城在线下物料、广告投放等物料引导用户上支付宝搜品牌推广词,而支付宝则在App线上流量、多渠道广告资源和营销玩法上提供了支持,同时联合策划"520搜蜜雪冰城0元得表白水"的营销玩法,让蜜雪冰城订单数据爆表。

资料来源:https://www.sohu.com/a/478317165_362042,略改动。

**3. 激活场景**

小程序营销注重推广与场景的结合,新场景可以是新形式、新转化、新渠道。企业可以使用场景布点。例如做地推、线下橱窗广告时,当App下载成本高、H5交互形式弱、公众号转化链条长的情况下,可以选用小程序,以带来新的转化效果。

**4. 链接一切**

小程序使得线上与线下的链接变得简单化,使用户的变现和转换变得方便快捷。例如,附近的小程序功能,帮助商家被5km范围的微信用户搜索到,在为用户提供方便的同时,也为企业开展精准营销提供了基础。

 **互联网时代,餐饮行业如何玩好小程序**

目前,小程序已经在点餐、排队、会员、营销、外卖等餐饮消费场景中得到广泛应用,成为不少餐饮品牌的经营利器。

从喜茶在2021年年初公布的数据来看,截至2020年年底,喜茶Go的小程序会员已经超过3 500万,其中,2020年新增了1 300万小程序会员;同为茶饮赛道的奈雪的茶,其小程序已经成为用户点单的首选,其次才是线下的门店和外卖平台。

对传统的餐饮商家来说,小程序确实很好地解决了餐厅线下与线上连接的问题,在引流获客、节约人力、营销宣传、提升流水、塑造会员体系、改善消费体验等方面都有很大帮助。

### (三)小程序的应用

**1. 小程序＋新零售**

借助小程序,企业可以对各种核心商业要素(门店、会员、物流、营销、数据、移动商城等)进行再布局,对商业元素(人、货、场等)进行重构,从而完成去中心化的新零售体系的构建。

(1)借小程序的分享能力打通线上与线下。从本质上来看,线下实体门店的经营就是客流经营,万达的小程序就采用了客流电子化模式:将线上与线下连接在一起,将硬件、服务、人、商品、ERP、CRM 等系统打通,上线了手机号登录、限时抢购、线上停车缴费等功能,未来还将上线点餐、发放优惠券、排队等功能,借小程序的分享能力将线上会员引流到线下,推动线下实体店更好地发展。

(2)借"附近的小程序"创造商业新契机。借"附近的小程序",爱鲜蜂闪送超市明确了自己的定位——"30 分钟掌上便利店",在小程序的帮助下实现下单、物流配送的便捷化,让顾客享受到高效、便捷的购物体验。

(3)借小程序支付能力创建新渠道。保利若比邻推出了"闪购"小程序,借助这个小程序,用户可以选购商品。未来,通过这个小程序,用户还可以对商品进行定制购、预约购,对商品进行预约,享受送货上门服务。通过"闪送"小程序,保利若比邻超市有效地提升了其业务处理能力,使整个门店的订单量提升了 20%,为门店带来了非常可观的收益,为门店发展提供了助力。

**2. 小程序＋旅游**

现阶段,参与小程序开发及运营的旅游企业包括以下四类:航空公司、酒店、线上旅游平台、旅游攻略服务商。

(1)航空类企业推出的小程序可满足用户对多种服务的需求,包括提前预订机票、查询航班最新信息、机票改签、登机手续办理等。不同公司的小程序在具体应用方面的侧重点不同。有的公司侧重于机票预订,如东航机票与春秋航空;有的公司侧重于中间服务环节,为用户提供机票改签、最新航班信息查询等服务,如海南航空微应用;有的公司为消费者提供目的地的酒店预订服务,如东航旅行。除此之外,用户能够通过美团点评简化退款程序,完成机票退票流程。

(2)酒店类企业中最具代表性的当属华住酒店集团与铂涛酒店集团。这两家酒店能够打通自身会员体系与微信的用户资源,及时获取消费者的身份信息及联系方式。酒店集团能够通过线下渠道获取用户,并在此基础上充分发挥小程序的作用。在这种情况下,在线旅游平台将面临严峻的挑战。有消息称,华住的微信小程序未来将拓展自身的服务链,除向用户提供房间预订服务之外,满足其在房间预览与选择、服务定制等方面的需求。

(3)线上旅游平台中最具代表性的当属同城旅游、携程与艺龙。前两家公司的小程序以票务预订为主,艺龙向消费者提供酒店预订及相关咨询服务。

(4)自由行服务平台马蜂窝是典型的旅游攻略服务商,平台推出的小程序为游客提供世界各地的旅游信息服务,主打内容,并计划推出票务服务。我国最大的出境游社区穷游网以用户生产内容为主,通过问答社区的运营,为用户提供出境旅游指南和相关信息服务。

## 三、二维码营销

二维码营销是企业通过对二维码的运营,进行二维码图案的传播,引导用户扫描二维码,使用户了解相关的产品资讯或推广活动,从而刺激用户进行购买。二维码营销的传播途径非常广泛,可以直接通过互联网进行发布传播,也可以印刷到纸张、卡片上,通过传统线下途径进行传播。

### (一)二维码营销的优势

**1. 使用广泛**

随着移动营销的快速发展和二维码在人们工作和生活中的广泛普及,功能齐全、人性化、省时实用的二维码营销策略将更容易打入市场,企业可以通过二维码便捷地为用户提供拍码下单、促销活动、礼品赠送、在线预订等服务。

**2. 表现形式多样化**

企业进行二维码营销时,可以将视频、文字、图片、促销、活动、链接等植入一个二维码内,并通过名片、报刊、展会、宣传单、公交站牌、网站、地铁墙、公交车身等线下途径进行投放,也可以通过社交平台、媒体平台、门户网站、贴吧论坛、企业网站等线上途径进行投放,方便企业实现线上与线下的整合营销。

**3. 制作成本低**

二维码营销内容可以根据企业的营销策略进行实时调整,需要更改内容信息时,只需在系统后台操作即可,无须重新制作投放,有效地减少了企业重新制作的成本。

**4. 操作便捷**

二维码只需要用户通过手机扫描即可随时随地浏览、查询、支付等,传播十分便捷,对企业宣传、产品展示、活动促销、用户服务等都具有十分不错的效果。

### (二)二维码营销的形式

**1. 植入社交软件**

植入社交软件是指以社交软件和社交应用为平台推广二维码。以微信为例,微信的特点是可以让企业和用户之间建立好友式的社交关系,实现基于微信的全渠道营销,利用微信扫描二维码提供各种服务,为用户带来便捷、有价值的操作体验。

**2. 依托电商平台**

依托电商平台是指将二维码植入电子商务平台中,依托电子商务平台的流量引导用户扫描二维码。现在很多的电子商务平台中都有二维码宣传,用户在扫描二维码时,即可下载相应的 App,或关注网店账号。

**3. 依托企业服务**

依托企业服务是指企业在向用户提供服务时,引导用户对二维码进行扫描关注,或下载相关应用,例如,在电影院使用二维码网上取票时,通过扫描二维码引导用户下载相应App,或查看相关营销信息等。

**4. 依托传统媒介**

依托传统媒介是指将二维码与传统媒介结合起来,实现线上营销和线下营销的互补,例如,在宣传海报上印刷二维码,提示用户进行预约和订购,参加相应促销活动等。

 拓展知识　　　　　　　　二维码线下平台应用

在新媒体营销的冲击下,传统营销虽然受到了冲击,但仍然具有非常强大的营销效果。企业可以通过平面、户外及印刷品等媒体宣传品,结合二维码,策划全渠道营销方案。线下平台主要有平面、户外及印刷品等媒体,包含宣传单、宣传画册、宣传海报、产品包装、产品说明书、产品吊牌、服装、卡片、优惠券、小赠品、户外广告、报纸、杂志、鼠标垫、周边产品、购物清单、公司人员名片等。

线下平台的二维码营销如果运用得当,可以获得非常不错的营销效果,为吸引用户进行扫码,可以适当采用一些营销小技巧,例如,扫码有机会成为会员、获得优惠券、免单、赠品、打折、抽奖、辨别真伪、无线密码等好处,吸引用户主动对二维码进行扫描关注。

## 四、H5营销

H5是伴随着移动互联网兴起的一种新型营销工具,由于它是移动互联网的衍生物,因此也具有很多移动互联网的营销优势,如娱乐化、碎片化、社会化、互动性强等。如今,H5已经成为各行各业必不可少的营销工具,可以帮助企业更好地吸粉引流、销售产品。

### (一)H5的概念及特点

"H"是指HTML,它是超文本标记语言(hyper text markup language)的英文单词缩写,简单来说,就是一种规范、一种标准,它会以网页的形式呈现在我们面前。HTML5的主要功能包括语义、离线与存储、设备访问、连接、多媒体、3D与图形及CSS3等,可以用于网页端与移动端的连接,让用户在互联网上也能轻松体验各种类似桌面的应用。

H5具有跨平台、多媒体、强互动及易传播的特点。

(1)跨平台。H5具有强大的兼容性,可以同时兼容PC端以及iOS和Android系统的移动端设备。

(2)多媒体。H5具有多媒体性,其体现形式可以包括文字、图像、动画、音频、视频等多种视听信息。

(3)强互动。H5交互形式丰富,包括结合手势交互、利用硬件交互及使用技术交互等交互形式,这些交互能够充分激起用户的参与感,进行互动。

(4)易传播。移动互联网的发展,使得通过移动平台微信出现的H5只需要点击右上角的"更多"按钮就可以发送给朋友,分享到朋友圈,非常方便传播。

### (二)H5营销的概念及优势

H5技术的成熟,不但为移动互联网开辟了一种全新的营销方式,同时也推动了移动互联网的快速发展。H5营销是指将各种媒体表现方式融入H5页面中,包括文字动效、游戏、视频、图片、图表、音乐及互动调查等内容形式,而且在H5中可以重点展示品牌,方便用户阅读、体验与分享,提高企业的营销效果。对于企业而言,要想突破传统的营销方式,获得更好的发展,就需要利用H5这种新的营销手段开拓市场,抓住机遇。

对于开发者或企业来说,H5在成本、开发、运营、应用和推广等方面都具有很多营销优势。

**1. 成本优势**

从企业角度来讲,传统宣传方式如电视广告、企业横幅、宣传海报、活动展板、活动宣传单、灯箱宣传及刊物宣传等,需要投入的资金较多,而宣传的效果往往有限。通过H5营销,企业所需要花费的只是H5页面的设计成本和维护成本;从用户角度来说,用户不需要下载安装H5,也不用浪费流量和时间,可以更快地触达自己的核心需求,因此其使用成本非常低。

**2. 开发优势**

H5营销之所以受到企业的青睐,与它所具有的开发优势是分不开的。H5直接通过浏览器加载,摆脱了各种应用平台的依赖性,对于开发效率有很大的提升;H5具有大量的开源库可以直接调用,可以轻松、快速地开发各种应用,而且它的生命力比原生生态系统更顽强;H5本身只是一种网络标记文本,学习起来比较简单,能够让人快速掌握。

**3. 运营优势**

H5的运营比较简单,企业只需要通过开发平台的后台,即可快速收集用户的各种数据,如流量统计、分享统计、互动统计、扩展网址统计、分享渠道统计、独立访客(UV)统计、访问设备、访客停留时间/阅读深度及地域访问统计等数据情况。

**4. 应用优势**

H5具有非常灵活的跨平台性能,可以帮助企业避免很多麻烦。企业只需做一个H5,即可应用到多种平台上,不管是开发H5的资金和时间,还是后期的运营维护,都更加节省、方便,这明显也是移动应用的一个刚需。

**5. 推广优势**

随着科技的发展,智能手机的功能也日益强大,除支持各类娱乐H5的应用外,也支持许多技术操作性H5的应用,视、听、读、写、视频剪辑的功能使得H5的操作越来越自由、简便,同时也更加容易推广和爆发。H5导流入口多,应用流量大,导流效率高,因为其内容强大,用户主动分享率高,同时用户的转化率也很高。

**(三) H5营销的应用场景**

如今,H5在微信、微博和各大网站上得到了广泛应用。H5具有很强的互动性、话题性,可以很好地促进用户进行分享传播。H5的应用场景相当广泛,主要有以下几种。

**1. 商业促销**

有些商家通过H5派发产品试用装、会员卡、优惠券等,吸引消费者前往商家实体店进行消费。这种商业促销形式在传统推广方式的基础上加入互联网因素,可以较低的成本获取更多的客户。

**2. 互动活动**

一些企业利用 H5 开展抽奖、测试、招聘等活动,企业通过 H5 收集用户信息并进行汇总,从而高效地促进互动的进行。

**3. 活动宣传**

企业可以通过制作多页面的 H5 海报进行企业文化的宣传和产品的介绍,进行活动推广、品牌推广等,还可以将 H5 海报分享至 QQ、朋友圈等进行全网推广。

**4. 活动邀请**

企业在举办展会、会议、培训、庆典等活动时,可以通过 H5 进行线上报名,达到快捷的宣传效果。此外,H5 中包含的文字、图片、视频等信息都可以全方位地展示给报名者。

**5. 客户管理**

企业通过 H5 线上预约、报名等方式收集客户资料信息并进行分类管理,利用数据支持营销决策,从而实现精准营销。

**6. 电商引流**

商家可以通过 H5 将客户引流到淘宝、天猫、京东等电商平台,以充分利用社交网络的低成本流量。

**7. 分享展示**

用户可以将有趣、有用、有料的 H5 通过微信分享给好友,或直接发到朋友圈中进行展示,提高了分享的即时性。

**8. 简历名片**

求职者除运用纸质版简历外,还可以创建自己的 H5 简历名片,在其中添加个人信息、图片、音乐、视频等,让面试官全方位地了解自己。

**9. 节日贺卡**

利用 H5 制作节日贺卡可以给亲朋好友送去祝福,其功能和外观比真实的节日贺卡更胜一筹,用户在贺卡中还可以插入音乐、动态文字、图片、视频等元素。

**10. 公益宣传**

用户通过 H5 可以做公益活动宣传,不仅能让更多的人了解公益活动的内容,还可以吸引更多的人参与公益活动。

## 任务五　写作营销和知识问答营销

学前思考:你用过"简书""知乎"App 吗?它们各有什么特点?

近年来,许多个人和企业除选择微信、微博等平台进行营销外,还会采用更"软"的营销方式——写作营销与知识问答营销。写作营销与知识问答营销可以让受众走近品牌,了解品牌,给予品牌与用户像朋友般聊天、交流的机会,让品牌以知识为驱动力做营销,收获用户对品牌的高度认可。

## 一、写作营销

### (一)写作营销的价值

写作营销是建立在深度分析用户特点的基础上,针对特定内容持续挖掘,吸引用户的关注,保持用户的阅读黏性。写作营销的价值主要有以下几点。

写作营销

**1. 打造个人品牌**

写作营销依靠新媒体写作不断提升个人影响力,再通过不断的内容输出打造具有鲜明标志的个人品牌,积累庞大的粉丝群体,最终实现营销变现。只要能够坚持提供高质量的内容,不管用户是在哪一个新媒体写作平台上进行写作,都能够打造出个人品牌。

**2. 导入电商平台**

很多创作者通过新媒体写作积累了一定的人气后,都会选择创建线上门店,走上电子商务运营的道路,如经营与自身定位相符的产品,利用自身在行业或圈子里的知名度引导粉丝购买,实现高效的价值产出,直接产生经济效益。如"罗辑思维"的罗振宇,就是利用新媒体写作积累粉丝,再通过线上门店出售自己的产品。

**3. 实行内容付费**

现在主流的新媒体写作平台几乎都开通了"打赏"模式,当内容创作者为用户产出了有价值的内容时,喜欢该内容的用户可通过打赏的方式付费。粉丝打赏可以使创作者保持创作热情,知名度、专业度高的创作者甚至可以开设专栏,供用户订阅并付费。

### (二)主流推广类写作平台

选择一个合适的新媒体写作平台进行写作,能够获得事半功倍的营销效果。除博客、微博、公众号、视频网、今日头条、豆瓣、知乎等平台外,现在主流的自媒体写作平台还包括简书、大鱼号、企鹅媒体平台、搜狐号、百家号等。

**1. 简书**

简书是一个优质的创作社区和内容输出平台,任何人都可以在其上创作自己的作品,并与其他用户交流。简书界面简洁、体验效果较好,深受文艺青年和大学生的青睐。简书对文章的原创性要求较高,要想文章入选首页推荐,文章必须为原创,并且具有一定的质量。

由于简书的准入门槛较低,用户数量和流量都十分可观,所以十分利于打造个人品牌。同时,用户在简书上持续创作优质文章不仅可以获得大量粉丝,还可能与出版社或其他平台的大V号合作,进一步扩大自己的影响力。

**2. 大鱼号**

大鱼号是原 UC 订阅号、优酷自频道账号的统一升级,内容创作者只需一点接入"大鱼号",即可畅享阿里文娱生态的多点分发渠道,获得多产品、多平台的流量支持。第一阶段接入的平台为 UC、UC 头条、优酷、土豆、淘宝、神马搜索、豌豆荚,第二阶段接入的平台为天猫、支付宝等。

大鱼号升级之后,阿里文娱在原有"大鱼计划"10亿元内容扶优基金上,继续追加10亿元纯现金投入,为创作者提供现金扶持,进一步激励优秀原创作者及短视频创作的产出。

### 3. 企鹅媒体平台

企鹅媒体平台是由腾讯推出的自媒体写作平台,提供开放全网流量、开放内容生产能力、开放用户连接、开放商业变现能力四个方面的能力。

媒体在企鹅媒体平台发布的优质内容,可以通过手机QQ浏览器、天天快报、腾讯新闻客户端、微信新闻插件和手机QQ新闻插件进行一键分发,增加了内容的曝光度和精准度,通过微社区等形式,该平台还可以帮助媒体实现与粉丝的互动,方便快速沉淀粉丝群,快捷建立起与粉丝的连接,实现粉丝资源的积累。

### 4. 搜狐号

搜狐号是搜狐门户网打造的分类内容分发平台,它集中了搜狐网、手机搜狐网、搜狐新闻客户端3方面的资源进行推广,个人、媒体、企业、政府均可入驻。搜狐个人号面向个人,提供以文字、图片创作为主的内容管理、互动平台,帮助个人用户寻找自己的粉丝,打造自己的品牌。搜狐媒体号面向报纸、杂志、广播电视台、电台、互联网等媒体开放内容发布平台,与搜狐共享亿万移动用户;搜狐企业号面向企业、机构,以及其他提供内容或服务的组织,共享海量流量资源,扩大自身品牌影响力;搜狐政府号主要面向国家各省市区的各级党政机关,为公开政务信息而打造。

### 5. 百家号

百家号是百度公司为内容创作者提供的内容发布、内容变现和粉丝管理平台。百家号支持内容创造者轻松发布文章、图片、视频作品,未来还将进一步支持H5、VR、直播、动图等更多内容形态。百家号为内容创造者提供广告分成、原生广告和用户赞赏等多种变现机制,在百家号上发布的内容可以通过手机百度、百度搜索、百度浏览器等多种渠道进行分发,从而获取多渠道流量,实现粉丝的积累。

## (三)写作营销的策略

写作平台中聚集了大量的潜在用户,可以在其中进行营销以达到引流、聚集人气的目的,是活动或品牌推广的重要方式。

### 1. 明确的个人定位

要做好新媒体写作营销,创作者首先需要具有明确的个人定位,没有目标就难有持续的行动力。在定位时,需要考虑能提供什么有价值的作品、谁会需要这些作品。通常情况下,一个人的能力、资源和潜力都是其自身的优势,但是就新媒体写作而言,还需要思考究竟哪方面的才能、知识积累能够通过写作分享转化出来。

### 2. 选择合适的写作平台

一般情况下,选择一个合适的新媒体写作平台进行写作,往往能够获得事半功倍的效果。好的平台能将营销效果最大化,对于一个创作者而言,平台的流量、规则和曝光机会都非常重要。

**拓展知识**         **选择合适的写作平台应考虑的因素**

(1) 平台定位。现在主流的自媒体平台,因为其定位不同,吸引的用户群体也不一样。例如,简书的用户中,文艺青年和大学生比较多,文稿类型也以励志故事、情感故事、专业的"干货"文章为主;而今日头条的用户多为社会人群,文稿类型以新闻、娱乐类为主。

(2) 流量。流量是选择写作平台时首先要考虑的因素,流量大的平台通常具有更大的影响力,也会为创作者提供更多的展示机会。

(3) 规则。不同的平台有不同的规则,对于一个原创型的创作者而言,平台规则是否对原创有利直接影响着内容的最终影响力。保护原创内容的平台更利于保护创作者的个人品牌,如今日头条的原创计划,就可以很大程度地保障原创作者的权益。

(4) 曝光机会。一个好的平台如果不能为创作者提供更多曝光机会,其营销价值就会大打折扣。现在主流的自媒体写作平台都有不同的打造和突出内容创作者个人品牌的方式。例如,搜狐号的个人品牌曝光机会较大;简书上高质量的内容创作者可以与出版社合作或成为简书签约作者;今日头条的"千人计划"可以让自媒体人获得收益并进行签约,为自媒体人提供更多机会;大鱼号的"大鱼计划"可以为自媒体人带来较高的经济效益等。

**3. 高效学习,持续输出**

个人品牌的打造需要创作者持续不断地在用户群体心目中树立良好的形象,创作者若不能持续输出价值,那么就很难获得读者的喜爱和赞同。

**4. 打造内容亮点**

写作营销的核心就是打造亮点,创造更多的品牌或产品价值。在进行营销的过程中,要将亮点作为内容营销的重点。内容的亮点一般围绕价值、品牌、用户三个因素进行打造。

## 二、知识问答营销

知识问答营销属于互动营销中的新型营销,既能与潜在用户产生互动,又能自然地植入商家广告。知识问答营销贴合了用户利用互联网寻求解答的心理,对提升品牌或产品知名度、创造企业美誉度、促进订单转化都有很好的营销意义。

知识问答营销

### (一)知识问答营销的特点

**1. 低成本**

知识问答营销不受时间、空间的限制,发布产品和服务信息灵活自主,且成本非常低,不需要耗费大量的人力、物力和财力。知识问答营销主要通过有价值的信息影响消费者的思想和行为,这就要求营销者具备一定的能力,能为用户提供帮助,获得其信任。

**2. 定位准确**

知识问答营销可以实现营销者与用户的双向互动,通过日积月累的持续营销,不断提升读者和粉丝的数量,扩大影响力。知识问答营销的内容往往围绕某一个问题或主题进行。也就是说,每个问题的读者都是对该问题感兴趣的群体,这个群体是根据内容筛选出来的细分领域的目标用户,定位非常精准。

### 3. 互动性强

在进行知识问答营销时,提问和回答的方式都非常利于用户讨论交流,提问者可以在回答区与用户互动,提出问题、解决问题,实现信息共享和双向互动。一些影响力较大或有价值的回答,非常容易被用户转载分享,在提高传播力的同时,也可以吸引更多用户关注问答的内容,参与讨论。通过在知识问答中进行各种互动,不仅可以维护与用户的感情,还有利于培养用户的忠诚度。

## (二)知识问答营销的主流平台

当前知识问答营销的主流平台主要包括知乎、在行、百度知道等。

### 1. 知乎

知乎是一个信息获取、分享和传播的平台,知乎连接各行各业的用户,用户分享彼此的知识、经验和见解,为平台提供不同类型的信息内容。知乎用户通常都有各自的标签,标签相似的用户可以围绕某个大家都感兴趣的话题进行讨论,也可以关注其他兴趣一致的人。在知乎上,通过提出、解答、分享问题,用户可以构建具有很高价值的人际关系网,通过交流的方式建立信任,从而打造自己的个人品牌。

### 2. 在行

在行是一款知识技能共享平台,在在行中进行营销需要用户先成为行家或顾问,以行家的身份来进行知识营销,带动线上与线下的产品升级,成功打造自己的品牌。

### 3. 百度知道

百度知道是由百度搜索引擎自主研发的、基于搜索的互动式知识问答分享平台。在该平台中用户可以根据自身的需求有针对性地提出问题、寻求答案;同时,这些答案又将作为搜索结果,满足有相同或类似问题的用户的需求。百度知道不仅可以通过回答问题分享经验与知识,还能在企业的专属问题页面中传播企业的具体业务范畴,通过专属的广告位增加企业曝光,百度知道能更加精确地定位用户群体,并形成转化。

拓展知识　　　　　

芝麻即百度知道中乐于分享、传播知识的用户。芝麻将即百度知道管理员,是由从百度知道的热心用户中选拔出来的核心成员所组成的管理队伍,由百度知道官方工作人员直接领导。芝麻将分为初级、中级和高级三个级别,级别越高,拥有的权限越多。芝麻团即百度知道中的团队,用户可以申请加入自己感兴趣的团队,也可以和拥有共同爱好、专长和理想的"芝友"组建团队。芝麻团的成员一方面可以通过分享专业知识帮助数亿网友,另一方面还能通过集体答题获得专属翻倍奖励。

## (三)知识问答营销的策略

一般来说,灵活运用知识问答营销策略,可以取得更好的营销效果。

**1. 筛选优质的问答平台**

知识问答营销基于问答平台展开,因此选择功能完善、稳定、适合开展营销活动的问答平台十分重要。原则上说,应该选择访问量大、知名度高、用户数量多的平台。

**2. 个人设置**

恰当的个人设置是开展知识问答营销工作的第一步,能给用户留下良好的第一印象。一般来说,头像、昵称、个人资料等都是需要重点关注的设置项。

**3. 站在用户角度提出、回答问题**

对于知识问答营销而言,用户更想看到对自己有价值的内容,因此应当站在用户角度去提出、回答问题。例如,你在北京开了一个会计培训机构,想通过知识问答做营销,那么提出的问题可以是"北京哪个会计培训机构比较好?",而不是"北京××会计培训机构怎么样?"就提出的问题而言,前者完全是站在用户的角度去考虑问题,营销效果会更好。

另外,就回答问题而言,用户一般比较倾向于相信资深人士的回答,因此,在回答问题时,还应当体现出权威性,如"作为一位在互联网培训领域摸爬滚打了10多年的人士"等,然后再结合案例和数据,逻辑严谨地说出自己的观点。

**4. 问答答案关键词策略**

知识问答营销通常也是按照关键词确定相关问题的主题,当用户搜索触发关键词时,问题才有可能被展示。关键词不仅要合理地出现在问题标题中,还要适当地出现在问题的答案中。

拓展知识　　　　　　　　问答答案关键词策略

(1) 产品词。根据所提供的产品或服务的种类或细分类型确定关键词,可以具体到产品类目、型号和品牌等,如英语培训、皇家猫粮等。一般来说,不同的行业,产品种类和细分类目的关键词是不一样的,这就需要了解用户的搜索习惯。产品类型的关键词具有明显的定位意向,因此需要在问题中着重突出自己的产品特色,抓住潜在客户的需求点,促成最终的转化。

(2) 通俗词。很多用户在使用搜索引擎搜索信息时,会使用一些比较口语化的表达方式,如"怎样学好英语",这类用户一般以获取信息为目的,对商业推广的关注度不高,因此在使用该类型关键词吸引用户时,应该以为用户提供有价值的信息为目的,解决了用户的问题后,再引导用户关注。

(3) 地域词。将产品词、通俗词、地域词相结合,针对某个地域的用户进行推广,如"上海英语培训班""上海哪个英语培训班好",搜索这类关键词的用户通常有较强的目的性,希望在搜索的地域内获得服务,因此在营销时需要突出产品或服务在地域上的便利性。

(4) 品牌词。在拥有一定的品牌知名度后,就可以使用品牌词,如"海尔""小米"等。此外,如果拥有专业技术或专利名称,也可以使用一些专有品牌资产名称吸引潜在用户。

(5) 人群相关词。很多用户在搜索问题时,可能不会直接表达出对产品或服务的需求,但是其搜索行为会传达出特定的信息,这些信息也可能与营销信息产生重合,将用户变成潜在消费者,如搜索绘画技巧、绘画基础的用户,可能对绘画培训有需求。

# 能 力 训 练

## 能力训练 1　微博借势营销案例分析

热点往往带有流量,具有一定的商业价值,作为企业,想要扩大品牌影响力,渗透更广的市场,关注热点、借助热点无疑是一种很好的方式。企业可以考量热点对于品牌的传播影响力,寻找品牌和热点之间关键元素的连接点,结合热点和品牌本身的特点将创意落地。

### 一、训练内容

组建共同学习小组,列举微博营销中借势营销的一个案例,综合分析其是如何借势,并说明其效果。

### 二、训练步骤

**1. 选择目标企业并收集相关资料**

共同学习小组成员查找采用微博借势营销案例,并收集该企业基本信息,综合分析一下是如何借势的,并说明其效果。

**2. 整理分析相关资料**

根据前期收集资料,对目标企业微博借势营销实施情况进行具体分析,提出相关营销建议。

**3. 制作项目成果 PPT**

制作项目成果 PPT,并进行展示,之后根据教师反馈的意见进行修改。

### 三、训练要求

**1. 训练过程**

通过小组自主探究、教师辅助指导的方式完成训练任务。

(1) 教师布置任务。

(2) 学生组建共同学习小组(建议 4～6 人),确定小组成员分工。

(3) 初步查找企业资料。

(4) 小组讨论明确目标企业。

(5) 进行二次信息收集。

(6) 根据所学内容,整理分析相关资料。

(7) 共同制作 PPT。

**2. 训练课时**

建议训练课时:课内二课时;课外二课时。

### 四、训练成果

微博借势营销案例分析 PPT 一份。

## 能力训练2　微信公众号增粉设计

### 一、训练内容

组建共同学习小组,选择有代表性的微信公众号,研究其主要的公众号增粉渠道和方法,结合选定的连锁企业的微信公众号,根据其运营方向、内容、主要功能等,为其微信公众号设计一套增粉方案,并以PPT形式呈现。

### 二、训练步骤

**1. 选择目标公众号并收集相关资料**

共同学习小组成员分别查找公众号,并收集公众号增粉的方法。

**2. 整理分析相关资料**

小组讨论,结合选定连锁企业开设的公众号运营方向、内容、主要功能等,设计出一套增粉方案。

**3. 制作项目成果PPT**

制作项目成果PPT,并进行展示,之后根据教师反馈的意见进行修改。

### 三、训练要求

**1. 训练过程**

通过小组自主探究、教师辅助指导的方式完成训练任务。

(1) 教师布置任务。
(2) 学生组建共同学习小组(建议4~6人),确定小组成员分工。
(3) 初步查找相关资料。
(4) 小组讨论明确目标企业。
(5) 进行二次信息收集。
(6) 根据所学内容,整理分析相关资料。
(7) 共同制作PPT。

**2. 训练课时**

建议训练课时:课内二课时;课外二课时。

### 四、训练成果

微信公众号增粉方案PPT一份。

## 项目五

# 全渠道营销内容策划

### 学习目标

**【知识目标】**

1. 了解全渠道营销三大内容形式。
2. 掌握内容营销的策划和策略。
3. 熟悉软文营销写作技巧。
4. 掌握短视频营销 TRUST 模型。
5. 掌握直播变现模式及直播电商营销具体流程。

**【技能目标】**

1. 能够根据企业特点选择合适的内容形式。
2. 能够捕捉热点确定内容营销选题,对营销内容进行分析及鉴赏。
3. 能够撰写一篇具备传播属性的营销软文。
4. 能够拍摄并制作一条全渠道营销短视频。
5. 能够策划一份直播营销方案。

**【思政目标】**

1. 具备内容鉴赏力和审美意识。
2. 具备新闻热点捕捉意识。
3. 具备良好的自媒体法制意识和职业道德。
4. 具备自学能力与自我发展能力,具备勇于探索的创新精神。

全渠道营销内容策划导学

项目五 全渠道营销内容策划

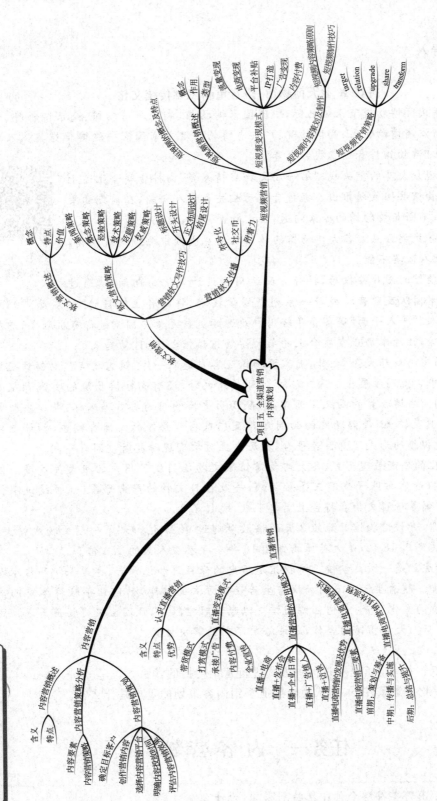

**案例导入**

### 抖音 X 七大博物馆：抖音重新点燃传统文化

在2018年国际博物馆节来临之际，中国国家博物馆、湖南省博物馆、南京博物院、陕西历史博物馆、浙江省博物馆、山西博物院、广东省博物馆共七家国家一级博物馆集体入驻抖音，并合作推出"博物馆抖音创意视频大赛"。

作为本次视频大赛的重头戏，"第一届文物戏精大会"由抖音联合上述七家国家一级博物馆共同策划推出。据抖音活动相关负责人介绍，在前期的策划过程中，团队不断与博物馆的专家沟通，在文物严谨性、时代创新性与用户需求的交融中寻找契合点。各大博物馆的镇馆之宝在视频中纷纷变成戏精，鬼畜的画风，让人欲罢不能。

抖音：第一届文物戏精大会

在获得博物馆的图片授权后，抖音方面运用再设计美化局部细节，通过骨节动画的技术团队及配音特效等一系列新媒体技术，将抖音上流行的"拍灰舞""98K电眼""我背后有人""千人千面"等备受年轻用户欢迎的流行元素与国宝进行有机融合，进行年轻化的重新演绎，让原本静止在展台上的七大博物馆镇馆之宝们"动起来"。

除"第一届文物戏精大会"之外，七家博物馆还各自选取一件"镇馆之宝"，以创意短视频的形式在抖音平台上同步展出。除"戏精"后母戊鼎之外，还有南京博物院的明代青花寿山福海纹香炉、湖南省博物馆的西汉T形帛画、陕西历史博物馆的兽首玛瑙杯、浙江省博物馆的朱金木雕宁波花轿、山西博物院的西周鸟尊及广东省博物馆的西周青铜盉，共计七件国宝，以国宝串烧视频的形式现身抖音平台，在历史上首次实现跨越时空同台亮相。

通过年轻化的创新展现形式，各大博物馆馆藏文物已引发了用户的极大关注度。国家博物馆通过其抖音官方账号发布三条短视频，一改往日文物的严肃形象，让击鼓说唱俑陶俑、西魏陶武官俑等珍稀文物在抖音上唱起了歌、跳起了舞。

抖音的#嗯,奇妙博物馆#短短3天的播放量超过4.27亿，而"第一届文物戏精大会"的总体播放量达到1.18亿，是大英博物馆2016年全年参观人数的184倍。

"一个博物院就是一所大学校。"博物馆是历史的保存者和记录者，也是保护和传承人类文明的重要殿堂。随着生活节奏的加快与生活娱乐方式的转变，如何让年轻群体重回博物馆感受民族宝贵的文化遗产，如何让博物馆得以脱离时空限制，让国宝级文物覆盖更广泛的受众，抖音本次与七大博物馆的合作，或许给出了新的解决方案。

思考：
(1) 抖音和七大博物馆是通过何种方式进行营销传播的？
(2) 在数字化背景条件下，你认为全渠道营销内容策划的重点是什么？

## 任务一　内容营销

学前思考：有哪些品牌令你印象特别深刻，为什么？

随着信息传播载体越来越多元化,传播形式与用户接收信息的渠道也愈加多样化,对媒体企业与品牌商家来说,如何生产优质的传播内容满足消费者多元化的消费需求是共同面临的难题。真正能给企业带来长远价值的是企业本身所具有的强大的内容营销力,只有不断地输出内容,企业才能获取诸多无形资产,才能实现长远发展。

内容营销

## 一、内容营销概述

### (一)内容营销的含义

内容营销是指企业营销人员利用新媒体渠道,以文字、图片、音频、视频或直播等形式将与企业有关的信息友好地呈现在用户面前,并激发用户参与、分享、传播的完整活动过程。内容营销的本质是改变顾客的购买行为和培养销售。企业通过对目标群体的精准定位,根据目标群体的需求及习惯定制个性化内容,向目标顾客传递相关有价值的信息,引发目标群体情感共鸣来吸引其参与各项活动。

传统营销方式的目的在于将用户已有的需求转化为实际购买行为,内容营销正好相反,一开始用户并没有购买欲望,通过接触内容而产生了购买冲动,最终形成了实际的购买行为,最典型的应用就是网红经济。由于用户的购买冲动是受内容刺激的,这就决定了用户更加感性,对价格和商品参数的敏感度更低。

企业进行内容营销时,要注意内容发布的持续性和连贯性。企业需要有节奏地持续发布,为用户提供前后一致的有价值的连贯内容,才能起到营销效果。

### (二)内容营销的特点

内容营销具有以下几个特点。

**1. 内容营销提供解决方案,解决实际问题**

不同于传统营销的做法,内容营销会先提供解决方案,帮助用户解决实际问题,培养用户信任。当用户信任值达到一定水平时,用户会自发地要求从企业购买产品。

**2. 内容营销通过构建场景,传递产品独特价值**

传统购物场景中,存在着大量同质化产品供用户挑选,此时,价格高低,有无促销,在用户的购买决策中起到很大作用。而在新媒体迅速发展的环境下,出现了新型购物场景:用户悠闲地刷着朋友圈,突然被一个新颖的标题吸引,打开文章后,发现文章制作精良、图文并茂、内容翔实,顿时好感大增。在新的购物场景中,内容营销即通过有趣的标题,更好地吸引用户的注意力,继而通过场景搭建,强化用户对产品价值的关注,弱化用户对价格的关注,促使其产生感性消费。

> **案例分享**　当饮料瓶身也开始了内容营销,谁的创意更胜一筹
>
> (1)味全对白瓶——"将温暖进行到底"
>
> "昨晚没睡好,你要喝果汁""你爱美,你要喝果汁""你爱你自己,你要喝果汁""电脑8小时,你要喝果汁""加班辛苦了""约你一起吃早餐""你今天真好看""不巧,我在等你",这样的对白瓶,将暖心进行到底。
>
> 点评:味全每日C极易引起共鸣的对白加上手写字体的对白瓶,由此产生与消费者的

联结。通过对瓶身包装的改变和暖心的话语,味全每日C赢得了消费者的好感,也拉动了销量。粉丝们也开始响应号召,随手集齐一套,随手"晒瓶"。

(2) 可口可乐昵称瓶——"将内容营销玩出花样"

可口可乐"昵称瓶",还有"歌词瓶""台词瓶",将内容营销玩出了花样。

昵称瓶:吃货、白富美、积极分子、纯爷们;歌词瓶:"伤心的人,别听慢歌""你是我最重要的决定"等。

点评:可口可乐抓住了社交平台上各种关键词和社群标签,而这又恰恰是当下"80后""90后""00后"们集中议论的话题,尤其是在网络用语和生活用语之间的界限日渐模糊的当下,这样的"歌词瓶""昵称瓶"及"台词瓶"得到了消费者的认同和喜爱。

(3) 百事可乐Emoji瓶——"用Emoji搞点小创意"

印在瓶身上的Emoji表情,你能接受吗?

点评:百事可乐从社会流行文化的多个方面提升品牌体验,为消费者带去激发灵感的新鲜元素。

(4) 屈臣氏蒸馏水——"让买水添点新意"

"今天坚持吃素了吗?是的,整个人都绿了"。

"今天坚持搬砖了吗?没有,去追诗与远方了"。

点评:屈臣氏蒸馏水同时上市28款坚持瓶,作为品牌的载体与消费者进行对话。给"买水"这件事带来了一点儿新意。

为什么这些瓶身上的内容创意更深入人心?主要原因在于:现在营销的要点就是要挖掘每个人内心的认同感、建立基于社群的情感联系、触及消费者的内心,并让他们主动分享与互动,这才是真正能够扎根市场且有生命力的方式和竞争力的关键。

企业要抓住社交平台上各种关键词和社群标签,并将之转化为独有的内容营销创意。但是最终,创意营销还是需要产品来传达品牌的理念与定位,并与消费者达成稳定的联系。

资料来源:http://www.360doc.com/content/17/0911/13/28415032_686213453.shtml。

**3. 内容营销使用户的分享更加便捷,传播面更广**

在传统营销模式下,用户通常在完整的产品或服务体验后,还需要具备一定的文字功底,才能有效分享以产品体验为主的内容,这就限制了产品体验的传播频次和范围。而在内容营销模式下,只要内容引起了用户兴趣,即使没有购买和消费产品,用户也可以分享产品的相关内容,从而扩大了分享的范围。同时,用户分享时,可能是一句话,也可能是一张图片,使得分享更加便捷,频次更高。

## 二、内容营销策略分析

企业在营销过程中应对自身情况有全面的了解,客观评估品牌发展规划、整体风格、产品属性等,熟悉目标用户群体的特征,以此为基础推出企业的内容营销策略,并为内容生产、营销及效果评估打下基础。

### (一)内容要素

**1. 内容定位**

对于企业而言,首先要做的就是定位产品和用户,企业在明确目标用户的基础上,确定提供什么样的产品来满足目标消费者或目标消费市场的需求。某些情况下,企业做好小众单一领域,对用户的认知也有帮助,用户会在有需求时第一时间想到企业。

 **拓展知识** 　　　　　　　应该如何定位你的内容

内容一般有三个标准:专业性、趣味性、新闻性。针对不同的用户群体,内容定位应该不同。对于特定领域与行业,更倾向于专业性,专业度高的内容更受欢迎,用户黏性更高;趣味性可以作为内容的切入口,在开放性的大众平台,用户一般不需要特别精准的内容,企业可以将"趣味性"作为传播的基本点,如优酷视频、快手等平台;而新闻性在某些平台表现得越来越强,如微博更像是"大V"的新闻发布平台,是很多重磅新闻的发酵池。

**2. 内容产量**

内容的产量是指企业团队发文的数量和质量。移动互联网时代信息传递速度加快,对焦点内容的争夺日益激烈,企业要尽可能每天更新各种新媒体平台上的内容,以引起用户的关注;需要提醒的是,不同类型的商品、不同品牌的内容发布频率是不一样的,企业也不能一味地追求每日更新,质量才是关键,精准的内容才能吸引用户。

**3. 内容形式**

内容呈现的形式有很多种,文字、视频、音频、图片、H5页面直播等,每种形式各有优缺点,每个营销平台对内容形式的要求也不一样,企业需要根据自身的需求和平台要求进行选择。调查统计结果显示,在阅读线上文章过程中,网友更喜欢视频+文字(33%)的形式,其次是动图+文字(28%)的结合,再者是图片+文字(26%)的形式,选择纯文字的仅占13%。

**4. 内容选题**

内容选题的方法有很多种,按时间要素确定选题、按热点事件确定选题、自主策划选题,也可以要求粉丝或客户主题发言,再整合相关内容,开展内容营销。例如,新世相策划的"逃离北上广"活动,利用大城市年轻群体的逃离心理,引发大众参与。活动在微信阅读量达到百万,涨粉10万,在微博上了热搜,#4小时后逃离北上广#的话题阅读量也达到了552.3万次。不管是哪种内容选题,都要考虑选题与用户需求的契合度。

**5. 内容调性**

企业内容营销必须具有自己的风格,要有自己的独特性,内容调性要与自身的企业形象、品牌风格相一致,增强内容的持续性。全渠道投放内容一般会创设一个用户喜欢的人格化角色,并一直沿用下去,在语言特点、内容风格和价值取向方面突出自己个性化的标签,尽量避免与同类型账号雷同。

**(二)内容营销策略**

企业内容营销策略包括有颜值、有情怀、有深度、有趣味和有成就。

**1. 有颜值**

视觉奠定了用户对品牌的印象、认知和联想。在复杂的环境中,美的东西能够优先吸引消费者注意而领先一步被识别,就意味着在每一次传播互动中占据了先机。要想打造超凡颜值,就必须在平面设计的视觉传达、视频内容创作的视觉传达、线上互动设计的视觉传达、门店空间设计的视觉传达上下功夫。

纵观时下年轻消费群体，颜值已成为他们购买决策的第一要素，有时甚至超越了对产品功能的需求。从表面上看，买的是产品，但实际上追求的是一种身份认同和自我彰显。

### 案例分享　　　　　　　　红星美凯龙品牌内容设计

红星美凯龙对颜值的重视是刻在骨子里的，极致匠心和专业团队是视觉传达的核心要素。从家居 MALL 大楼的外观设计、情景化商品展示、公共空间美陈，再到每一次传达给消费者的平面设计、视频内容创作、线上互动设计的视觉传达，无一不以美学思维和极致匠心打磨每个细节之处。红星美凯龙的企业使命，是以提升中国人的居家品位为己任。为提升企业全员审美，董事长车建新曾经购买 1 万本《美学原理》，派发到每一名管理者及骨干员工的手里。

为确保"颜值"这个看似缥缈的诉求在全国落地，红星美凯龙集团内部也建设了完善的专业团队和严苛的管理体系。红星美凯龙集团总部设有 30 人规模的视觉传达专业团队，包括平面设计、UI 设计、空间设计、视觉审核，并且每年会投入大量的经费输送优秀员工、设计师观摩米兰展，甚至前往世界各地进行美学游历及学习培训。

同时，红星美凯龙对于内容落地也有着十分严格的品控和审核体系。针对全国统一性营销活动，由红星美凯龙集团总部设计团队统一输出主视觉画面及在不同场景下的延展应用画面，同步提供主视觉追色稿，以确保四五线印刷技术不完善城市可以精准校对印刷；针对全国商场自主活动画面，红星美凯龙集团总部以区域为单位，配备专门视觉审核人员，依照集团总部输出的 VI 视觉规范进行审核、优化。这种强管控的手段不仅确保了红星美凯龙全国各区域在视觉调性上的统一，同时达成了视觉输出品质的稳定。

**2. 有情怀**

每个行业，每家企业都有自己的文化情怀，每个品牌也有自己的文化气质。在每一次内容营销活动中，都应该传递出企业对行业文化的理解和价值观，才能脱颖而出，赢得消费者的青睐。

### 案例分享　　　　　　　　红星美凯龙的"家文化"传递

红星美凯龙 30 周年的宣传片《更好的日常》，长达八分钟，由五位当今全球知名设计师真人献演，性感撩人与性冷淡风兼有，文艺内涵与锐利表达共存，艺术精英与普罗大众思维碰撞。《更好的日常》表现出了一种纯粹的、对生活不加修饰的追求，去掉了所有的雕饰与浮华，但又非写实而是写意地展现出"生活该有的样子""设计该有的样子"，去阐述红星美凯龙一直想要传达的内涵——为中国生活设计。这部片子不仅可以给观众带来视觉上、听觉上的审美享受，也可以带来更多精神层面的感悟。

**3. 有深度**

企业想要深入做产品，树立自己的品牌，特别是塑造"行业专家"的品牌形象，最有效的方法就是向消费者输出各种专业内容，解决消费者的各种痛点。消费者对于品牌的信赖和忠诚，很大程度上源于对该品牌在某一领域专

更好的日常

家地位的认可和青睐。

### 📎 案例链接　　　　　　学习家装家居知识,来红星美凯龙

家装家居是一个博大精深的行业,不仅与材料、工艺、工程、智能科技等有关,更蕴含着艺术、时尚、人文、设计、美学思想。家居消费不仅关注家居商品的功能属性,更关注家居场景所带来的精神享受。所以,房屋装修、家居装饰是一门大学问,消费者需要大量的、个性化的、多元的相关知识、经验、案例、攻略和推荐,帮助其更高效地做出最优决策。

红星美凯龙有一支专业的内容创作与运营团队,三年时间内,原创了上万篇有料有范儿的优质内容,受到顾客、会员、粉丝及行业各界专业人士的喜爱。

金牌家装案例、设计师专访、尖货鉴赏、新品推荐、爆品清单、品牌故事、品类选购攻略、达人探店、居住美学、美图灵感、商品评测、装修日记、装修避坑指南……图文、视频、长图、Vlog、H5、小程序、直播……这些内容不仅塑造了红星美凯龙的家装家居专家形象,而且成为红星美凯龙打造私域用户黏性的核心要素。

**4. 有趣味**

社交时代的品牌,需要更多的互动。品牌需要理解年轻人,用新奇有趣的内容与年轻群体互动,与其建立精神层面的连接,引发共鸣和共情,潜移默化地将品牌文化与主张烙印在消费者心中。就像一个人一样,要想与用户有更多互动、更高黏性,必须具备娱乐精神,必须跟得上热点、放得下身段。趣味性,体现的是娱乐精神:第一,需要考虑品牌的消费群体与内容产品的受众之间的共性,有意识地选择与品牌匹配度较高的内容产品进行植入,例如,品牌在适当的场景、人物对白或活动中出现等。这种植入方式相对柔和,与品牌的契合度也更高,但也有可能因为传递的品牌信息过于简单而无法引起受众的共鸣。第二,是在与内容产品相匹配的基础上,注重借助内容本身来展现品牌诉求,甚至让消费群体深刻感知品牌的内涵与价值。第三,与消费者打心理战,进行"体验式"植入。"体验"打破了以往一味地向受众灌输品牌信息的植入方式,不但让品牌适时出现,成为带动剧情、起承转合的重要工具,而且能够让消费者契合一种生活方式,在潜移默化中影响消费者的品牌态度。这种方式承载了更为丰富并且深入的品牌信息,与内容产品之间珠联璧合,品牌具有不可替代性,往往能够达到1+1>2的传播效果。

### 📎 案例分享　　　　　　麦当劳和英特尔公司与模拟人生网络版

在模拟人生网络版里,游戏者在游戏中可以进入麦当劳门店购买各种食物,甚至和现实中一样,可以坐在门店里就餐,在麦当劳打工赚钱。此外,游戏者打开游戏中家里的计算机时,可以听到经常在电视里听到的熟悉的"Intel Inside"音乐,还可以随处看到英特尔的商标,甚至可以自己选择Intel的产品来升级自己计算机。

**5. 有成就**

成就是品牌的基石,也是建立消费者对品牌信任和依赖的依据。企业要创作各种内容,不断向外传递品牌的新成就,不断叠加消费者的信任感。

(1) 创始人是品牌的最好代言人。几乎每一家成功的企业背后,都会有一位优秀的企业家。企业家的个人品牌,不仅吸引着大众的注意力,还通过故事化的包装、品牌成就的分

享,带给消费者正面认知与联想,为品牌形象的提升推波助澜。

(2)策划大事件,以品牌成就最大化传播。引领行业的头部品牌在其发展和运营过程中,一定有无数个里程碑和荣耀时刻,这些大事件就是将品牌成就、媒体兴趣和受众关注紧密整合在一起的最佳契机,能够形成超越常规的核爆传播力量,全面传递企业和品牌希望对外呈现的信息。

(3)持续沟通,实现品牌价值传播。消费者对于品牌的印象是通过长期大量的传播日积月累和沉淀下来的。若没有持续的日常亮点传播,消费者对企业和品牌的印象就会变得越来越模糊,他们的心智就会被其他不断曝光的品牌占据。

### 案例分享　　　90岁的老牌百雀羚,是如何逆袭成年轻潮牌的

百雀羚,一个经历了90年风雨洗礼的老字号品牌,通过精准内容营销,销售额实现了30%以上的增长,70%销售由25岁以下消费者贡献,获取大量的年轻用户。百雀羚首先摒弃了传统的电视等推广渠道,选择了年轻人更喜欢的社会化媒体进行传播。不像之前的大宝、脑白金等品牌在内容营销上侧重分享产品,重复产品本身,而是选择侧重在用户的分享共鸣上,制作了3 000万次以上传播的广告《1931》,以一镜到底的展现形式,描述了民国背景下,女特务执行神秘任务的过程,最后成功击杀凶手"时间",引出产品口号——百雀羚,始于1931,陪你与时间作对。随后又拍出了年轻人喜闻乐见的鬼畜古典风广告剧《四美不开心》、3分钟剧情7次反转的《三生花》这一个个脑洞大开的创意营销和神作广告,不断地让百雀羚成功完成品牌年轻化的升级。所以,精准的传播渠道和精准的内容,才能做到最好的传播效率。

## 三、内容营销策划

企业营销人员要想做好内容营销的策划,必须围绕内容营销的目的进行,持续提供具有用户价值、符合用户预期的优质内容。

### (一)确定目标客户

在实施内容营销的前期,应该精准把握用户的需求。企业需要收集用户如下方面的数据:用户的基础信息,如用户的年龄、性别、工作类型、地理位置等;用户需求的具体产品及功能、期望做出的改善、最为关注的因素等;消费者在营销活动中的身份,如产品购买者、推荐者、评论者等;用户的消费频率,是第一次购买还是长期用户。在把握用户相关信息的基础上,定位其确切的需求,为内容生产做好铺垫。

### 案例分享　　　致敬经典:大圣之传奇

小米生态链公司铜师傅携手六小龄童拍了一个情怀广告《大圣之传奇》,视频中当六小龄童煽情地说:"这西天取经路,我一走就走了17年,苦练七十二变,才能笑对八十一难,演戏如此,人生亦然。"感动了无数西游迷,引发了刷屏级传播。其铜工艺品"大圣之大胜"以947万的累积金额,创造了淘宝众筹设计类目的最高纪录。让铜工艺品这个传统的不能再传统也不具有

大圣之传奇

使用功能的家居饰品掀起如此巨浪,这个极具情怀的内容营销无疑起到了至关重要的作用。

内容营销做得好,除内容优质以外,还需要懂用户心理,考虑清楚用户为什么会传播。铜师傅的成功就是因为这个视频引起了大家的共鸣。

### (二)创作营销内容

内容创作需要遵循以下原则。

(1)原创第一。支持原创、保护原创,是所有平台的一致原则。保持原创不仅能给读者带来新思维、新观点,也会获得平台更多的推荐曝光率。

(2)内容运营。适合自己的始终是最好的。内容创作选题需要结合业务本质与企业愿景进行,通过故事的讲述传递别样的生活调性。内容应围绕调性、品质生活等,在一手素材基础上进行二次创作。

(3)打磨标题。一篇好的文章,其标题发挥了80%的作用,标题选择的关键词可以切中不同用户的关注。标题可以结合季节热点、明星热点、类别人群热点、社会热点、历史人物热点等进行选题。

(4)用心配图。一篇文章的主图极为重要,主图与标题的高度匹配,能增加文章可信度的判断,从而促进点击率的上升。文中的配图,能缓冲读者的视觉疲劳,促进文章内容的全文阅读,获得更大的推荐量。

(5)巧选类别。选对类别是高阅读量的"助推器"。在文章推荐类别的选择上,选择适度相近的热门分类,如社会类、新闻类、娱乐类、历史类、旅游类等,可以借用话题热度,提高文章的阅读量。

(6)主抓时效。文章上传之后的2~3小时为黄金时间,这就需要企业发动身边人脉资源进行转发、评论、阅读。在阅读文章时需要翻过三屏才算一个有效阅读,有效阅读可以增加文章的推送权重。评论与收藏量则决定后续的持续推荐量,一般评论与收藏超过100,基本能获得10万以上的阅读量。

(7)坚持积累。持之以恒是内容创作的基础条件。每个从事原创内容的编辑,都希望获得大量的推荐。

 拓展知识　　　　　　　　**UGC、PGC 和 OGC**

随着移动互联网的发展,网上内容创作由 UGC(user-generated content,用户生产内容)又被细分出 PGC(professionally-generated content,专业生产内容)和 OGC(occupationally-generated content,职业生产内容)。

这三者之间既有密切联系又有明显的区别。一个平台的 PGC 和 UGC 有交集,表明部分专业内容生产者,既是该平台的用户,也以专业身份贡献具有一定水平和质量的内容,如微博平台的意见领袖、科普作者和政务微博。PGC 和 OGC 也有交集,表明一部分专业内容生产者既有专业身份,也以提供相应内容为职业,如媒体平台的记者、编辑。

因此,UGC 和 PGC 的区别,是有无专业的学识、资质,在所共享内容的领域具有一定的知识背景和工作资历。PGC 和 OGC 的区别,相对容易,以是否领取相应报酬作为分界,PGC 往往是出于"爱好",义务贡献自己的知识,形成内容;而 OGC 是以职业为前提,其创作内容属于职务行为。

以OGC为代表的网站如各大新闻站点、视频网站,其内容均有内部自行创造和从外部花钱购入版权;以UGC为代表的网站如各大论坛、博客和微博客站点,其内容均由用户自行创作,管理人员只是协调和维护秩序;PGC则在这两种网站中都有身影,由于其既能共享高质量的内容,同时网站提供商又无须为此给付报酬,所以OGC站点和UGC站点都很欢迎PGC。

或许PGC只是业界的一种错觉,根本上来看,PGC是UGC中的一部分,只是这部分内容相当精彩。互联网内容供应仍是泾渭分明的UGC和OGC。

资料来源:刘振兴.人民网研究院,2014年1月20日,经编者整理改编。

### (三)选择内容营销平台

内容的扩散速度很多时候取决于扩散的渠道,渠道的广度和权威性直接影响内容的传播效率,企业要找到合适的内容分发渠道,在这些平台建立话语权。如企业可以创建自己的博客、头条号、百家号等,增加内容分发的渠道。另外,权威媒体很重要,做新媒体营销的企业人员会选择一些权威性的渠道去传播内容,或支付一些费用得到在特定媒体发表内容的机会。

### (四)明确内容投放时间

企业要根据目标用户的特点及投放平台的流量特点确定内容投放的时间,并注意控制内容投放频率。一般建议企业在固定的时间投放内容,以形成用户阅读习惯。

 **拓展知识**　　　**线上平台用户流量时段分布**

据统计,网友选择用移动设备浏览相关信息,最习惯在19:00—21:00(占比26.8%),此外22:00—24:00(占比22.6%)、6:00—9:00(占比18.4%)、12:00—13:00(占比15.5%)也是流量比较高的时间段。这四个时间段分别对应下班后、睡觉前、上班前及午休时间,四个时间段波峰差距不大。

### (五)评估内容营销效果

内容营销的效果受到多种因素的影响,企业性质及其营销战略方面的差别都会影响最终呈现的效果。具体内容不同,其见效时间也不完全一致。企业可以通过查看各个发布平台的数据,例如阅读量、转发量等指标来分析内容营销的整体效果,并对影响这些数据的因素进行分析。

软文营销

## 任务二　软文营销

学前思考:什么样的营销软文能让你买单?为什么?

## 一、软文营销概述

### （一）软文营销的概念

软文是指通过特定的概念诉求、以摆事实讲道理的方式使消费者走进企业设定的"思维圈"，以强有力的针对性心理攻击迅速实现产品销售的文字营销模式。

软文营销的
概念及特点

软文营销是基于软文，对消费者进行针对性心理引导的一种营销方式。从本质上来说，它是企业软性渗透的商业策略在广告形式上的实现，通常借助文字表述与舆论传播使消费者认同某种概念、观点和分析思路，从而达到企业品牌宣传、产品销售的目的。

### （二）软文营销的特点

软文的表现形式丰富多样，可以是新闻、采访、攻略、案例等。一篇优秀的软文，要达到特定的营销目的，应具备以下五个特点。

**1. 本质是广告**

软文的本质是广告，这是其不可回避的商业性。不管软文营销如何策划和实施，最终一定能够达到相应的效果，否则就是失败的。

**2. 形式是文字**

"软文"关键点在于一是"软"，二是"文"。也就是说，软文的内容一定是以文字为主的，形式包括新闻资讯、经验心得、技巧分享、观点评论、思想表达等。使用这样的文字，目的是使用户"眼软"，吸引注意力，只有用户注意到了，才有机会影响他们。特别是语言文字，要考虑到目标用户的阅读能力与理解能力，要浅显易懂、形象生动、贴近生活，让用户读起来产生共鸣。

**3. 写作宗旨是制造信任**

软文写作的宗旨，是在用户心中制造信任感，通过这些文字打动用户，使用户"心软"。只有用户看完文意后，相信企业，才会付诸行动。一般软文能够对用户起到帮助作用，例如，通过文章，用户解决了问题、学到了新知识等。软文内容一定要真实、真诚，经得起推敲，要能够帮助用户解决问题。软文内容应该以干货为主，切忌发布虚假信息。

**4. 关键是抓住卖点**

只是让用户产生信任还不够，还需要在文章中把产品卖点讲得明明白白、清楚透彻，否则用户搞不清楚状况，企业还是达不到最终目的。这就需要软文创作者深入了解产品的卖点，并将这些卖点通过文字完美地演绎出来，使用户在了解到这些卖点后产生购买意愿。

这里有一个重要的技巧，就是将产品功能形象化。有位广告大师曾经说过："不要卖牛排，要卖吱吱声。"只有赋予产品生动的形象化描述，让用户看完文章后有身临其境的感觉，才会达到出其不意的效果。

**5. 着力点是兴趣和利益**

用户对什么样的内容最感兴趣？不同的行业、用户群，具体的答案不尽相同，但是本质的规律是一样的,那就是不管什么行业、什么样的用户,一定对与自身喜好和利益相关的内容感兴趣。深入研究用户需求,是每一位软文创作者都必须做足的功课。

 **拓展知识**　　　　　**同样是宣传语,你喜欢哪一个**

第一种文案

卖耳机:我的耳机音质好

卖笔记本电脑:我的笔记本电脑噪声低

旅行社:工作好辛苦,不如旅行

第二种文案

卖耳机:声声震撼,激发梦想

卖笔记本电脑:创想极致,静心有我

旅行社:乐享生活,创意人生

第三种文案

卖耳机:犹如置身音乐会场

卖笔记本电脑:闭上眼睛,感觉不到计算机开机声

旅行社:当你写 PPT 时,阿拉斯加的鳕鱼正跃出水面。当你看报表时,梅里雪山的金丝猴刚爬上树尖

分析:策划产品卖点文案,就是要用心,即用心体验,用心设计,把产品细节做到极致,要让用户爱上我们的产品,首先我们自己要爱上自己的产品,第三种文案就是这个思维。

第一种文案:无法影响用户的感受,这主要是从自我的视角出发写出来的。

第二种文案:具有画面感,具体,简单,注重用户角度,主要是从用户感受的角度来写的。

资料来源:https://www.jianshu.com/p/86304886b202。

## (三)软文营销价值

**1. 见效快,成本低**

无论是硬性广告、线下活动还是搜索引擎优化,针对的用户群体不够精准,而且费用高。而软文可以针对性地写文章、选择平台发布,回报率远高于传统媒体,因此软文推广见效快、投资低、回报高。

**2. 受众接受度高,可以增强信任度**

有软文宣传的产品,客户更容易接受。潜移默化有可能实现二次或多次传播的新闻类软文,容易让受众信任;故事性的软文容易让受众记住你;科普性的软文,让受众觉得有收获。软文"润物细无声"的特点就体现于此。对于受众来说,如果确实能给受众带来价值,哪怕一句话,一个观点有启发、有帮助,受众都愿意接受,并且极有可能帮你传播。

**3. 目标受众更精准**

硬广告一般采取大众传播途径,所以会出现"我知道广告费有一半浪费了,却不知道被浪费的是哪一半"的现象,而软文营销相对来讲针对性更强,从标题、内容上都可以精准地针对受众,特别是网络软文,通过传播平台数据分析,目标受众更为精准。

### 4. 营销效果长期，媒体渗透率高

因为软文的自传播效应，以及非广告形式，传播的时效相比硬广告要长很多，作为"知识"及观点的软文内容容易被大面积长期反复传播，并且在社交或自媒体中有很高的渗透率，深入每个细小的传播空间中，只要服务器不关，只要互联网不消失，将永远存在。

## 二、软文营销策略

### 1. 新闻策略

人都有猎奇心理，也都渴望了解新事物、学习新知识，所以新闻性软文非常容易受到人们的关注。写作时要注意，新闻性软文一定要突出一个"新"字，文章中的内容一定是人们不知道、不了解、不熟悉的，如新鲜的观点、新鲜的事物、新鲜的知识、新闻话题等；文章的形式要符合新闻写作规范。

### 2. 概念策略

概念策略与新闻策略相同，都是针对人们的猎奇心理。对于有用的新生事物，人们总会尽最大可能去了解、学习和尝试，而这也是概念策略的精要之处。在打造概念策略时需要注意：这个概念一定是与目标用户息息相关的，要高度符合用户的需求，能够引起用户强烈的关注与足够的重视，否则不管概念包装得多么漂亮，都是在做无用功。

**拓展知识**　　　　如何感染受众，增强产品说服力

软文的最终作用是改变消费者的行动，使他们产生购买或使用的行为。在这一过程中，应充分调动用户体内的情感因子，在某种情绪和氛围中积极感染受众，使消费者产生共鸣，从而增强产品说服力。什么是能使消费者产生购买的行动力，按照心理学家的说法，认知、情感、欲望可以打开通往消费者心底的大门，而迈克尔·马斯森特提出的消费者的"核心情结"，从信念、感受和渴望三个方面阐述产品背后隐藏的深刻含义。

信念：信念是描述产品时的号召力，它相当于一根旗杆，上面书写着让消费者喜闻乐见的精神家园。可以从寻求自我出发，也可以传递亘古不变的亲情、友情、爱情，还可以冠上追求自然之美的名义，总之，在宣扬软文的信念时需要弄明白，消费者相信什么？他们对产品的态度是什么样的？他们如何看待产品解决问题的能力？例如，REEBOK：I am what I am（我就是我）；安踏：我选择，我喜欢；Keep moving：永不止步；匹克：我来，为胜利而战；匹克：我能，无限可能。在这些传达信念的句子中，以我为核心，象征着对自我的追求和探寻内在的无限可能。

感受：在谈到感受这个词时，应立刻联想到产品的定位群众，即清晰地写出目标客户群有什么感受，他们是自信气盛，还是紧张害怕？他们对生活中、商业来往或行业的重要问题有什么感受？描写感受的词语时，类似"简约""畅享""卓越""完美"之类的词不容易让人产生联想。最广为流传的语句应是德芙巧克力，丝般感受，让甜甜的巧克力味道久久萦绕心间。百味人生，应有许多美好的感受，例如，麦斯威尔咖啡：滴滴香浓，意犹未尽；白沙烟：鹤舞白沙，我心飞翔。若一直处于紧张、害怕、孤独的情绪中，那么以下两篇软文则可以让处于失落、徘徊、不如意时期的顾客产生共鸣，负面的情绪不是不可以，在一定程度上还可以给人直面低谷的勇气。

渴望：深度唤起顾客内心深层次的欲望。认真倾听用户潜在的心声，调动用户的积极性。例如，美国某户外运动品牌的文案：Never Stop Exploring（永不停止探索）。消费者的渴望是什么？他们为什么要买一件将3英寸①厚度的羽绒服做成帽衫厚度的高质量户外运动衣？这则文案给出了答案：消费者确实需要运动装备，这是表层需求，更深层的渴望是探索世界的欲望。例如，品牌：依云，广告语：live young，开展风靡全球的年轻镜像活动，通过镜子看到MINI的自己。人们的深层渴望是：永葆青春，延年益寿。

**3. 经验策略**

经验分享型软文是最容易打动用户和影响用户的软文类型。此类软文的策略主要是利用心理学中的"互惠原理"，软文通过免费与受众分享经验，无偿给予帮助，达到感动用户的目的。由于此类软文的形式都是个人经验分享，用户在观看时是抱着主动学习的态度阅读的，因此软文中的信息更容易被用户接受和认同；甚至用户在看完软文后，还会主动帮助进行口碑传播。在运用经验策略时需要注意：这些经验不是人人皆知的内容，而是具有很强的实用价值，能够对用户有所帮助的内容。

**4. 技术策略**

一提到"技术"二字，人们的脑海中就会浮现出诸如专业、高深、高品质、精湛等词语，所以，如果走技术路线，就更容易获得用户认可，特别是一些创新型技术，还会受到媒体的热捧。例如机器人，如果哪家公司能够在该领域取得突破性的进展，媒体就会争相报道。

在汽车销售行业，人们特别喜欢使用技术策略。不同的汽车销售商会经常发布一些技术型软文来测评不同品牌汽车的技术先进性与优越性，例如分析汽车发动机的动力、汽车的配置内饰等。技术策略的关键是通过技术层面的内容打动用户，因此其中提到的技术，在描述时不要过于高深，不要用一些难懂的专业术语，而要用一些浅显易懂的语言和例子，让用户明白其大概的原理，了解其能够为自己带来实质的利益。

**5. 话题策略**

话题是最容易在用户中引起口碑效应的策略，这是因为只有足够热的话题，用户才会自发地谈论与传播。想获得足够热的话题，有两种比较好的方式：一是围绕社会热点制造话题；二是针对用户的喜好与需求引发争议。企业在制造话题时要注意话题的可控性，特别是制造争议话题，不能引发用户对产品的负面情绪，一定要对产品形象做正面宣传。

**6. 权威策略**

对于权威的内容，人们总会情不自禁地信服与顺从。所以，树立权威是软文营销的一种策略。例如大公司生产的产品，消费者通常会肯定其品质；对于大商场销售的产品，消费者也不会认为有假货。

权威策略的打造途径有以下几种：①可以围绕企业背景打造权威，好的企业背景有助于快速建立权威性。例如，爱奇艺上线之初便获得了高度关注，原因是它由百度公司投资创办。②围绕产品打造权威性。例如，产品的技术特别先进、品质特别好，都可以奠定其权威地位。③通过名人打造权威性。例如，创新工场，虽然是一家新公司，但由于它是由谷歌公

---

① 1英寸＝2.54厘米

司前全球副总裁兼大中华区总裁李开复先生创建的,所以初成立就。当然,不是每个企业都有这么强的人物,而且强人也是从"菜鸟"进化出来的。所以企业可以自己打造强人,例如将企业总裁打造成领军人物,就是最常用的一种方法。

### 三、营销软文写作技巧

在自媒体时代,各种信息充斥眼球,如何让软文脱颖而出,不仅需要巧妙地抓住受众的心理,更需要掌握营销软文写作的技巧。

#### (一)营销软文标题设计

在信息爆炸时代,消费者面临大量信息推送,但浏览时间有限,只能选择感兴趣的话题阅读,因此引人注目的标题越来越重要。如果消费者对标题不感兴趣,就不会有阅读量,更不用说转化率了。一个好的营销软文标题,必须具备简洁明了、一针见血;欲盖弥彰、耐人寻味;匹配SEO关键词的特点。营销软文标题设计有以下几种方法。

**1. 数字化**

数字化标题,即将正文的重要数据或本篇文章的思路架构,整合到标题中。数字化标题一方面可以利用引人注目的数据引起用户注意,另一方面可以有效提高阅读标题的效率。

标题1:这样的教授才是中国人的脊梁(其演讲被127次掌声打断!)

标题2:浙大超强教授演讲!

这两个标题都是表达同一个内容,但第一个标题因为用了很具体的数字"127",从而显得特别吸引人。

**2. 人物化**

绝大多数用户会考虑来自好友推荐的产品,其次是专业人士,最后才是陌生人。也就是说,如果身边没有朋友买过某产品或看过某文章,用户出于对专业人士及名人的信任,也认同他们的观点或选择他们的推荐。因此,如果你的正文中涉及专业人士或名人的观点,那么可以将其名字直接拟入标题中。

标题1:李嘉诚的顾问国世平教授谈理财之道

标题2:国世平教授谈保险

这两个标题都是表达同一个内容,但因为用户不一定认识"国世平"教授,但一定认识"李嘉诚";同时,"理财"比"保险"更容易被用户接受,所以相比之下,用户更愿意点击第一个标题,一探究竟。

**3. 历程化**

真实的案例比生硬的说教更受欢迎,在标题中加入"历程""经验""复盘""我是怎样做到的"等字眼,可以引起用户对真实案例的兴趣。

标题1:他的产品改变了6亿多人,怎么就做到了

标题2:张小龙最新六评微信:最担心自己建设太慢了

这两个标题都是表达同一个内容,即微信创始人张小龙谈论微信的发展历程。但第一

个标题用了"怎么就做到了"这类字眼,会引起用户对微信发展历程的关注。

### 4. 体验化

体验化的语言能够将用户迅速拉入内容营造的场景中,便于后续的阅读转化。每个人所处的环境不同,看文章的心情也就不同,但是为了引导用户的情感,企业需要为用户营造场景,可以在标题中加入体验化语言,包括"激动""难受"等情感类关键词,以及"读了N遍""强烈推荐"等行为类关键词。

标题1:找了N天,这篇短文终于让我明白了商业模式的本质

标题2:周鸿祎——商业模式不是赚钱模式

这两个标题表达的是同一个内容,说的是360公司创始人周鸿祎对商业模式的理解和评价。但第一个标题用了"找了N天"这种行为类关键词,还有"短文"(适合碎片化阅读)"终于让我明白"(个人体验化语言)等字眼,让用户愿意点开学习。

### 5. 恐惧化

用户会关注与自己相关的话题,尤其是可能触及自己利益的话题。如果正文内容是关于用户健康、财物的,可以尝试设计恐惧化的标题,从而激发用户的猎奇心理,同时使其产生危机感。

标题1:美国公布决定人类寿命六大因素,这个竟然排第一?

标题2:影响寿命的因素(一定要看呦!)

这两个标题表达的是同一个内容,但第一个标题用了"这个竟然排第一?"的字眼,激发了用户的猎奇心理,加上"决定人类寿命"的恐惧心理,双重作用吸引用户点击阅读。

### 6. 稀缺化

超市某商品挂出"即将售罄"的牌子后,通常会引来哄抢。"双十一"电商平台销量逐年上涨,也是由于平台商家约定"当日价格全年最低"。对于稀缺的商品或内容,用户普遍容易更快做出决策,点击浏览或直接购买。因此营销文案标题也可以提示时间有限或数量紧缺,增加正文阅读量。

标题1:等了一个小时才抢到的"网红蛋糕"!答案是:真的好吃啊!

标题2:"网红蛋糕",芝香可口,Q弹十足,值得拥有!

这两个标题表达的是同一个内容,但第一个标题用了"等了一个小时""抢到"的字眼,突显了产品的稀缺与畅销程度,引起了用户的好奇。

### 7. 热点化

体育赛事、节假日、热播影视剧、热销书籍等都会在一段时间内成为讨论的热点,登上各大媒体平台的热搜榜。如果文章内容与热点相关联,可以在标题中加入热点关键词,增加点击量。

标题1:做好资产配置,我们未来《都挺好》

标题2:现代中国家庭都应该做好资产配置

这两个标题表达的是同一个内容,但第一个标题蹭了2019年热播电视剧《都挺好》的热点,吸引注意力和增加点击量的效果"都挺好"。

以上介绍了营销软文标题设计的七种方法，需要注意的是，标题设计在追求创意不断创新的同时，也要严格遵守国家相关法律法规和道德规范，不能为了博取注意力而放弃了底线、触犯了红线。

### 拓展知识　　　　　自觉抵制"标题党"，从你我他做起

"标题党"虽然在短时间内会带来一定的流量，但是其推高了信息匹配的成本，从长远来看，"标题党"不可取，提供有价值、正能量的内容才是王道。信息发布者应主动承担社会责任，以较高的道德标准要求自己。

2015年，"拐卖儿童一律死刑"的消息在朋友圈被疯狂转载和讨论，但最终人们发现，这其实是某婚恋网站利用朋友圈转发分享的功能进行的一次营销。据网友推断，这一营销至少为该网站省去了十几万元的推广费用。这一事件引发广泛关注，该婚恋网站在承受了来自多方的谴责后不得不做出道歉声明。在拐卖儿童这一严肃而沉重的问题上，忽视所有复杂的法理情理，用煽动性极强的寥寥数十字呼吁人们盲目站队，这是对热心公众的误导，也在一定程度上影响了普法工作的开展。这样利用公众心理煽动社会情绪的"标题党"应受到全社会共同抵制。

同时，广大网民也必须承担起不传谣、不煽动社会情绪的责任。在动手转发之前先认真想想，这篇文章可信度高吗？为了达到什么目的而转发？转发会带来什么效果？切记一个原则：不明真相的消息不要转！"标题党"之所以肆虐，主要还是因为转发和阅读量可观。自觉抵制"标题党"，从你我他做起。广大网民可以向12377举报"标题党"文章。

资料来源：中国互联网违法和不良信息举报中心，略改动。

## （二）营销软文开头设计

营销软文的开头具有一定的承上启下的作用，一方面，开头要与标题相呼应，否则会给人文不对题的感觉；另一方面，开头需要引导用户阅读正文，好的开头是成功的一半。营销软文的开头有四种设计方式。

### 1. 开门见山

开门见山型是在软文的开头便开宗明义，直奔主题，引出文中的主要人物，或点出故事，或揭示题旨，或点明说明的对象。用这种方式开头，一定要快速切入中心，语言朴实，绝不拖泥带水。

### 2. 情景导入

情景导入型开头主要在于激起读者的情感体验，在开篇有目的地引入或营造软文行动目标所需要的氛围、情境，调动读者的阅读兴趣。用这种方法写开头，对于渲染氛围、预热主题有直接的效果。

### 案例分享　　　　　无印良品的浴盐文案开头设计

你会如何推销一款浴盐？想要浴盐卖得好，先得让人想泡澡。在无印良品所著的《家的要素》一书中，是这样描写泡澡这件事的。

对日本人而言，"天堂"就在家里。一处让人不自觉地脱口说出"好舒服！太赞了！"的地

方,那就是浴室。在澡盆里注满一整缸清澈的水,全身浸泡的舒服感,对日本人而言,堪称最奢侈的享受。

一缸满满的清澈的水,仿佛能洗净现世忧愁,给予满满的润泽。光着身子,舒服地泡个澡。这里与累积了各种日常生活琐事的家中其他地方有些不太一样,蕴藏着不同于平常的感受。正因如此,才要在这处"天堂",装设独一无二的卫浴设备,因此,若只当这里是一处维持身体清洁的地方,不是太可惜了吗?

我们都曾经泡在母亲子宫内的羊水中,然后离开温暖之地,来到世上。浴室可以说就是这么一处地方吧。在暖呼呼的水中重生,转换心情,迎接新的一天。身为家的"要素"之一,这处宛如子宫的温暖之地,让家人每天都能重生。

资料来源:无印良品,家的要素,略改动。

### 3. 利用故事

可以在文章开头加入富有哲理的小故事,使用与表达的中心思想或段落相关的小故事作为开头,用一句话揭示道理。

### 4. 以热点引入

热点不仅适用于标题中,放在正文开头也是吸引用户注意力的好方法。正文热点引入的文章阅读量都比较高,在用户中很受欢迎,所以软文人员在写作过程中可以适当加入热点。

 案例分享　　　　　**某公众号洗碗机软文开头**

人民网头条新闻,"重庆小伙因为碗没有洗干净,被老婆闹离婚"……

知乎提问,我想买洗碗机。男朋友说洗碗机没有家的感觉,说我不贤惠,怎么办?……

工作了一整天,吃完饭后好不容易有时间和伴侣聊聊天,你们的话题居然是:谁!洗!碗!多么痛的体验!听说,很多小夫妻最后都是用"石头、剪刀、布"公平解决洗碗问题的。吃饭时,尚且你侬我侬,杯盘狼藉后,石头、剪刀、布输了,就自动开启怨妇模式……

## (三)营销软文正文布局设计

### 1. 并列式

并列式适用于写作对象呈横向、静态的软文,此类软文的特点是:各部分之间没有紧密的联系,独立性强,但是同为一个主旨服务;变换先后顺序不会影响全文逻辑;省略其中一部分也没关系。简单来说,就是将一个问题从不同角度、不同方面进行阐述,从而形成一篇覆盖面广、条理性强的高质量软文。

### 2. 总分式

总分式软文往往开篇点题,然后在主体部分将中心论点分成几个横向展开的分论点一一进行论证。运用总分式要注意无论如何分,都要围绕同一个中心思想进行,而且分总之间的联系要紧密,不要脱节,要让读者看完之后产生一种一气呵成的感觉。

### 3. 对比式

通过正反两种情况的对比分析来论证观点的结构形式。通篇运用对比,道理讲得很透彻、鲜明;局部运用正反对比的论据,材料更有说服力。软文创作者在使用正反对比法时应注意两个问题:第一,围绕中心论点选择比较材料,确定对比点。所选对象必须是两种性质截然相反或有差异的事物,论证时要紧扣文章的中心。第二,正反论证应有主有次。若文章从正面立论,主体部分则以正面论述为主,以反面论述为辅;若文章从反面立论,则以反面论述为主,以正面论述为辅。

**4. 悬念式**

悬念式就是在文中设置一个悬念,一直不作解答,以此引起读者的阅读兴趣。一般可以采用的方法有设疑、倒叙、隔断三种写作方式。设疑通常是设置疑问后随着文章的展开而逐层剥开;倒叙,将最容易引起读者兴趣的东西先讲出来,但是不讲原因;隔断,应用于头绪较多的事情,一头引起读者兴趣,继续往下看时却戛然而止,再用另一头引起读者兴趣,直到找一个适当的时机将谜底揭开。这三种写作方式一般都可以轻松吊住读者胃口,诱导读者一步步阅读文章,体会谜底揭开那一刹那的豁然开朗之感。

**案例分享**　　　　　**编辑部的仙女们都用啥来保护第二张脸**

淘宝头条上一篇名为《编辑部的仙女们都用啥来保护第二张脸?》的软文,该文标题一开始就设置了悬念,勾起读者的好奇心,紧接着,读者就会点进文章进行查看。在阅读的过程中,读者就会发现,作者会一步一步地给出答案,同时向读者推荐一些商品,促使读者产生购买的欲望。

**5. 抑扬式**

抑扬式有欲扬先抑和欲抑先扬两种情况,欲扬先抑是褒扬着手,而是从贬义落笔,这时的"抑"是为了更好地"扬"。欲抑先扬与前者刚好相反。用抑扬式写软文,有利于文章情节的多变,不易让人看透结局,这样的软文才能引起读者的阅读兴趣。

**6. 片段组合式**

片段组合式布局又称为镜头剪接法,是指根据表现主题的需要,选择几个典型生动的人物、事件或景物片段组合成文。主题是文章的灵魂,是串联全部内容的思想红线,因此,所选的镜头片段,无论是人物生活片段,或是景物描写片段,甚至是故事、抒情片断,都要服从表现主题的需要。

**(四)营销软文结尾设计**

让用户读完一篇软文,往往并不是企业的最终目标,真正的目标是通过软文激发用户产生企业期待的行为,如收藏、评论、转发、购买产品等。所以需要对软文的结尾进行优化,鼓励用户做出相应的动作,这就需要掌握软文结尾的技巧,恰当地收尾。需要注意的是,企业必须对各平台的规则都有所了解,部分平台是严禁诱导转发行为的。

**拓展知识**　　　**微信出新规!朋友圈不能这样玩,有这种分享的都被处理**

《微信外部链接内容管理规范》规定,禁止诱导分享类、关注类内容。禁止诱导分享类内容,包括以下几种情况。

(1)要求用户分享,分享后方可进行下一步操作,分享后方可知道答案等。
(2)通过利益诱惑,诱导用户分享以及传播外链内容的,包括但不限于:以金钱奖励、实物奖品、虚拟奖品;声称分享可增加抽奖机会、中奖概率、成功可能;通过签到打卡、邀请好友协助、设置收集任务等形式利诱、诱导用户分享以及传播外链内容的。

(3) 用夸张言语来胁迫、引诱用户分享的。包括但不限于:"不转不是中国人""请好心人转发一下""转发后一生平安""转疯了""必转""转到你的朋友圈朋友都会感谢你"等。

营销软文的结尾,一般可以从以下四个方面进行设计。

**1. 首尾呼应式**

总分总结构是软文写作最常见的结构,开篇提出总论点,中间正文提出若干分论点和论据进行分析,结尾再次对总论点进行总结。首尾呼应式的结尾能让文章脉络互相贯通,结构更加完整,也让文章的立意找到落脚点。

**2. 篇尾升华式**

篇尾升华式结尾是指软文开篇没有提出明确的主旨,在结尾的时候通过一句话或一段话来点明主旨、升华主题。篇尾升华式的结尾起到画龙点睛的作用。在结尾处拔高主题后再自然而然地接入广告,对读者的转化更有促进作用。

**3. 巧妙发问式**

巧妙发问式结尾多用于叙述性软文中,指在是结尾处写下深刻含义的结束语后加入问句,引起读者反思,强化主旨。巧妙发问式结尾的软文能留给读者更多想象的空间,颇有"余音绕梁,三日不绝"的意味,同时也达到了和读者互动的效果。

**4. 神转折式**

神转折式结尾指的是软文正文部分一直在叙述一个与推广产品无关的内容,但在结尾部分突然转折到另一个看似与之前叙述的内容毫不相干的话题,或是在结尾部分亮出一个出人意料、峰回路转的结局并展示广告。

软文内容转折的前后形成一种强烈的反差感和奇妙的荒谬感,从而引发某种程度的喜剧效应,让读者感觉突兀又有趣。这种写法能把广告较好地隐藏起来,让读者毫无防备、始料不及,等读者反应过来时,这些推广也已被读者接受。

### 四、营销软文传播

全渠道营销时代,渠道的传播一方面从"播"为主转变为"传"为主,另一方面,受众的时间碎片化、注意力稀缺,都对营销软文的创意提出了更高的要求。广泛传播的优质软文的特点可以用三个词来描述:符号化、社交币、附着力。

#### (一) 符号化:让软文自带传播属性

符号化,即借用语言符号、视觉符号、味觉符号等,让受众更好的记忆。符号化让品牌或产品天生具有被传播的基因,更适合被口耳相传,里面包含品牌名字、广告语、标志设计、产品包装设计甚至产品服务体验等相关的符号化。

企业通过具象化事物、人格化形象、行业特性词汇三种符号化的方式,可以提升品牌的熟悉感。一篇广泛传播的营销软文,需要在特定的场景下巧妙植入自己的品牌或产品,这样更容易被用户在对应的场景中想起对应的品牌或产品。

## （二）社交币：让用户主动传播软文

人们都有意愿去主动与他人分享信息，如使用商品的感受、体验服务的想法、对企业品牌的态度等。被他们分享的内容都属于社交货币。社交货币主要用来树立自我形象，文案具有社交货币功能，更容易被受众主动分享传播。

社交货币的概念，最早由法国当代著名的社会学家布迪厄在他的《社会资本论》中提出：社交货币可以被理解为从社交网络和社区的存在产生的实际和潜在的资源的全部，它们可能是数字的或离线的。《疯传》这本书中阐述得更为直白一些，"就像人们使用货币能买到商品或服务一样，使用社交货币能够获得家人、朋友和同事的更多好评和更积极的印象"。社交货币是为了塑造个人的形象，完成自我认同的心理。大部分人如果和另一个人发生点赞、评论、转发等行为，都是在别人心目中积累了社交货币。铸造社交货币有以下五种方式。

**1. 满足自我认同**

用户在互联网上的分享行为是为了收获对自己的认知，去完成自我认同，塑造他人眼中的自己。自我认同主要通过外部形象、思想形象、理想形象来完成自我形象的塑造。如分享《人不诚信没朋友，国不诚信要玩完》的内容，传达的思想形象是：诚信很重要，我是一个诚信的人。

**2. 打破思维定式**

一般大品牌拥有自带话题的天然优势，但往往打破人的思维定式，有悖于人们思维定式的产品、思想或服务也同样具备话题性。如低价航空给人的联想一定是逼仄的位置、不好吃的航空餐，但如果乘坐了某个低价航空，消费者享受到高档的待遇、优质的服务以及美味的航空餐，则有悖于常规联想，消费者会更乐于分享。因此，一旦话题、文案、创意打破原本的思维定式，就会更容易被消费者主动分享。

**3. 运用社会比较**

用户选择最终依据不是绝对收益，而是相对收益，在同类比较中获得相对的优越感。如每年年底的支付宝账单，通过展示一年中购物多少金额，超过多少好友类似的页面，被很多消费者作为社交货币分享到微信的朋友圈。即使微信不允许转发支付宝相关的链接，很多消费者甚至会不辞辛苦地一张张截图分享到朋友圈，在被分享的同时，支付宝的页面截图被当作社交货币分享出去，而支付宝品牌本身也获得了曝光机会。微信红包的设计也运用了社会比较，一个随机的红包，往往容易引起争论，谁抢得更多一点，谁抢得更少一些。

**4. 提供实用价值**

具有实用性的文案，容易触动人的利他心理，从而引起分享和传播。企业可以从自身产品出发，有选择地做实用性的文案。例如，一个手机品牌，推出内容为《某手机隐藏功能，99%的人都不知道》，于是当消费者看过后，在跟朋友正好讨论这个话题的时候，手机品牌提供的内容则成为消费者的社交货币。

**5. 创造归属感**

归属感是指个体与所属群体之间的一种内在联系，是某一个体对特殊群体及其从属关系的划定、认同和维系。企业需要有这样的群体,更需要有意识地去培养增加他们的归属感。有三个创造归属感的方法:用户参与,在互动中产生认同;制造稀缺,让身份认同弥足珍贵;制造专有,人无我有。

### (三)附着力:让软文对用户产生深刻影响

附着力,也叫黏性,是指企业创意与观点能够让客户听懂,能被客户记住,并形成持久的影响。软文的附着力主要是在不改变内容的基础之前做一些简单的包装,让信息变得令人难以抗拒。要想让营销软文更具附着力,可以遵循六原则:简单、意外、具体、可信、情感、故事。

**案例分享**  **海底捞的服务,你知道,你也不知道**

众所周知,海底捞以优质客户服务著称,堪称饮食界服务最好的公司。那么,优质服务除微笑、热情的服务和招呼客人以外,还可以做什么呢?打破这个原有的认知,很大一部分依靠的是一些小故事,一些令人意外的客服举动。在海底捞,客户觉得餐后的西瓜很甜,服务员最后送了一个西瓜让顾客带回家吃;有客人打了一个喷嚏,服务员就吩咐厨房做了碗姜汤;有客人要赶火车却打不到出租车,结果海底捞的店长开着自己的SUV送他过去。诸如此类的小故事,完全打破大众对于优质服务的认知。要让营销软文有黏性,就必须让内容从常识变成非常识,这就是意外。"出色的客户意识"是常识,而"店长开车送客人赶火车"却是非常识。特别值得注意的是,这些故事的价值并不来源于意外本身,而是源自海底捞公司的宗旨和故事内容之间的完美呼应。

# 任务三　短视频营销

> 学前思考:分享一个令你印象深刻的营销短视频,谈谈它有什么特点。

短视频行业的发展已势不可挡,无论是用户的增长、各大平台的入场、内容生产机构的进入、商业化的成熟带来的资源积累,还是技术智能化的不断升级,都标志着短视频正成为互联网时代的重要入口。短视频经过几年的发展,已经拥有一条完整的产业链和多种变现模式,对企业的营销推广、市场拓展都有巨大的促进作用。

## 一、短视频的概念及特点

### (一)短视频的概念

短视频是指视频时长以秒计数,一般在10分钟以内,主要依托于移动智能终端实现快速拍摄和美化编辑功能,可在社交媒体平台上实时分享和无缝对接的一种新型视频形式。它是继文字、图片、传统视频之后一种新兴的内容传播媒体,融合了文字、语音和视频,可以更加直观、立体地满足用户的表达、沟通需求,满足用户之间展示与分享的诉求。

目前主流短视频平台对短视频时长及呈现方式的定义如表5-1所示。

表 5-1　主流短视频平台对短视频时长及呈现方式的定义

| 平台 | 定义(时长) | 呈现方式 |
| --- | --- | --- |
| 抖音 | 15 分钟以内 | 横、竖屏都可以 |
| 快手 | 10 分钟以内 | 竖屏为主 |
| 哔哩哔哩 | 5 分钟以内 | 横、竖屏都可以 |
| 西瓜视频 | 无限制(5 分钟为宜) | 横屏为主,竖屏无平台广告收益 |
| 微信视频号 | 60 秒以内 | 横、竖屏都可以 |
| 微博短视频 | 5 分钟以内 | 竖屏为主 |

**拓展知识　　　　短视频用户相关数据播报**

2021 年上半年,短视频作为基础的用户表达和内容消费形式,贡献了移动互联网的主要时长和流量增量,成为互联网的基础应用。数据显示,截至 2021 年 6 月,我国网络短视频用户规模为 8.88 亿,较 2020 年 12 月增长 1 440 万,占网民整体的 87.8%;2021 年,短视频应用的人均单日使用时长为 125 分钟,占所有 App 每日使用时长的 29.8%,超过即时通信将近 10%,占 App 使用市场排名第一位;53.5% 的短视频用户每天都会看短视频节目。

## (二) 短视频的特点

相较于传统视频,短视频主要具有以下四个特点。

**1. 时长较短,传播速度更快**

随着移动互联网时代的到来和大众生活节奏的加快,人们获取信息的方式越来越"碎片化",快速、迅捷的内容传播方式逐渐成为主流。短视频的时长控制在几秒到几分钟不等,只突出亮点内容,去掉冗长的部分,通常前 3 秒内容就能抓住人的注意力,将"短小精悍"这一特点发挥到了极致。

以抖音为例,大多数短视频的时长都在 1 分钟以内。尽管在 2019 年 6 月,抖音开放了上传 15 分钟视频的权限,但用户普遍更加偏爱短小精悍的内容,许多热门视频的时长仍然不会超过 1 分钟。短视频"轻量"的特点,使其传播速度更快、普及范围更广。

**2. 创作流程简单,参与门槛更低**

通常情况下,短视频创作者利用一部手机就能进行拍摄、剪辑和发布,这种"即拍即传"的传播方式,降低了创作门槛。虽然短视频行业中有不少专业团队,但与传统影视剧相比,短视频的创作方式已经简化了许多,这使普通大众也能够参与进来。

短视频内容的跨度较大,这就降低了短视频用户参与、创作和观看的门槛,使用户的覆盖范围更广。短视频的很多创作者是普通大众,这使得短视频的内容包罗万象。在各大短视频平台,用户可以看到普通网友的日常生活,也可以看到娱乐明星的各类新闻,还可以看到近期大众关注度较高的社会热点,这也让不同成长环境、教育背景、性格爱好的用户都能找到自己感兴趣的内容。

**3. 突出个性化表达,快速打造 KOL**

现代互联网文化的总体特征是"表达个性",越来越多的人愿意在互联网平台上分享日常生活和专业技能,并乐在其中,短视频的出现正好为这群人提供了展示自我的机会。

许多短视频创作者在自己擅长的领域成为 KOL,拥有一批忠实粉丝,并成功实现"带货"。短视频行业具有快速打造 KOL 的特点,既能让短视频成为触发粉丝经济的利器,拥有营销功能,也能让短视频成为各大商家都会使用的新媒体营销手段。反过来,这也为短视频行业打下了蓬勃发展的基础。

**4. 社交属性强,信息传递广**

与传统图文相比,短视频因为内容形式多样化,能够给用户带来更有趣、更丰富的视觉感受,大大提升了用户主动转发、分享内容的欲望,是一种新的延续社交、传递信息的形式。它有三个明显的社交式传播的特征。

(1)无论是用户自主拍摄的短视频,还是用户在平台上观看到的其他用户的短视频,用户都可将其转发至社交平台与亲朋好友共同分享。

(2)短视频软件内部设有点赞、评论、分享等功能,用户可在短视频平台上与其他用户进行沟通、交流,成为朋友。

(3)通过用户的转发、推荐,一则短视频甚至可以形成"病毒式"传播,受到不同地域、年龄、性别等用户的喜爱。

**拓展知识**　　　　短视频侵权问题引发社会关注,推进版权内容合规管理成业界共识

短视频用户规模持续增长,带动对内容的需求迅速上升。在短视频平台上与影视剧相关的解说、盘点、混剪吐槽等内容符合用户观看需求,热度较高。大量短视频账号在未经授权的情况下对影视剧内容免费搬运、传播并获利,对版权所有者造成利益侵害。

2021 年 4 月和 6 月,众多影视公司、长视频平台多次通过各种渠道反对相关影视作品遭短视频剪辑、搬运、传播等侵权行为。对此,短视频平台积极出台一系列应对措施,包括为二次创作内容购买版权、及时处理违规视频和账号等,致力于创造良好版权环境。2021 年上半年,快手陆续获得 CBA(中国男子篮球职业联赛)、美洲杯全场次直播及短视频版权;抖音下架抄袭搬运等侵权内容超过 74 万条,处罚账号超过 14 万个。

资料来源:中商产业研究院。

## 二、短视频营销概述

### (一)短视频营销的概念

短视频营销是内容营销的一种,主要借助短视频,通过选择目标受众人群,向他们传播有价值的内容,吸引用户了解企业品牌产品和服务,最终形成交易。短视频营销,最重要的就是找到目标受众人群和创造有价值的内容。

**拓展知识**　　　　　　　　**短视频营销平台**

不同的短视频平台差异巨大,在营销前需要对各大短视频平台有一个整体认知,但需要注意的是,各大短视频平台近两年都在做快速增长扩张,平台定位也在不断转变。

现在主流的短视频营销平台有字节跳动系、快手系、腾讯系、阿里系、百度系、新浪系等

（图 5-1）。2020 年的数据表明，字节跳动、百度、腾讯在短视频领域竞争激烈，其中字节跳动系在用户规模 Top20 的短视频平台中占据 6 款。

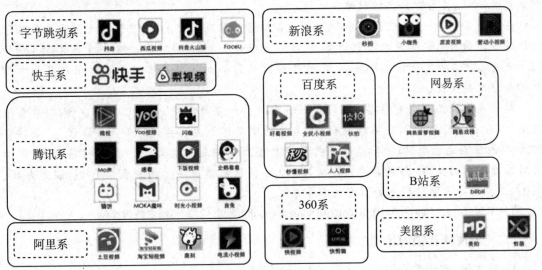

图 5-1　主流短视频营销平台

根据平台活跃用户规模来看，抖音和快手双雄争霸，属于第一梯队，用户规模高达 62.7%，西瓜视频、快手极速版、抖音极速版等属于腰部平台仍在追赶，竞争激烈，众尾部平台面临着生存考验（图 5-2）。

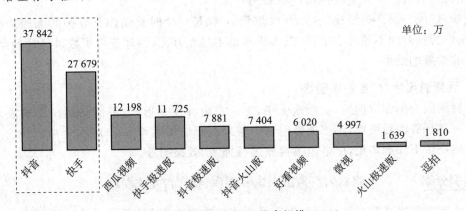

图 5-2　短视频平台活跃用户规模 Top10

### 案例分享　　2019 抖音营销策略详解

截至 2020 年 8 月，抖音国内日活跃用户已经超过了 6 亿，并继续保持高速增长。

在音乐领域，目前有 1.4 万音乐人活跃在抖音，2018 年产出 8 万多条原创音乐，共计被使用 1.5 亿次。

在公益领域，抖音的文旅扶贫计划、向日葵计划和声量计划备受关注，抖音城市形象相关视频数量近 8 000 万，总播放量超过 2 200 亿次。

在娱乐领域，2018 年 Top 50 的电影中有 41 部在抖音有官方运营。其中，票房前十位的影片平均每部电影在抖音相关视频的播放量超过1.35亿。

在台网互动、影视运营和星粉互动上,这些原本都是微博的传统优势项目,现在来看,正在被抖音追赶,甚至部分已经超越。

在社交领域,抖音上线新功能"随拍"。在抖音的前期运营上,则更倾向于陌生人和基于兴趣的智能分发,现在抖音正式开始聚焦熟人社交。"随拍"功能有3个主要特性:视频72小时后消失,必须是好友关系,用户评论被默认为一对一发私信。抖音强调产品的方向开始从分享到交流。

抖音内容生态三大新策略:IP衍生+音乐扶持+垂类深耕。在IP衍生方面,抖音会继续做"抖音美好奇妙夜",并拓展到全球;为推动明星达人内容共建,"明星PD计划"是抖音2020年的重点运营项目;音乐是抖音打造爆款不可或缺的元素,所以,抖音将在2020年加大对原创音乐的扶持;在垂类细分领域,2020年将特别推出多元用户圈层计划,满足时尚、艺术、动漫等不同圈层用户的深度内容需求。

资料来源:http://lanyanlei.com/douyin/shownews.php?id=723,经编者整理改编。

## (二)短视频营销的作用

### 1. 成本低,宣传效果好

短视频营销除了拍摄成本,几乎不需要其他任何成本费用,短视频平台、上传短视频、观众评论等都是免费的。而且那些受欢迎的短视频往往具有精彩的情节或强大的感染力等特点,能够快速引起观众情感上的共鸣,观众往往自主自发地宣传和推广,通过这些免费的宣传,企业自然省去了一大笔宣传推广的费用。

例如,优酷自制系列短视频《万万没想到》,就是一个时长仅四五分钟的无厘头搞笑短视频,制作所耗时间不超过三个月,投入成本也不过百万元,但却获得了数以亿计的点击量,取得了非常好的效果。

### 2. 更新速度快,广告效果明显

短视频因为制作周期短,更新速度快,无论是内容还是形式,都能给用户带来极大的新鲜感。一部优秀的短视频,不仅能够给客户带来观影愉悦感和视觉享受,片中宣传的产品还能够给用户留下深刻印象,广告也不再是强行插入,效果明显。

**案例分享** 将植入广告融入内容创作,将广告变成娱乐

万合天宜影视文化有限公司与优酷网合作的微型自制剧《报告老板》,每集都有广告植入,广告商们更是五花八门。比起通常所看到的植入性广告,《报告老板》的植入方法甚至可以说是有些"厚脸皮",强势为广告金主们代言。他们会在剧中直接有类似于"哎呀,这一集我们好像还没有给客户植入广告呢",以及"既然都到了片尾,我们就硬植吧"之类的台词,堂而皇之地尝试着以调侃硬植的方式进行广告硬植,然而这种方式却偏偏受到了观众的喜爱。那是因为广告已经成为短视频的一个情节和笑点,成为其中的一部分,让观众感到无可奈何却又欣然接受,于是短视频就将广告变成了娱乐,娱乐变成了广告,而这恰恰就是短视频的魔力所在。

### 3. 互动性强,传播渠道广

由于短视频制作门槛低,部分用户会根据短视频内容去模仿视频,甚至制造新视频,而

这无形中提高了视频的宣传度,大大提升了用户转发、分享视频的主动性,能十分迅速地引发二次传播与口碑传播,最终产生病毒式营销的效果。

目前,短视频营销平台很多,像抖音、快手、火山小视频等。除此之外,短视频还可以通过微信朋友圈、微信群传播,传播渠道非常广。视频制作完成后可以多平台发布,能够提高视频的播放量和浏览量,从而达到好的宣传效果。

### (三)短视频营销类型

**1. 原创短视频**

原创短视频通常是由团队制作的原创作品,具体内容囊括了多个领域,此类短视频在短视频平台上占据了相当重要的地位。许多知名的短视频头部账号,实际上就是专门制作短视频的创作团队。这些团队以此为业,具有很强的专业性,是短视频营销的一大主力军。

**2. UGC 短视频**

UGC(user generated content),意思是用户自己生产内容。只要在某个短视频平台注册用户账号,就能利用平台提供的操作系统来录制和上传自己创作的短视频。UGC 短视频是各大平台上用户参与度最高、数量最多的短视频类型。许多短视频网红最初都是由 UGC 短视频起家的,后来才引入商业合作,形成营销团队。

**3. 短视频广告**

短视频广告一般是 30 秒到 1 分钟的长度,被发布在各个互联网平台上。它不同于传统的电视广告,制作费用相对低廉,发布渠道更加广阔。例如,我们在网上看节目之前总会遇到广告,只有注册网站的会员,才能跳过广告。

**4. 宣传短片**

宣传短片正渐渐成为短视频家族的一个重要成员。例如,2021 年,"安慕希与年轻人一起当燃不让"宣传片,安慕希联合果味 VC 在青年节之际发布单曲及 MV《当燃不让》,从年轻的山区教师、新一代航空中坚力量、"90后"围棋高手等视角出发,描绘了一幅传统和现代相互碰撞,青年不断成长逐渐支撑起这个社会的图景。安慕希通过影片记录当下的年轻人以及他们眼中掩盖不了的光,希望年轻人在各自的生活里能够"当燃不让"。

安慕希与年轻人一起当燃不让

**5. 系列短片**

系列短片指的是在同一主题下的内容具有连贯性的短视频影片,它由多集短视频组合而成,各集之间联系紧密,可以组成一个完整的故事品牌。例如,百事可乐每年都会推出的系列短视频《把乐带回家》,每次都会从不同的切入点来表达中国人回家过年的情怀。

### 三、短视频变现模式

短视频发展到今天的规模,是依靠变现来促进产业链上各个环节循环运转的。短视频变现模式主要有以下六种。

### 1. 流量变现

流量变现常用的方式就是引流,即商家将自己的短视频放在社交平台上,用以吸引粉丝,提高人气。随后,引导粉丝进入自己的淘宝店、微店、直播间或线下门店,从而扩大销售量。"短视频+直播"就是典型的流量变现。短视频负责种草,直播负责带货,已经成为普遍的共识,两者都是以视频类内容为主打。从商业运作层面来看,流量变现是最简单、最直接的模式,也是变现最容易的模式。

### 2. 电商变现

"短视频+电商"是一种常见的变现方式,在电商看来,短视频可以对产品进行非常全面的展示,这些非常直观的产品信息,大大增加了用户的有效决策,从而提升销售效率,也使电商平台在增加用户留存和转化的道路上更近了一步。

> **案例分享** **2天卖掉25 000本书,是怎么做到的**
>
> 2017年,以短视频起家的"一条",与电商一起发力,用短视频打通商品内容与消费者,创造了2天卖掉25 000本售价168元小众图书《S.》,销售额超420万元的惊人业绩。
>
> 5月9日晚,"一条"在二条位置发布"美国首印20万瞬间断货,2016年最烧脑的书来了!",卖的就是排版装帧极其复杂,堪称"妖书"的《S.》。发布当晚就销售了4 000本。第二天,"一条"又在头条位置再次发布相关内容,并增加视频。两篇文章一出,25 000本《S.》销售一空。
>
> 这是一本足够小众的书,独特调性与"一条"非常吻合,虽然价格并不亲民,但对于"一条"的用户来说,并不会超出所能承受的范围。再加上这本书的美国版销量口碑俱佳,市场对这本书可谓期待已久,"一条"精准把握住了机会。

### 3. 平台补贴

各大短视频平台为了吸引优质的创作者入驻,激发创作者持续生产内容,都推出了相应的官方补贴活动。这些平台补贴类的活动,创作者根据活动要求结合自身特长来定向生产内容,不但可以获得现金奖励、流量扶持,还有各种平台的认证的优先权,这也一种很直接的变现方式。

例如,西瓜视频的万人万元扶持、寻找乡村手艺人、金秒奖等计划,抖音的各种全民任务,百家号的金芒计划、动态激励等计划,大鱼号的吃货节、夸可知识等计划,企鹅号的春雨、繁星等计划,爱奇艺号的新叶、春雨、奇知等计划,B站的新星、知识分享官等计划。

### 4. IP打造

一个短视频,如果已经具备打造IP的能力,那么一定也会具备很强的变现能力,而IP也会让这种变现能力拓展得更远。打造一个IP,还可以防盗版,也可以通过内容或传播矩阵的形成扩大流量,从而衍生出更多的产品和服务,例如,线下培训咨询、版权输出、组建付费社群、打造衍生产品等方式来进行变现。

> **案例分享** **一禅小和尚的IP打造及变现**
>
> 一禅小和尚团队通过系列连环动画短视频,抖音半年吸粉2 000万。一禅小和尚IP定位非常明确,就是动漫领域,通过原创短视频去展现一些正能量的人生哲理。短视频讲的是

一个7岁的小男孩一禅和他的师傅阿斗之间一系列有趣而温情的小故事。良好的角色设定,以及教科书般的人生哲理,引起了大多数人的共鸣。

除流量之外,2016年推出一禅小和尚动画,并在爱奇艺等视频平台播放,豆瓣评分8.9分,B站评分9.6分,获得了良好的口碑;一禅小和尚同名漫画,上线腾讯动漫等,腾讯动漫评分9.8分,2.6亿人气;有妖气漫画收藏超过7.7万个,总点击达到2790万。与此同时,团队进行了漫画、图书、影视、表情包等领域衍生业务拓展。

**5. 广告变现**

当创作者有了一定的粉丝量和播放量时,可以通过投放广告变现。门槛相对更高一些,平台方和企业一般都会对创作者在粉丝量、播放量、精准性方面有不同的硬性要求。广告变现对于一些头部创作者也是一种比较普遍的变现方式,基本分为四类。

(1)品牌广告。这类广告需求量最大,主要是企业品牌、产品的宣传和推广。

(2)植入广告。植入式广告是将企业的品牌、产品植入短视频的剧情中,让粉丝用户在观看过程中不知不觉地形成记忆,去了解广告主的产品或服务。这种植入式广告分成也是非常可观的,粉丝用户的接受程度也比较高,不容易影响粉丝用户的体验。

(3)贴片广告。这种广告形式是在短视频的播放上加上贴片,一般会在片头和片尾,到达率比较高,但收入相对较少,一般需要通过各大官方平台来接单。贴片广告一般与短视频内容本身并没有太大的直接关联,很容易造成粉丝用户的观看不良体验。

(4)冠名广告。冠名广告是指在节目内加上赞助商或广告主的品牌进行广告宣传。这类广告的费用一般很高,收入不菲。但这种广告类型适合有一定IP的垂直领域头部的创作者,并且对创作者的内容持续高品输出有很高的要求。

**6. 内容付费**

内容付费近些年来被大众逐渐认可。短视频内容付费,一般通过以下两种方式来实现。

(1)服务具有特色,与众不同。一个高质量的短视频平台,只要能让用户有所收获,有更好的体验,就可以实现内容收费。关键是如何创新服务,提供足够有特色、有价值并切中用户需求的服务。

(2)有效的组合。现阶段许多商家常常采用矩阵式布局自己的短视频阵营。一般多是以大带小的模式,即一个主账号同时带许多小号,或建立一个框架体系,再按照品牌设若干账号。这样做是为了在同一短视频或同一体系内部分收费,另一部分则免费,免费短视频则将用户引流到收费产品。

## 四、短视频内容策划及制作

### (一)短视频内容策划原则

当前,用户对短视频的质量要求越来越高,创作者要想让自己的作品在众多短视频中脱颖而出,就要在内容策划上下功夫,创作出符合用户需求的短视频,这样成为爆款的可能性才会增加。因此,创作者在进行内容策划时,需要遵守娱乐性原则、价值性原则和情感性原则。

**1. 娱乐性原则**

娱乐性原则是指短视频的内容要有幽默感,向用户传递乐观、积极向上的生活态度。在短视频平台上,娱乐类的短视频通常占据热门内容的首位,这主要是因为在当今这个快节奏的社会,带有娱乐性的短视频能够在很大程度上缓解用户的精神压力,所以保持内容的娱乐性是进行短视频内容策划需要遵循的原则之一。

研究机构对用户选择观看短视频的动机调查表明,大多数用户倾向于观看有趣的内容,而那些备受欢迎的头部账号发布的内容在本质上都具有娱乐性。不管是"段子"类短视频,还是知识类短视频,都可以给用户带来愉悦、放松的感官享受。

**2. 价值性原则**

价值性原则是指创作者要让用户感觉短视频对自己是有价值的,也就是说,用户通过观看短视频能够有所收获。短视频平台上涌现出越来越多的分享知识、传播知识的内容创作者,他们是拥有知识热爱分享、熟谙技巧的科普"达人",他们分享的这些优质内容满足了用户对知识的需求。

其实每个用户都有求知欲,都需要在生活和工作中不断地学习新知识、新技能,而短视频平台的兴起让知识的生产主体从精英拓展至大众,不仅让知识更具场景化,还进一步实现了知识普惠、知识分享和知识共创。短视频打破了用户学习知识的时空限制,用户可以利用业余时间随时随地进行学习。短视频的知识性要符合实用、专业、易懂的原则。

**3. 情感性原则**

情感性是影响用户选择观看短视频的关键因素之一。用户特别感兴趣的短视频类型中,带有感动、搞笑、励志、震撼、治愈等情感元素的内容都具有情感性,这些内容能够激发用户的情感共鸣。因此,创作者在创作短视频时,不仅要注重提升短视频的画面质量和情节感染力,还要思考如何让内容更加贴合用户的心理需求,激发其情感共鸣。

拓展知识　　　　　　　短视频营销"三真"原理

短视频营销有一个"三真"原理,即真实人物、真实故事、真实情感。有品牌方表示,"我们希望我们所有的情绪也好,所有反射出来的内容也好,都是通过一些真实的人物,讲述真实的故事,反映真实的情感,这样才会让所有人记住。"企业也希望能把产品或品牌融入原生内容中,并且用内容去打动用户。

**(二)短视频制作技巧**

**1. 明确短视频的主题和时长**

在内容策划之初,团队要做好前期市场调研,了解用户需求,明确自身的兴趣和特长。综合考虑这些因素,然后再确定短视频内容的主题。在确定内容的主题后,还要注意把握好短视频成品的时长。有的短视频只有10秒,有的则是几分钟,要根据主题方向和表达的内容来安排成品的时长。过长会增加成本,观众可能也没耐心看完,过短又无法放入太多信息,观众会觉得不过瘾。

短视频拍摄及
制作技巧

**2. 制订可行的方案**

在上一步的基础上,短视频团队要形成一个可行的方案。所谓可行的方案就是把所需的人员、资金、设备、场地、拍摄时间、工期等情况写下来,做成一张清单。务必让每一位团队成员清楚地了解当前有哪些资源,还缺少哪些必需的资源,需要做哪些准备工作。

在此基础上,统筹规划一个工作计划表,把每个岗位做什么事、需要哪些资源、在几天内完成、如何检验完成质量等工作细节全部安排清楚。

### 3. 快速进入高潮部分

对于有故事剧情的短视频来说,开头的铺垫不要太多,一开始就要出现吸引人的元素,形成最初的小高潮,让大家看明白是什么主题的故事。接下来剧情推进要快,因为短视频的时长有限,必须以秒为单位来控制叙事节奏,让剧情尽快发展到最高潮。

如果是非剧情类的短视频,可以在开头把本期内容提要先讲清楚,或设置一个带有悬念的问题,先把观众的目光吸引住,不断渲染悬念,然后再一步一步展示细节,最终揭晓答案。若能在结尾处给观众恍然大悟的感觉,就是好内容。

### 4. 注意内容规范,不要触犯禁忌

做短视频内容要推陈出新,但不可为了猎奇而刻意做一些标新立异的内容,也不能包含触碰底线的内容。这样虽然会在短时期内引起一些轰动,但最终不是被广大观众口诛笔伐,就是遭到相关部门的严厉处罚。

### 5. 能融入短视频平台生态

短视频作品是通过各个短视频平台展示给大众的。如果做内容策划时不考虑短视频平台的特点,就会缺乏协调性,影响大众接受度。只有那些能融入短视频平台生态的优质内容,才能从万千作品中脱颖而出,获得爆款的影响力。

总之,随着短视频营销模式的兴起,越来越多的商家加入这个战场,包括腾讯、阿里等互联网巨头也积极布局短视频产业。以流量至上的短视频策划思路正在面临空前的挑战和压力,今后的短视频策划更加重视内容的广度和深度。这就要求短视频创作团队能持续稳定地生产精品内容,唯其如此,才能在不断迭代的短视频市场中抢占先机。

## 五、短视频营销策略

做好短视频营销,需要建立科学严谨的体系,持续的内容运营,通过更好的内容创意激发用户的社交扩散,充分挖掘创作者及专业机构的内容生产能力,让智能技术驱动营销,才能让更好的品牌内容遇见对的人。知萌咨询在《2019短视频营销白皮书》中,从短视频行业发展趋势以及用户洞察入手,结合企业对于短视频营销的需求,提出短视频营销"TRUST模型"(图5-3),即 target(用户更加聚焦)、relation(通过精品化内容链接用户关系)、upgrade(形态升级,传播更高效)、share(分享激发社交化)、transform(转化放大流量价值),从传递信息到传递信任,覆盖品牌营销全过程。

### (一)target:挖掘垂直化短视频潜能,助力品牌精准传播

在移动互联网时代,每一个人都是一个独立的世界,而独立人格的重聚也会形成多元化细分族群,这也让很多垂直化短视频营销的价值突显。对于品牌而言,垂直内容能够精准直击目标受众,帮助品牌在最短时间内找到目标受众,完成品牌与受众的无缝对接,激发新的销售增长点。

#### 1. 场景关联

小场景往往更能传递大需求,例如汽车品牌与户外旅行的短视频。越细分、越具体的生

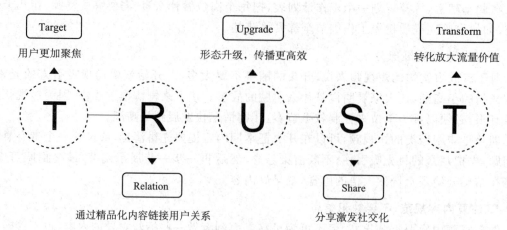

图 5-3 TRUST 模型

活场景或使用场景,能够让用户快速找到产品的卖点。

**2. 打造生活方式**

用短视频宣传品牌,打造一种让用户都愿意追随的生活方式,往往更令人印象深刻。例如,营造美好的生活氛围,打造品质生活空间,传递品牌调性,让用户产生共鸣。

**3. 话语风格匹配**

寻找人群吻合、气质匹配的成熟垂直化内容进行品牌植入。例如,利用短视频达人的内容表达特点和品牌调性相结合,与消费者进行深度对话。

> **案例分享**　抖音 & 可口可乐音乐合作,有效触达目标人群
>
> 为配合可口可乐新包装音乐手环瓶的推广,可口可乐选择具有音乐基因的抖音共创热点,定制品牌专属音乐,通过音乐类头部达人 PGC,打造抖音热推爆款短视频,实现"音乐+短视频"的创新合作模式,有效触达热爱音乐的时尚年轻群体,总播放量高达 2.3 亿次,总点赞互动数多达 648 万次,定制音乐上线一周,就成为各榜单 TOP 3 热门歌曲。
>
> 资料来源:知萌,2019 短视频营销白皮书。

**(二)relation:内容链接用户关系,深度传递品牌信任**

目前,用户的消费需求与消费行为变得越来越个性化、精致化,其中的内容消费也同步升级。从品牌营销端来看,精品内容能够提升用户对产品偏好度、品牌体验度、品牌价值认同、消费信心等,最终将帮助消费者通过好内容感知到好产品和好生活,提升精神层面的愉悦感,从而形成消费者对品牌从"认知"到"认可"的转化。

品牌内容营销,要求具有更加立体的内容资源驾驭能力,从如何展现品质感、提升体验感以及提高品牌内容分发等方面能力,形成一个新的内容营销循环和品牌内容营销的三维空间。

(1)内容品质感。持续创造优质内容,精巧地应用优质的内容平台,输出内容与品牌调性保持高度一致。

(2)内容多元性。多元化的品牌内容,带给用户多维度的信息、立体式综合的感知

品牌。

(3) 内容分发力。占领多元化的内容流量入口，内容整合营销的能力，适应用户不同场景的内容呈现能力。

**案例分享**　　**香奈儿打造精品生活方式　内容收获亿级"票房"曝光**

在互联网时代，年轻一代消费者群体的崛起，奢侈品牌希望与年轻消费者进行互动，挖掘消费潜力。为配合新推出的 J12 系列腕表，Chanel 希望借助抖音"美好生活映像志"账号，实现美好诉求表达，从而在品牌商业影响力和真实情感认知力上实现双效达成。

Chanel 与抖音双方合作，通过艺术性内容主题与高品质画面的结合，从而激发用户对美好生活的向往并将之与"香奈儿"的品牌关联起来。通过艺术化的方法让品牌信息变成精致内容本身，真正将品牌的理念与质感提炼出来，再通过内容分发的逻辑，将内容推送给真正对品牌内容感兴趣的用户，将品牌的美化诉求传递给用户，达成传播效果与用户口碑上的双赢。12 个视频通过 12 天的投放，总曝光量破亿。

资料来源：知萌，2019 短视频营销白皮书。

### (三) upgrade：借力 AI 内容经营力，制造品牌超感体验

人工智能技术带来了新的革命，助力短视频平台发展。短视频平台通过自身技术优势，不断开发适用于营销的技术产品，激发更多创意表达的内容互动方式，例如，抖音借助 AI 打磨自身产品的同时，不断开发适用于营销的技术产品创意定制贴纸、背景音乐创作互动等新技术和新体验，打造与环境共生、与受众共鸣的原生内容，实现与受众的深度沟通。通过场景化的植入，为用户提供更为丰富的互动形式，在提升用户的美好体验、驱动用户参与创作的同时，也为品牌合作提供更多创新营销想象力。

**案例分享**　　**vivo AI ＋彩妆，实现用户完美体验**

vivo X21 魅夜紫新配色上市，为吸引年轻人的关注，借助抖音 AI＋彩妆技术，打造了一场好玩炫酷紫色 party，释放彩妆魅力，通过人脸识别精准 3D 上妆，实现前后变装体验，让用户在互动体验中深刻直观地感受 vivo 魅夜紫的独特魅力与产品卖点，成功惊艳到目标用户。短视频通过不断的技术创新，实现品牌传播的表达升级，更好地展示产品的功能和卖点，同时提升用户与品牌的互动，让用户更深层次地理解品牌，加深用户对品牌的信赖和好感。活动参与人数达 14.6 万，实现互动 2 871 万次。

资料来源：知萌，2019 短视频营销白皮书，略改动。

### (四) share：发挥"达人效应"，实现品牌声量裂变

数据显示(图 5-4)，超过 42.5% 的企业会选择达人、明星视频定制作为短视频营销的内容，可见好的营销是能够借力，借助名人及社区意见领袖的声量，调动背后大量粉丝等资源，能够实现品牌声量裂变，优化品牌营销价值。同时，"明星达人"更符合年轻人的认知模式，容易形成品牌圈层信任。因此聚拢"达人资源"，通过短视频话题发酵，实现病毒式营销是最见成效的营销方式。

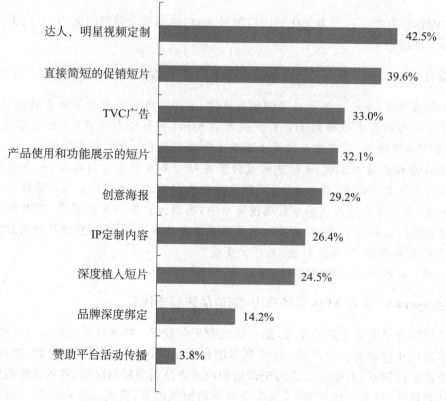

图 5-4　企业短视频营销的各种内容形式占比

### 案例分享　全新 BMW X3 借力明星效应,实现品牌、明星和用户三方共振

宝马全新 BMW X3 新车上市,由宝马出品,赵又廷、宋佳出演的微电影《神奇爸爸》先导预告片同步爆出,宝马通过高流量价值的明星资源,为产品上市创造了强大的市场声量,为宝马新车上市带来了"强曝光、高互动、粉丝沉淀"的营销价值。最终实现开屏总曝光数高达 606.5 万+,总点击数 98.5 万,为宝马投放带来的总播放量高达 1.02 亿,抖音品牌主页访问量多达 44.9 万,粉丝增长至 26.8 万。

微电影《神奇爸爸》

资料来源:知萌,2019 短视频营销白皮书。

### (五) transform:发掘企业营销自有主阵地,构建长效营销生态

在巨大的流量面前,品牌的每一次营销活动不应该是孤立的,而要试图把品牌好的内容逐渐沉淀下来,因此,建立品牌营销自有主阵地,让品牌每一次的广告投放相叠加,通过品牌阵地把好的内容集中呈现到消费者面前,延续优质内容的生命力,并进行粉丝资产的积累。

品牌阵地发挥了内容聚合、粉丝留存、流量承接、数据管理的作用,是企业短视频营销必备的营销管理阵地,同时也是读懂品牌、沟通用户,时刻洞察用户与品牌发展的桥梁。借助平台对阵地的产品支撑,企业可以高效实现营销转化目的。

首先要提升品牌黏性,品牌可以在主页开放粉丝评论互动,与粉丝展开交流,良好的互

动关系可以维持稳定的粉丝基础,为后续传播提供活跃用户基础,从而进一步提升用户品牌黏性;其次要吸引粉丝,通过长期持续的品牌内容开发,展示自己的品牌调性,吸引潜在粉丝;最后,提升传播效果,品牌可以突出展示自己想要展示的内容,达到品牌想要的传播效果。

### 案例分享　　　　vivo 的抖音企业号运营

作为首批拥抱抖音蓝 V 企业号运营的品牌,vivo 一开始就在抖音短视频平台建立了自己的品牌阵地,并且通过多种方式发力品牌生态营销。目前,vivo 抖音官方账号累计集聚近 100 万粉丝,获得超过 730 万的点赞。

# 任务四　直播营销

> 学前思考:你通过直播营销买过商品吗?谈谈你的购买经历。如果没有,也请说明原因。

网络信息的形式十分丰富,与图文相比,视频具有更加直观的表现力,特别是视频直播,可以与用户进行实时互动,快速引起用户的情感共鸣。随着直播形式的多样化发展,直播这种新兴的营销方式被各大企业关注,并快速涌现出一批直播平台,企业通过这些直播平台更加立体地展示企业文化,传递品牌信息,开展各种营销活动,与用户进行更加直观的互动。

## 一、认识直播营销

### (一)直播营销的含义

直播营销是以直播平台为载体,通过现场展示的方式传递企业品牌或产品信息,以提升品牌形象或增加销量的一种网络营销方式。电视或广播等传统媒体平台的现场直播是最早的直播方式,如体育比赛直播、新闻直播等。随着移动互联网和智能手机技术的快速发展,基于互联网的直播方式开始兴起,目前的直播营销默认为基于互联网的直播。

直播零售:用内容重构公域大流量

### 拓展知识　　　　直播营销相关数据播报

第 47 次《中国互联网络发展状况统计报告》数据显示,截至 2020 年 12 月,我国电商直播用户规模为 3.88 亿,较 2020 年 3 月增长 1.23 亿,渗透率为 39.2%。在电商直播中购买过商品的用户已经占到整体电商直播用户的 66.2%,其中 17.8%用户的电商直播消费金额占其所有网上购物消费金额的 30%以上。以微博为例,人民日报社、央视新闻等官方微博组织的"一起遇见国货好物#这很中国#"等多个主题直播活动的用户观看量均超过千万。

中国连锁经营协会在 2021 年 4 月面向全国连锁零售企业开展了直播带货实施情况调研活动,连锁"百强"企业为主的近 50 家典型企业参与调研活动并反馈。其中,有 9 家单位在 2019 年已开展直播带货业务,大部分企业在 2020 年开展了直播业务,仅有 1 家正在筹备阶段,零售业的直播带货趋势越发突显。直播带货从精准扶贫、荆楚优品等公益销售到百业直播活动,从明星企业家、央视主持人线上开播到地方领导干部变身带货主播,全国各地直播活动花样层出,已然成为零售领域新的流量和销售爆发点。

### (二)直播营销的特点

随着互联网的发展,直播营销以其直观即时、设备简单、直达受众等特点广受企业的青睐。

(1)直观即时。顾名思义,直播可以让用户同步看到事件的发生过程与结果,可以第一时间反映现场的状况。特别是对投票、资讯、发布会等形式的直播来说,主播可以在反映最新进展的同时,邀请观众同步参与互动。

(2)设备简单。直播营销的设备很简单,常见的有手机、电视机、计算机等。基于互联网的直播营销,可以直接通过手机接收与传播,营销的传播范围更广、传播速度更快,营销所取得的效果也更明显。

(3)直达受众。直播营销不会对直播内容进行剪辑和加工,播出的内容与用户所看到的内容是完全一致的,真实、直观的展示方式更容易打动用户,激发其购物欲望。因此,直播营销特别要注重直播流程与设备的维护,避免出现直播失误,给用户留下不好的印象。

### (三)直播营销的优势

在互联网环境下的直播营销,通过更低的营销成本、更广的营销覆盖范围、更直接的营销方式、更有效的营销反馈机制来获取更佳的营销效果。

(1)营销成本低。直播营销的直播设备简单,直播场景可由企业自己搭建,是目前成本较低的营销方式之一。对个人来说,仅靠一部手机就能完成直播营销。

(2)营销覆盖范围广。直播营销可以将产品的形态、使用方法等直观地展现给观众,将其带入营销的场景中,达到全方位覆盖用户认知的效果。

(3)营销方式直接。直播营销可以通过主播的描述更加直观地传递各种优惠信息,同时开展现场促销活动,极大地激发观众消费的欲望,增强营销的效果。

(4)营销反馈机制及时有效。在确定目标产品的前提下,企业开展营销活动的目的是展现产品价值,实现盈利。在这个过程中,企业需要不断优化产品和营销策略,对产品进行升级,使营销效果最大化。直播营销强有力的双向互动模式使企业可以在直播内容的同时,接收观众的反馈信息,如弹幕、评论等。这些反馈不仅包含对产品信息的反馈,还包含直播观众的现场反应,这也为企业下一次开展直播营销提供了改进的方向。

## 二、直播变现模式

### 1. 带货模式

带货模式也叫作导购模式,主播通过视频直播展示和介绍商品,让卖货可以不受时间和空间的限制,并且可以让用户更直观地看到和体验到产品。用户看直播时可直接挑选购买商品,直播间可以此获得盈利。

### 2. 打赏模式

观众付费充值买礼物送给主播,平台将礼物转化成虚拟币,主播对虚拟币提现,由平台抽成。如果主播隶属于某个公司,则由公司和直播平台统一结算,主播则获取的是工资和部分抽成。这是最常见的直播类产品盈利模式。当然随着直播平台的升级和优化,礼物系统也更加多元化,从普通礼物到豪华礼物,再到能够影响主播排名的热门礼物、VIP用户专属的守护礼物,以及当下流行的幸运礼物,无一例外都是为了进一步刺激用户充值,提升平台收益。

**3. 承接广告**

当主播拥有一定的名气之后,商家看重直播间的流量,委托主播对他们的产品进行宣传,主播收取一定的推广费用。主播在直播中可以通过带货、产品体验、产品测评、工厂参观、实地探店等形式满足广告主的宣传需求。平台也可在 App、直播间、直播礼物中植入广告,按展示或点击和广告商结算费用,也是一种变现形式。

**4. 内容付费**

目前,市场上的直播模式多种多样,一对一直播、私密直播、在线教育等付费模式的直播逐渐流行起来。付费模式对直播的私密性要求更高,粉丝通过购买门票、计时付费等方式进入直播间观看。付费直播对内容质量要求较高,有好内容才可有效地留住粉丝,并且持续靠内容盈利。

**5. 企业宣传**

由直播平台提供技术支持和营销服务支持,企业可通过直播平台进行如发布会直播、招商会直播、展会直播、新品发售直播等多元化直播服务,打造专属的品牌直播间,助力企业宣传,实现传统媒体无法实现的互动性、真实性、及时性。

除了以上 5 种变现方式,直播还可以联合举办线上与线下活动、广告引流、版权发行等其他方式进行变现。

## 三、直播营销的常用模式

目前直播营销的常用模式主要有"直播+电商""直播+发布会""直播+企业日常""直播+广告植入""直播+活动""直播+访谈"等。选择不同模式在很大程度上决定了直播的效果。

**1. 直播+电商**

"直播+电商"是最常见的直播营销方式,在线上门店中应用广泛。电商平台用户众多、流量集中,观看直播的用户目的明确,因此,"直播+电商"能够快速实现流量变现,提升产品销量。

> **案例分享**　**银泰导购在家直播,3 小时拿下平时一周的销售**
>
> 2020 年 2 月,银泰百货联合淘宝推出"导购在家直播计划"。2 月 13 日,银泰百货公布数据显示,一名导购直播 3 小时服务的消费者人数,相当于复工 6 个月服务的客流。首批试点的银泰导购在家直播累计时长已超 10 000 分钟,累计观看量超过 10 万人次。银泰百货已经有超过 2 000 位导购注册成为淘宝主播,完成了超过 1 000 场直播。
>
> 自 2019 年 5 月启动"淘柜姐计划"以来,银泰旗下 65 家门店陆续加入导购直播计划。未来,银泰导购在家直播将达到每天 100 场。2019 年"618"期间,100 位"柜姐"参与带货短

视频和直播,当天销售同比增长133%。

银泰导购直播的运营策略重点包括以下内容。

(1) 通过短视频、直播等方式,赋能一线导购,使她们从普通"柜姐"成长为"新零售导购"。

(2) 通过"有血有肉"的极致返利和服务打动用户。

(3) 通过联合各大品牌商为极致粉丝提供福利,雅诗兰黛、科颜氏、悦木之源等品牌专柜纷纷加入,增进用户购买欲。

(4) 通过各大自媒体、社群等进行蓄客引流,精确获取流量。

此外,银泰每个商场在阿里平台均开设了官方店铺,导购可利用淘客进行分佣,快速扩大导购直播的队伍,使导购直播能够更顺利地展开。线下通过好的体验和场景吸引用户,线上通过推荐和分享获得更多的新用户,从而形成消费闭环。

银泰的"人海战术"是其打造直播内容运营生态、实现线上与线下全场景用户运营的重要抓手,为用户解锁更多购物体验,助力实现"线上再造一个银泰"的战略。

资料来源:https://baijiahao.baidu.com/s?id=1658403923337725112&wfr=spider&for=pc。

#### 2. 直播+发布会

"直播+发布会"已经成为众多品牌抢夺人气、制造热点的营销法宝。直播平台上的发布会地点不再局限于会场,互动方式也更加多样和有趣,能够为宣传企业产品和品牌带来更多的流量和人气。

**案例分享　　　　　小米的无人机发布会**

2016年5月25日晚,小米公司举办了一场纯在线直播的新品发布会,小米公司总经理雷军直接在办公室,通过十几家视频网站和手机直播App,以及自家的"小米直播"App发布了其生态链产品小米无人机。采用线上直播的形式,无须租借会议酒店,无须准备户外宣传,无须进行大型会场布置,所花费的成本仅十余部手机而已。在小米直播App中,同时在线人数一路飙升,到发布会临近结束时,同时在线人数已经超过50万人。

#### 3. 直播+企业日常

在社交时代,营销强调人性化。如企业分享自己日常做的事,也成为企业与公众建立密切关系的社交方式。相较于精美包装的宣传,用户有时反而对企业日常更感兴趣。

**案例分享　　　　　宝马Mini的产品宣传**

为了宣传新一代Mini Clubman,宝马Mini联手《时尚先生Esquire》杂志在映客直播平台上连续直播了三天的时尚大片拍摄现场。直播的主角是几位当红明星,通过明星效应吸引了众多年轻用户,最终,此次活动在映客直播平台上有530多万人次的在线观看量。

#### 4. 直播+广告植入

直播中的广告植入能够摆脱插入广告的生硬感,而原生内容的形式更能获得用户好感,在直播场景下,可以自然而然地进行产品或品牌的推荐。如很多主播通过直播与粉丝分享化妆秘籍,植入面膜、去油纸、保湿水、洁面乳等护肤产品的广告;同时,导入购买链接,获得购买转化。

**5. 直播＋访谈**

"直播＋访谈"是指通过访谈的方式,以第三方的角度来阐述观点和看法,如采访行业意见领袖、特邀嘉宾、专家、路人等。这种方式对于传递企业文化,提升品牌知名度,塑造企业良好的市场形象有促进作用,如直播时邀请企业创始人谈企业愿景等。

## 四、直播电商营销概述

### (一)直播电商营销的发展及优势

近年来,内容电商化和电商内容化成大趋势,两者互相渗透。电商侧,不断加大内容投入;另一方面,以抖音、快手为核心的内容平台加大电商领域的布局,从过去的导流、广告模式逐渐向自建电商闭环过渡。直播电商成为电商和内容互相渗透的重要模式,双方都加大资源投入力度,直播电商快速崛起。

 **直播电商相关数据播报**

根据网经社电子商务研究中心发布的《2021年(上)中国直播电商市场数据报告》显示,2017—2020年,国内直播电商市场交易规模分别为196.4亿元、1 354.1亿元、4 437.5亿元、12 850亿元。预计2021年交易规模达到23 500亿元,同比增长82.87%。2018—2020年用户规模分别为2.2亿人、2.5亿人、3.72亿人,预计2021年全年用户规模达4.3亿人,同比增速从2020年的增长48.8%下滑至增长15.59%。直播电商渗透率(直播电商渗透率＝直播电商交易规模/网络零售交易规模)从2018—2020年分别为1.6%、4.3%、8.6%,增速依次为492.59%、168.74%、100%。预计2021年渗透率达10.15%。

商务部数据显示,2020年上半年,全国直播电商超1 000万场,活跃主播数超40万,观看人次超500亿,上架商品数超2 000万。这意味着,平均一天就有5万多场电商直播,每天观看人次超2.6亿。

直播电商具有以下优势。

**1. 需求链缩短**

需求链是指用户从看见商品到决策购买的过程。用户通常是要通过若干环节的影响,如广告知晓、性能比对、口碑验证等,才能够进行决策。但主播以自己的"人设"为支点,以"严选"为依托,直接种草,用户不用再去货架上找货,上述环节同时完成。

**2. 供应链缩短**

去掉中间商,用户通过主播直连品牌,有更大的让利空间。除此之外,集客能力强的主播,还可以形成C2M的反向定制,不仅最大限度地放大了规模效应,而且能够实现零库存。

**3. 场景化,货找人**

在供需两侧缩短的链条上,直播电商还有一个独特的动力机制。传统货架电商都是"人找货",而直播电商为用户定制了一个专属生活方式的购物场景。这种用"货找人"的方式,也在最大限度上触发了成交可能。传统电商与直播电商决策路径变化如图5-5所示。

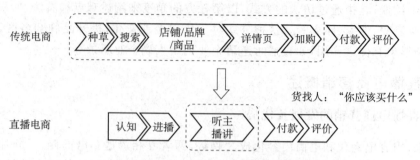

图 5-5　传统电商与直播电商决策路径变化

 　　　　　　　　直播电商交易额爆发的底层逻辑

直播电商交易额爆发的底层逻辑主要来自新增＋平台倾斜流量及高转化率两个方面。

$$GMV＝流量×转化率×客单价$$

（1）流量。流量红利收缩下传统电商平台寻求新的流量增长点，直播电商的流量增量一方面来自主播/KOL 等红人自带的粉丝流量，另一方面内容平台的入局给直播电商带来新增流量。而传统平台在做大直播电商的过程中配给了较多的存量资源，共同作用下拉动了直播电商的流量快速增长。

（2）转化率。传统的购买转化链路较长，从认知、种草到搜索、购买，链条较长，而在直播电商下，转化链路非常短，短时间内即完成"种草"到"拔草"的闭环。从主播讲解到用户下单购买往往仅需几分钟时间，叠加主播话术和"套路"，容易形成冲动购买。转化率上，顶级网红电商直播的购买转化率可达到 20%，而社交电商为 6%～10%，传统电商仅为 0.37%，效率远远高于传统电商。

（3）价格。通常低于传统电商，以价格换销量，毛利空间大的品类更为适合。直播电商整体通过去中间环节或品牌方让渡盈利空间实现了比传统电商更低的价格吸引消费者，逻辑上以价格换取销量。

### （二）直播电商营销三要素

直播电商营销三要素包括人、货、场。其中"人"包括主播（一般也称 KOL）和 MCN 机构，"货"包括品牌方和供应链，值得注意的是，部分高阶电商 MCN 对品牌方和供应链有把控力，供应链能力逐渐被强势电商 MCN 内化；"场"是指直播平台及直播场地，这里仅重点研究直播平台。平台、MCN、KOL、品牌/企业关系如图 5-6 所示，人货场的高度统一，才能成为直播电商高效益的核心条件。

**1. 人：主播和 MCN 机构**

直播中人的要素主要包括主播和 MCN 机构，主播包括素人、网红和明星等，MCN 机构包括内容 MCN 和电商 MCN。

（1）主播。电商主播通常具备一定的粉丝黏性，粉丝给予货品较高关注权重。在直播行业，KOL 就是指主播。KOL 作为内容的载体与创作者，是直接影响消费者购买力的关键

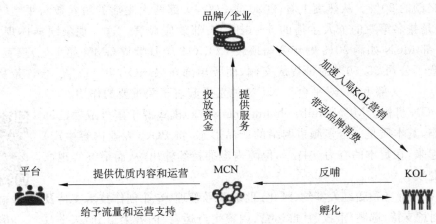

图 5-6 平台、MCN、KOL、品牌/企业关系

一环,在产业链中逐渐掌握话语权。KOL 对自身定位和流量受众越明确,与用户情感联结越强烈,选品与内容共创就越契合,营销转化效率越高。

### 拓展知识　　　何为 KOL

关键意见领袖(key opinion leader,简称 KOL)通常被定义为拥有更多、更准确的产品信息,且为相关群体所接受或信任,并对该群体的购买行为有较大影响力的人。关键意见领袖通常是某行业或领域内的权威人士,在信息传播中,不依赖其自身活跃度也容易被承认和识别出来,是销售过程中价值形成和交换的源点,是销售工作的着力点。

作为移动互联网重点关注的人群,每位 KOL 都有着独特的人格属性和内容特质,通过对其受众画像的洞察,能够帮助品牌营销挖掘更精准的商业机会。KOL 的典型特征如下:

① 持久介入特征。KOL 对某类产品较之群体中的其他人有着更为长期和深入的介入,因此对产品更了解,有更广的信息来源、更多的知识和更丰富的经验。

② 人际沟通特征。KOL 较常人更合群和健谈,他们具有极强的社交能力和人际沟通技巧,且积极参加各类活动,善于结交朋友,喜欢高谈阔论,是群体的舆论中心和信息发布中心,对他人有强大的感染力。

③ 性格特征。KOL 观念开放,接受新事物快,关心时尚、流行趋势的变化,愿意优先使用新产品,是营销学上新产品的早期使用者。

传统线下品牌从营销"种草"到完成销售转化的路径很长,品牌方通过投放广告使消费者形成品牌认知,消费者通过线上搜索、线下消费完成购买,"种草"与"购买"的环节往往不在同一时间和空间内,转化路径较长,营销活动缺乏针对性且难以衡量成效。在当前直播带货下,品牌方对接不同的 KOL 进行多平台投放,消费者出于对 KOL 的认知和喜爱,进入直播间或观看视频、图文,通过链接跳转,或直接进行购买,短时间内即完成"种草"到"拔草"的闭环。尤其是在电商直播模式下,从主播讲解到用户下单购买往往仅需几分钟,转化链路大大缩短。同时通过秒杀、独家、优惠、赠品以及配合话术,能够大大提升销售的转化效率。

KOL 带货能力二八分化严重,平台与 MCN 机构均倚重头部 KOL 的影响力。以淘宝直播平台为例,2019 年"双十一"期间头部主播两人引导成交额合计约 40 亿元,约占当期淘宝直播成交额的20%。从热度上看,2020年2月,头部两大主播的粉丝数与平台热度均遥遥领先,约是排名第三的个人主播的5~6倍,头部效应显著。这一现象同样体现在MCN机构上,头部MCN如涵2019财年公司顶级KOL(12个月带货GMV超1亿)仅有3人,但这3人创造了公司53.50%的带货成交额,而腰尾部新兴KOL共117人,合计带货成交额占比32.30%。头部KOL对平台与MCN的发展起着至关重要的作用。

（2）MCN机构。MCN(multi-channel network)模式源于国外成熟的网红经济运作,其本质是一个多频道网络的产品形态,将PGC(专业内容生产)内容联合起来,在资本的有力支持下,保障内容的持续输出,从而最终实现商业的稳定变现。

如何打造主播人设

MCN机构业务覆盖红人签约、孵化、批量账号管理、专业创作技术支持及持续性的创意支持、选题/审核、社群运营、内容生产运营、内容渠道分发、平台资源对接等,旨在通过内容生产、KOL运营等以实现多元化的商业变现。

MCN链接平台、KOL和企业等多方环节,主要通过规模化的签约或孵化红人,通过内容生产、包装推广、多平台运营等方式进行商业变现。对平台而言,MCN提供了丰富的优质内容,有助于平台更高效的构建内容生态；对KOL而言,MCN机构以工业化的生产方式组织内容生产,在选题策划、脚本创作、拍摄剪辑等阶段提供专业的支持,同时,中小型KOL还有望受益于MCN机构给予的资源倾斜；对广告主而言,MCN机构可根据品牌方需求进行达人匹配、多渠道分发,达成预期目标。

### 拓展知识　　中国MCN市场的发展

2019年,中国MCN市场规模达到168亿元,中大型MCN机构占比不断提升。2015年起步初期的中国MCN市场规模仅为8亿元,2016年快速发展,同比增速高达300%,此后每年都保持40亿~50亿元的绝对数增长。2018年后行业增速放缓至50%左右,逐渐进入整合期,一些小型机构开始被淘汰,中大型机构不断拓展组织规模以寻求规模效应。对比2016与2019年,50人以下的MCN机构占比由42%降至18%,300人以上的MCN占比由11%提升至31%。

**2. 货:供应链的选择和商品选择**

从货的角度看,当前已经呈现出了万物皆可播的局面,特别在2020年新冠疫情的影响下,甚至"车""房"等类别也在做线上直播,但引流为主,成交为辅。

1）直播电商选品策略

直播电商在选品上遵循一定的策略,因为选品的好坏往往决定了直播的质量和转化率。直播电商在选品过程中,主要考虑以下几个方面策略。

（1）粉丝优势。选品需要满足账号粉丝画像,通过直播交流、个人助手号、微信群等去了解粉丝最近想买什么东西或寻找核心客户群,例如,观看直播人群的性别、年龄、售罄商品、售后问题等去判断粉丝需求。

（2）专业优势。根据内容垂直度选择产品,如果主播是内容垂直达人,可以先做与账号定位相关的垂直领域产品,熟练之后再去拓展其他类目产品。例如,美食类垂直达人一般选择的直播带货产品就是与美食相关的调料、厨具、特产等。产品测评账号一般是真实有信任感的人设,选品主要是围绕健康、安全相关的产品,例如,去甲醛产品、婴幼儿产品、美妆产品等。

**案例分享** 吴晓波:好国货让我卖成了"15罐",是我的逻辑在直播间里失了效

一家乳业公司在吴晓波直播中只售出了15罐三段奶粉,吴晓波自己反思说,直播翻车的原因有两个,选品逻辑错误是其中之一。他说,团队建议他多上百元以下的流量款,特别是在其他直播间得到过验证的商品,可是他坚持自己的选品逻辑:直播的26个品牌中,1/3是第一次尝试直播,1/4是全网首发,有六款商品的直播价超过2 000元。

吴晓波选择瑞哺恩奶粉的逻辑是:自"三聚氰胺"事件后,国产奶粉经历了惨烈的信任爬坡期,在每年的海淘商品中,进口奶粉多年排名第一。而在过去的几年里,中国乳业已经彻底摒弃了"农户+工厂"模式,它们从种草开始,到养牛、制成品实现了全面闭环。在配方研发上,它们更关注中国妈妈和婴儿的体质特点。他还去过多家乳业公司实地调研,深信国产奶粉的脱胎换骨。而此次上直播的奶粉是蒙牛在新西兰自建牧场和生产线后的一款新品。

(3)货品优势。选品时要深入了解产品的特性,选择优质的、具有一定差异化的产品,并且要在直播过程中不断强调产品的特性。选择直播商品时,要考虑供应链的整合能力以及品牌方的合作资源优势,要考虑在不同的平台上面有价格优势,要选择多品类、爆款、折扣款的商品。同时,要重点考虑商品的售后问题,如果是在第三方渠道选品,建议选择官方旗舰店、专卖店、专营店等级较高的门店作为商品来源,避免直播售后问题频出,影响直播间人流量和复购率。例如,淘宝某主播的直播带货产品承诺给粉丝"全网最低价"且"无条件退换"的福利,这对提升人气和成交量非常有帮助。

(4)流量优势。根据市场热度选择产品,紧跟流量点,例如,年货节、零食节、女神节、中秋节等。网红产品在需求高涨时,都会带来不错的销量。例如,星巴克猫爪杯、韩国火鸡面、红豆薏米茶,这类产品在火爆时期几乎全网在卖。另外,追热度一定要快,比竞争对手卖得快,利润空间就比竞争对手大。有热度的商品,既可以增加直播间流量和人气,又可以增加直播间销量。

(5)人设定价。根据内容账号的人设进行产品的定价,因为不一样的人设,对于产品的定价有直接的影响。专业型人设推荐的产品就可以以高客单价产品为主、中客单价产品为辅;文化娱乐型人设可以以中端为主,低端为辅选择直播带货产品;亲民型要选择以中低端为主的实用型产品。

2)直播电商商品组合策略

在直播间,不同价格的商品有不同的作用。

(1)福利款。福利款即津贴款,就是给粉丝们一些优惠以吸引他们留在直播间,一般这种商品的价格都是远远低于市场价的。这类商品一般需要考虑用户的消费需求,可以考虑选择消费频率较高的商品,包括生活用品,如纸巾、洗涤剂等,还有各类小零食等商品,因为这是大多数人都有需求的商品,这些物品符合大家的囤货心理。以超低价吸引用户留在直播间,能为直播间创造一个好的购物氛围,这种方式在很多达人直播间里都有。

(2)爆款。爆款就是平台中销量很高的一些产品,也就是网红产品,一般在各个直播间出现的概率都很高。爆款没有引流款那样的低价,但是会给直播带来大量订单和用户。

(3)利润款。利润款就是利润比较高的商品,利润款商品价格就不能靠低价打动用户

了,这些商品更多的是针对对产品功能和生活品质都有较高追求的用户群体,这类商品的出货量不会太大,但所带来的收益相当可观。

### 拓展知识　　　　　直播间什么东西好卖

根据微播易《2020直播电商行业报告》,当前直播间粉丝的兴趣主要集中在快消品上,追求直播带货的性价比(图5-7)。

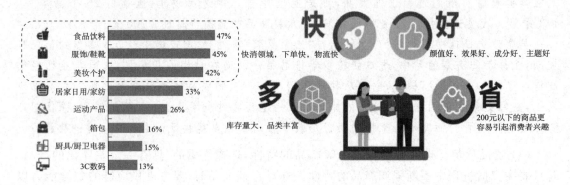

图5-7　2020年直播间销售产品的特点

从平台看,淘宝直播涉及的带货品类较为完善,主要是服装、美妆、母婴、美食、珠宝等。

抖音、快手,目前主要集中在性价比高的实用型产品,例如,时尚美妆、居家日用、女装、食品饮料、3C数码等。

其中,抖音直播美妆和服装百货占比高,商品集中在价格200元以下,有一定知名度的品牌;快手直播高性价比的白牌商品较多,产业带直播比重较大。

广义来说,目前直播已经覆盖了几乎所有的行业,体验性强、毛利率高、客单价低、退货率低、复购率高的相关非标品更受欢迎。

总的来说,美妆、服饰、快消品为直播强势品类。

从经济效益来看,美妆具有高毛利和高成交量的特点,使其成为最受欢迎的带货商品。

服饰受退货率影响次之,这两者为电商平台最主要的带货商品。

从专业化程度来看,快消品由于品牌间差异化程度较小,购买决策更多由品牌效应驱动,对带货主播的专业化要求低,也成为热门带货品类之一。

而对于专业需求较强的商品品类如珠宝、汽车、3C等,主播需要与顾客进行专业化双向交流推动购买决策,靠近产品产业链上游的主播往往更具备说服力,见表5-2。

表5-2　直播类目特点及发展趋势分析

| 比较项目 | 服饰鞋包 | 美妆护肤 | 生鲜食品 | 家电数码 | 图书音像 | 汽车 | 家居家装 | 本地生活 |
|---|---|---|---|---|---|---|---|---|
| 体验感 | 高 | 高 | 中 | 较高 | 较低 | 较低 | 较高 | 低 |
| 毛利率 | 50%+ | 50%+ | 15%+ | 20%+ | 20%+ | 15%+ | 30%+ | 10%+ |
| 客单价 | 较低 | 较低 | 低 | 较高 | 较低 | 高 | 高 | 中 |
| 退货率 | 高 | 较低 | 较低 | 较高 | 较高 | 较低 | 较低 | 中 |
| 直播渗透率 | 35.6% | 7.6% | 7.4% | 4.6% | 未知 | 0.1% | 3.6% | 0.1% |

资料来源:http://www.yidianzixun.com/article/0RzoKJa8/amp。

**3. 场：直播平台选择**

目前切入直播电商的主要有两类平台：电商平台（淘宝、拼多多、京东等）、内容社交平台（抖音、快手、微博、小红书、B站等）。从人货场逻辑上来看，内容社交平台核心是把握人的因素，电商平台核心则是把握货和场的因素。

> **拓展知识**　　**2021年中国直播电商平台竞争格局分析**
>
> 2016年是直播元年，蘑菇街、淘宝、京东等电商平台纷纷推出直播功能，开启直播导购模式；快手、斗鱼等直播平台则通过与电商平台或品牌商合作布局直播电商业务。当前，我国直播电商行业主要平台有淘宝、抖音、快手、京东、唯品会、蘑菇街、小红书、拼多多等。从用户规模、平台占有率、市场规模上看，淘宝、抖音、快手三大平台竞争激烈。
>
> 从用户数量、平台占有率上看，淘宝占有较大优势；从市场成交额看，抖音GMV（成交额）要高于其他两大平台。
>
> 从活跃用户数量情况看，淘宝活跃用户数量较高。2021年5月，电商平台中，淘宝、拼多多、京东MAU（月活跃用户数量）分别为75 090.7万、70 430.3万、30 218.1万；直播平台中，抖音、快手MAU分别为68 647.9万和41 351.5万。
>
> 从平台占有率上看，根据中国消费者协会发布的《直播电商购物消费者满意度在线调查报告》调查数据显示，使用淘宝直播的消费者占比为68.5%，经常使用淘宝直播的消费者占比为46.3%，淘宝直播处于绝对领先优势；其次为抖音直播和快手直播，使用用户占比分别是57.8%和41.0%，经常使用的忠实用户占比分别是21.2%和15.3%。
>
> 从市场成交额上看，抖音直播GMV高于其他两大平台。据阿里巴巴2021财年三季度财报信息显示，截至2020年12月31日12个月，淘宝直播带来的GMV超过4 000亿元。
>
> 资料来源：https://baijiahao.baidu.com/s?id=1703244770446091496&wfr=spider&for=pc。

## 五、直播电商营销具体流程

### （一）前期：策划与筹备

策划与筹备阶段，主要是做好直播营销方案，做好直播宣传引流。

**1. 营销方案**

直播营销方案的作用是传达。在直播营销思路及目的确定后，需要通过直播方案准确地表达，将核心思路传达到新媒体团队及外部直播平台、运营人、合作主播、摄像师等。作为传达的桥梁，直播方案需要将抽象概述的思路转换成明确传达的文字，使所有参与人员，尤其是直播相关项目的负责人既了解整体思路，又明确落地方法及步骤。完整的直播方案正文，需要包括直播目的、直播简述、人员分工、时间节点、预算控制五大要素。

（1）直播目的。方案正文首先需要传达直播目的，告诉团队成员，通过这场直播需要完成的销售目标、需要提升的口碑关键词、现场期望达到的观众数量等信息。例如某公司直播目的确定如下：春节将至，这段时间是老百姓采购年货的主要时间段，为宣传春节新品套装，并在春节放假前将天猫店销量提升至6 000万元，公司将于近期进行一场网络直播。

（2）直播简述。方案正文需要对直播的整体思路进行简要描述或以"一页PPT"形式展示，包括直播形式、直播平台、直播亮点、直播主题等。

（3）人员分工。直播需要按照执行环节对人员进行分组，包括道具组、渠道组、内容组、摄制组等。每个项目组的负责人姓名、成员姓名等，需要在方案正文中予以描述。

（4）时间节点。时间节点包括两部分：一是直播的整体时间节点，包括开始时间、结束时间、前期筹备时间、发酵时间等，便于所有参与者对直播有整体印象；二是项目组时间节点，方案正文清晰传达每个项目组的任务截止时间，防止由于某项目组在某环节延期而导致直播延误。

（5）预算控制。每一场直播活动都会涉及预算，新媒体团队整体预算情况、各环节预期需要的预算情况，都需要在方案正文中进行简要描述。当某个项目组有可能会出现预算超支的情况时，需要提前知会相关负责人，便于整体协调。

**2. 宣传引流**

常见的引流方法包括硬广、软文、短视频、直播、问答、线下引流等。

（1）硬广引流。企业新媒体团队可以利用官方媒体平台，直接进行直播宣传推广。企业可以在官方媒体平台将直播时间、直播账号、参与嘉宾、抽奖与惊喜等详细列出，完整地告知粉丝，并邀请其传达给自己的好朋友。

（2）软文引流。软文引流需要注意两个细节：一是相关性，软文需要投放到目标用户活跃的平台或账号；二是目的性，虽然是软文，但是要在文末引导用户点击直播间网址或下载直播软件。

（3）短视频引流。由于视频比文章更容易理解，降低了受众的认知门槛，因此越来越多的企业开始利用短视频进行宣传推广。在新浪微博、今日头条等平台，优秀的短视频可以达到上百万甚至千万级曝光效果。

（4）直播引流。直播平台通常有"推送""提醒"或"发布"功能，直播开始前，可以将直播消息直接推送给关注直播间的粉丝，鼓励观众关注直播间，积累原始粉丝。

（5）问答引流。用户希望在问答网站获得想知道的答案，企业也可以借助问答网站，友好地回答网友问题，同时为企业做宣传，引导网友前往直播间。问答网站包括百度知道、知乎问答、头条问答、果壳问答等。

（6）线下引流。如果企业有线下渠道，如产品体验店、营业厅、线下门店等，可以借助线下渠道，以店内互动屏、宣传单等形式，宣传直播内容，引导线下消费者关注直播。

**（二）中期：传播与实施**

中期阶段是直播营销活动传播与实施，可以分为直播活动开场、直播活动过程、直播活动结尾三个阶段。其中，直播活动开场，要帮助观众判断该直播是否值得观看；直播活动过程，提升观众的兴趣；直播活动结尾，促使观众接受营销内容。每个阶段的内容安排与营销技巧不同。

**1. 直播开场技巧**

开场的目的是让观众了解直播的内容、形式和组织者等信息，给观众留下良好的第一印象，帮助观众判断该直播是否具有可看性。开场的观众主要来自前期宣传所吸引的用户、在直播平台随意浏览的用户，这些观众一般在进入直播间的一分钟内就会对直播效果做出判断,因此要做好直播活动的开场设计。直播活动的开场主要有六种。

(1)直接介绍。在直播开始时直接告诉观众本次直播的相关信息,包括主播自我介绍、主办方介绍、直播话题介绍、直播时间、直播流程等。需要注意的是,这种开场方式比较枯燥,容易使部分观众产生不耐烦的情绪,因此建议添加一些吸引观众的活动环节,如抽奖、发红包、采访特约嘉宾等,以最大限度保留观众。

(2)提出问题。提问可以引发观众思考,带动主播与观众之间的互动,使观众有一种参与感;同时,又能通过观众的反馈预测本次直播的效果。

(3)数据引入。专业性较强的直播活动可以通过展示数据的方式来开场,增加观众的信服度。这种开场方式要求数据必须真实可靠,否则容易引起观众的质疑,为直播带来负面影响。

(4)故事开场。趣味性、传奇性的故事可以快速引起消费者的讨论与共鸣,为直播活动营造一个良好的氛围。注意不要选择争议性较大的故事,否则容易引起观众的激烈讨论,无法快速进入主题,反而得不偿失。

(5)道具开场。营销产品、卡通娃娃、礼品、场景工具等都可作为辅助开场的道具,可以通过对道具的简单说明进入主题。

(6)借助热点。参与直播营销的观众一般为喜爱上网的用户,这些观众对目前的热门事件非常熟悉,借助热门事件可以快速拉近主播与观众之间的距离。

**2. 直播过程互动**

直播活动过程主要是对直播内容的详细展示,除全方位、详细地展示商品信息外,还可以开展一些互动活动。直播过程中的互动活动,由发起和奖励两个要素组成,具体如图 5-8 所示。横坐标轴为发起轴、纵坐标轴为奖励轴。由发起者分隔出的四个象限,包含了直播互动的四大类玩法。其中,发起方决定了互动的参与形式与玩法,奖励则直接影响互动的效果。

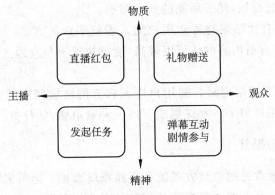

图 5-8 直播过程中的互动活动

第一象限代表观众发起互动,以物质作为奖励,主要互动形式为礼物赠送。即观众通过直播平台的礼物系统,送给主播礼物,礼物形式根据平台而定,包括"火箭""跑车""玫瑰"等虚拟礼物。

第二象限代表主播发起互动,以物质作为奖励。主要以直播红包的形式,现场赠送红包或抽奖后快递寄送等价礼物等方式回馈用户,增加直播的人气并加强互动。主播发放红包要提前告知用户发放的时间,如"10分钟后有一大波红包来袭""20:00准时发红包"等,这是为了让用户知道抢红包的时间,在让用户做好准备的同时,暗示用户邀请更多人加入直播间等待红包,以提高直播的人气。

第三象限代表主播发起互动,以精神作为奖励,主要以发起任务的形式进行互动。在直播中发起任务是指让用户按照指定的方式,在指定的时间内完成一系列任务的行为。例如,邀请用户进入一个微信群,在微信群中聊聊自己的糗事;邀请用户在某个帖子或微博下评论;号召用户一起做出与主播相同的动作,并分享到社交网站上等,完成任务后统一授予称号、截图感谢,或口头念出观众名字予以感谢。发起任务可以快速凝聚用户,形成团体力量,使用户有一种成就感和满足感。

第四象限代表观众发起互动,以精神作为奖励,主要以弹幕互动、剧情参与等形式进行互动。在直播中通过弹幕参与讨论,通过共同制定剧情参与直播下一步发展,都代表观众对于主播或主办方的支持,良性的参与及互动对直播活动大有裨益。主播在直播过程中要关注弹幕的内容并挑选一些与用户进行互动,特别是用户的提问、建议等内容。参与剧情一般适用于户外直播,通过邀请网友参与,加强用户的参与感,同时还能借助用户的创意增加直播的趣味性。若采纳了用户的意见,可以给参与的用户一些奖励,提高用户的积极性。如第31届夏季奥运会期间,咪咕直播与凤凰网联合推出的"走着!看里约"直播,就采纳了网友的意见,以采访里约街头不同国家、不同肤色的奥运观赛人群为主题进行直播。

**3. 直播活动结尾**

从直播开始到结束,观看用户的数量会一直发生变化,而到结尾时还留下的用户,在一定程度上都是本次营销活动的潜在目标客户。因此,一定要注重直播活动的结尾,最大限度引导直播结束时的剩余流量,实现企业产品与品牌的宣传向销售转化。

(1)引导关注。在直播结尾时可以将企业的自媒体账号和关注方式告知用户,引导用户关注,使其成为自己的粉丝,便于后期的粉丝维护。

(2)邀请报名。在直播结尾时告知用户加入粉丝平台的方式,并邀请其报名。加入粉丝平台的这部分用户对直播内容的认可度较高,能够快速参与直播互动,具有转化为忠实粉丝的潜力。

(3)销售转化。在直播结尾时告知用户进入官方网站或网店的方式,促进购买与销售转化。另外,也可以给用户留下一些优惠或营造一种紧迫感,如打折、优惠等。

**(三)后期:总结与提升**

在直播结束之后,最常见的总结方式就是直播粉丝维护。运营者要定期维护粉丝群体,与积极互动的粉丝交流,并在群内发起活动,实现"观众→粉丝→客户→忠实客户"的转化。对于通过直播加入的粉丝,在直播结束后,可以通过策划线上活动、分享最新信息、邀请直播参与、发起专属线下活动四种方式进行粉丝维护。

**1. 策划线上活动**

与线下活动不同,线上活动不受地点、天气等限制,发起更便捷,因此运营者可以将线上活动作为常规活动,定期举办系列活动,制造熟悉感。

**2. 分享最新信息**

企业对外发布的广告、购买提示等,尽量不要直接发到群里,否则粉丝群逐渐会演变为广告群,群成员的参与度将逐渐降低。在熟悉起来后,企业可以定期在群内分享群外网友无法第一时间获取的最新资讯,促进群成员好感。可分享的信息包括专属折扣链接、爆款产品提前购、企业红包口令、新品内购网址、买即赠暗号等。

**3. 邀请直播参与**

邀请粉丝一起参与下一场直播,良好的参与感是粉丝对社群产生好感的前提条件。这样一方面可以缓解企业的运营压力,从粉丝群发现设计、文案、推广等人才;另一方面可以让粉丝得到充分的尊荣感,自然更愿意在下一场直播中自觉扮演"自己人"的角色,参与到直播宣传、直播现场秩序维护当中。

**4. 专属线下活动**

定期发起线下活动,让线上聊天变成线下互动,促进粉丝交流。常在同群交流的粉丝进行线下聚会的同时,企业运营团队借机邀请粉丝试用新品、反馈建议,增加粉丝归属感与参与感。

# 能 力 训 练

## 内容营销策划

内容营销通过生产发布有价值的、有关联的、持续性的内容来吸引、获取和聚集匹配度较高的目标人群,最终改变或强化目标人群的行为,推动商业转化,带来收益。其本质上是如何指导做营销的一种思维方式,是一种战略思想,要求企业能生产和利用外部价值,吸引特定受众。通过本项目学习,学生可以了解各类不同平台中的内容创作过程,并结合不同平台的要求完成内容创作,实现内容营销。

### 一、训练内容

组建共同学习小组,自选商品或品牌,结合消费者需求,为其创作内容,通过内容营销与品牌用户的持续互动,在消费者心智中塑造一个丰满的品牌形象,最大化地实现品牌传播效果。

### 二、训练步骤

**1. 选择目标商品或品牌,并收集相关资料**

共同学习小组成员查找相关资料,然后小组讨论并选定目标分析企业,围绕目标企业进行二次信息收集。

**2. 整理分析相关资料**

根据前期收集资料,对目标商品或品牌的消费群体进行分析,通过团队共创等方式讨论内容创作创意。

**3. 创作内容营销软文或短视频**

创作内容营销软文或短视频,并进行展示,之后根据教师反馈的意见进行修改。

## 三、训练要求

**1. 训练过程**

通过小组自主探究、教师辅助指导的方式完成训练任务。

(1) 教师布置任务。

(2) 学生组建共同学习小组(建议4~6人),确定小组成员分工。

(3) 初步查找企业资料。

(4) 小组讨论明确目标商品或品牌。

(5) 进行二次信息收集。

(6) 根据所学内容,整理分析相关资料。

(7) 共同创作内容营销软文或短视频。

**2. 训练课时**

建议训练课时:课内二课时;课外二课时。

## 四、训练成果

内容营销软文或短视频一份。

# 项目六

# 全渠道营销效果评估

## ➡ 学习目标

【知识目标】
1. 掌握全渠道营销效果评估的用户指标和价值指标。
2. 熟悉全渠道营销效果评估的图文指标和流量指标。
3. 了解全渠道营销效果分析步骤。
4. 掌握全渠道营销效果分析方法。

【技能目标】
1. 能够通过全渠道营销效果评估指标分析营销效果。
2. 能够根据分析结果提出全渠道营销优化方案。

【思政目标】
1. 具备全渠道营销系统思维。
2. 具备全渠道营销数字化意识。
3. 具备诚信意识,理性对待全渠道营销效果分析相关数据。

全渠道营销效果评估导学

# 知识技能点思维导图

## 项目六 全渠道营销效果评估

### 认知全渠道营销效果评估指标

- 用户指标
  - 用户分类指标
  - 用户运营指标
  - 用户满意度指标
- 图文指标
- 流量指标
- 价值指标
  - 基础指标
  - 转化率指标
  - 增长率指标
  - 成本收益指标

### 分析全渠道营销效果

- 全渠道营销效果分析的步骤
  - 制定目标
  - 挖掘数据
  - 处理数据
  - 分析数据
  - 总结数据
- 全渠道营销效果分析的方法
  - 直接评判法
  - 对比分析法
  - 结构分析法
  - 漏斗图分析法
  - 雷达图分析法

**案例导入**

## 2020年"双十一"销售数据,你看懂了吗

### 一、"双十一"规模持续扩大,补贴优惠主导本次活动

1. 2020年"双十一"当天全网GMV达3 300亿,阿里系电商仍为主导

"双十一"始于2009年,十余年间全网GMV从不足1个亿快速上升至2019年的4 101亿元,年复合增速超100%。数据显示,2020年"双十一"当天全网GMV为3 329亿元,阿里巴巴仍是"双十一"活动的主导者,2019年、2020年"双十一"当天市场占有率均接近60%。由于本次"双十一"天猫新增11月1—3日三天大促,地位与11日当天相当,因此分散了以往集中于"双十一"当天的海量成交,这也是本次"双十一"当天全网GMV有所回落的主因。因此,建议留意此次天猫以及全网GMV数据在统计口径上的可比性。

2. 对比2019年,本次"双十一"玩法简单化,突出直接补贴、优惠概念

相比于往年"双十一"极其复杂、烦琐的优惠方式,本次"双十一"各平台更多突出直接补贴、优惠的概念。2019年"双十一",各平台均推出一系列社交小游戏,消费者只有达到一定要求后才能获得红包与优惠券。但2020年"双十一"相关概念被大幅弱化,消费者无须费时费力再获得补贴、满减等,补贴范围与力度、平台满减起点等也更利于消费者。此外,商品优惠力度较强的直播模式的地位也更为突出,除一些专业主播依旧火热登场外,大量明星、公司高管也开设直播间提供优惠商品。表6-1是2019年和2020年各平台"双十一"部分重点活动对比。

表6-1 2019年和2020年各平台"双十一"部分重点活动对比

| 比较项目 | 天猫 | | 京东 | | 苏宁 | | 拼多多 | |
| --- | --- | --- | --- | --- | --- | --- | --- | --- |
| | 2019年 | 2020年 | 2019年 | 2020年 | 2019年 | 2020年 | 2019年 | 2020年 |
| 社交小游戏 | 盖楼大挑战、愿望清单抽奖免单 | 养猫获取20亿红包 | 全民养红包、锦鲤红包 | | 全民养鲸鱼、小苏农庄 | | 日常小游戏 | 日常小游戏 |
| 补贴优惠 | 购物津贴 | 美妆对价免税店、房车吃喝玩乐领域也提供优惠商品 | 百亿补贴 | 双百亿补贴计划 | | 线上平台、线下苏宁店顾客均可享受百亿补贴 | 日常百亿补贴 | 加码百亿补贴,部分产品的补贴力度提升至5%~60% |
| 平台满减 | 满400减50 | 满300减40 | | 满300减40 | | | | |
| 直播 | 直播名气度最高 | 300位明星+400位总裁直播 | | 300位明星+500位总裁直播 | | 超级买手直播间 | | |

...玩法提高参与热度,全网累计 GMV 或达 9 000 亿元

...化的参与方式对购物节热度的提升作用更为明显。在本年度"618"期间,直接化、...化的参与方式(简单明了的消费券、补贴、减价代替了耗时耗力、极其复杂的游戏与红...,大幅降低了消费者获取最低价的难度)进一步刺激了消费者的参与热情,全网 GMV 同比+43.8%,增速较 2019 年大幅提升了 32%。虽在消费券发放力度上略有不足,但本次"双十一"补贴与满减力度并无区别、折扣获取上也相对容易,而参与活动商品数等数据又优于"618",对规模增长的促进作用也将较为明显。

全网累计 GMV 有望达到 9 000 亿元,本次"双十一"(11 月 1—11 日),天猫 GMV 可比口径同比+26.1%,京东 GMV 同比+32.8%。若假设阿里系、京东"双十一"全程合计拥有 85%的市场占有率(与本次"双十一"当天占比一致),则 2020 年全网累计 GMV 将有望超过 9 000 亿元。

## 二、参与平台增多,各玩家均获优异成绩

### 1. 天猫新增 3 天大促,GMV 达 4 982 亿元

本次"双十一"(11 月 1—11 日),天猫平台累计 GM 达 4 982 亿元,较 2019 年"双十一"当天(11 月 11 日)数据同比+85.6%。若按照同周期、同口径比较,本次"双十一"GMV 同比增长了 1 032 亿元、增速为 26.1%。

(1)新增三天大促。2020 年天猫"双十一"最大的创新在于新增 11 月 1—3 日的三天大促,地位与"双十一"当天相当,这有利于天猫平台提前吸引消费者驻足消费、提前下单与收货,并给予商家更多促销和补货的机会,进一步刺激成交额增长。

(2)参与活动的商品范围进一步扩大。除服装、美妆、3C 家电等传统"双十一"大促商品外,本次"双十一"天猫平台推动更多房、车、吃喝玩乐等领域的商品参与活动。"双十一"全过程中,超过 450 个品牌在天猫上成交额过亿元。

(3)直播带货依然是重中之重。2019 年"双十一"淘宝两大头部直播在淘宝直播创下年内带货纪录,本次"双十一"首日,两人单场带货 GMV 均超 30 亿元、累计观看人次超 1 亿,再次创下新纪录。此外,数百位明星、公司高管也开设直播间,扩大直播受众,并提高商品购买率。

### 2. 京东主打简单化,GMV 达 2 715 亿元

本次"双十一",京东平台 GMV 达 2 715 亿元,同比 2019 年提升 32.8%,近三年来增速节节攀升。

(1)重补贴、优惠,消费者可直接比价。京东平台在 2019 年"双十一"期间曾大力推广养锦鲤红包的小游戏,消费者获取优惠的途径较复杂。但本次"双十一"京东更突出补贴优惠概念,推出超级百亿补贴和超省百亿消费券两项百亿补贴计划,并直接展示商品的预估到手价,便于消费者直接明了进行比价。

(2)继续发挥自建物流优势。京东物流在全国拥有 750 多个仓库、1 800 万平方米仓储总面积,大件和中小件网络已实现大陆行政区县几乎 100%覆盖。在全国 32 个省市自治区、近 200 个城市中,将预售商品前置至离消费者最近的快递站点,"双十一"活动首日京东第一单仅 6 分钟即送达,自建物流优势明显。

(3)京东超市、京喜等非传统核心业务实现爆发。"双十一"当天,开场 5 分钟京东超市

成交额同比增长10倍,前10分钟超3 000个品牌成交额同比翻倍。开场30分钟,京喜全平台订单突破百万单、多个产业带成交额整体保持在5倍以上高速增长。

3. 苏宁线上线下同步,超级买手抢直播市场份额

本次"双十一"当天,苏宁线上订单量同比+75%,重点品类销售表现出色。截至18时,3C品类成交额同比+72.5%、百亿补贴大家电订单量同比+362%;截至19时,大牌美妆销量同比+120%(国货美妆+230%)、智能生活电器同比+320%。

(1)全渠道参与"双十一"活动。相比其他平台,苏宁在线下的布局更为广阔,拥有包含苏宁电器店、零售云店、家乐福超市在内的近万家自营、加盟门店。本次"双十一",苏宁将自身百亿补贴扩展至线下门店,打造全渠道的"双十一"活动。以家乐福为例,11月1—3日家乐福全渠道销售额同比增长39%,到家业务订单量同比增长405%,线上线下发展较为均衡。

(2)超级买手直播间。苏宁联合抖音,邀请多位明星和网红,搭建"超级买手直播间"带货,并保证直播商品较市场价低至少10%。10月30日—11月5日,苏宁超级买手直播间以2.42亿元销售额位列抖音"双十一"主播总榜第一。

(3)联通苏宁体育生态圈。苏宁也联动自身生态圈,将体育板块的欧冠、中超与电竞资源注入"双十一",打造球迷嘉年华,将赛事、内容、商品和消费者连接起来。

思考:

(1)2020年"双十一"全渠道销售数据,比起2019年,有什么特点?

(2)天猫"双十一"期间GMV4 982亿元,创过去三年最高增速,你怎么看?

# 任务一 认知全渠道营销效果评估指标

学前思考:作为全渠道营销专员,需要制定一些评估指标来客观反映企业全渠道营销效果,你会选择哪些指标?

在全渠道营销环境下,微博营销、微信营销、社群营销、抖音等短视频营销、小红书等社交媒体营销,已经逐渐取代原来的营销媒体成为新的营销传播通道,同时,营销传播平台和商品交易平台也合二为一,用户的线上线下全渠道数据融合趋势十分明显。全渠道营销效果评估指标体系与传统的营销效果评估指标体系相比发生了很大变化。

## 一、用户指标

### (一)用户分类指标

**1. 注册用户数**

注册用户数是指在网站或平台上注册为会员的用户数量,信息服务类网站、电子商务网站一般比较关注这个指标。

**2. 新增用户数**

新增用户数主要是指移动应用被下载安装之后,第一次启动App的用户数量。这个指

标主要是用于衡量营销推广渠道的效果,是 App 最基础的数据指标。

(1) 按照时间维度划分,新增用户可分为日新增用户、周新增用户、月新增用户。

(2) 按渠道来源划分,新增用户还可以分为渠道新增用户、运营商新增用户、地域新增用户。

如果新增用户占活跃用户的比例过高,就说明 App 的活跃主要依赖于推广拉新,反之则是 App 促活而成的。

### 3. 活跃用户数

活跃用户数是指那些在一定的统计周期内浏览网站、App、小程序等超过 5 分钟,或登录,或下单未付款,或购买等任一或多项行为的用户。同一身份的用户一个统计周期只统计一次。活跃用户一般用于衡量网站或 App 的运营现状,是真正意义上的用户规模。

活跃用户数根据不同的统计周期分为日活用户数(daily active user,DAU)、周活用户数(weekly active user,WAU)和月活用户数(monthly active user,MAU)。

每个用户总活跃天数(total active days per user,TAD),是指在一定的统计周期内,平均每个用户在 App 中的活跃天数,主要反映用户对 App 使用频率的高低。

### 4. 付费用户数

付费用户数是指为网站提供的相关服务而付费的会员用户数量。

### 5. 数字会员占比

数字会员是指拥有会员身份,并可被在线识别、可触达的会员。

$$数字会员占比 = \frac{数字会员数量}{全渠道会员数量} \times 100\%$$

## (二) 用户运营指标

### 1. 全渠道会员增长率

$$全渠道会员增长率 = \frac{新增全渠道会员数量}{原有全渠道会员数量} \times 100\%$$

统计周期可分为年度、季度、月度。全渠道会员增长率衡量统计周期内有全渠道购物行为的会员数量增长情况。

### 2. 用户渗透率

用户渗透率指的是在被调查的对象(总样本)中,一个品牌的产品(或一种服务)使用者的比例。

### 3. 用户流失率

用户流失量是指在特定时间段内离开产品(或服务)的用户数量。用户流失率在度量上是指已流失用户数占总用户数的百分比。

### 4. 用户参与率

用户参与度是指用户参与公司某项策划活动的积极程度。而用户参与率是指参与活动的用户数占总用户数的比例。

提高用户参与率对于企业营销策划有重要意义,不仅适用于活动策划、产品运营设计等方面,同时对于用户后期提出需求从而改进产品方案也具有举足轻重的作用。

### 5. 转化率

转化率是指在一个统计周期内,完成转化行为(如购物)的人数占访问用户的比率。转化率反映了 App 的盈利能力。

### 6. 留存率

用户留存率是指在某一个统计时段的新增用户经过了一段时间后,仍然使用这个网站(打开这个 App)的用户比例,包括次日留存率、7 日留存率、30 日留存率等,这个指标可验证 App 对用户是否具有吸引力。

数据表明,减少用户流失率,提升用户留存率,对企业(尤其是电商企业)来说最重要并且最有益。

### 7. 复购率

统计周期内有复购行为的用户数除以周期内全部购物用户数,以百分数形式表示。统计周期可分为月、周。复购率衡量可识别身份的顾客复购情况。

$$复购率 = \frac{统计周期内有复购行为的客户数}{周期内购物客户数} \times 100\%$$

## (三)用户满意度指标

### 1. 退货率

统计周期内退货订单数占全部订单数的比例,以百分数形式表示。可细分为线上退货率和线下退货率。

$$退货率 = \frac{退货客单数}{全部客单数} \times 100\%$$

复购率:经营好老顾客

### 2. 客诉率

统计周期内有投诉记录的订单数占周期内所有妥投订单数及顾客拒收订单数合计的比例,以百分数形式表示。客诉率用于衡量顾客投诉占比。

$$客诉率 = \frac{统计周期内有投诉记录的订单数}{周期内妥投订单数 + 拒收订单数} \times 100\%$$

### 3. 差评率

顾客差评数占全部评论数的比例,以百分数形式表示。

$$差评率 = \frac{差评数}{评价用户总数} \times 100\%$$

### 4. 顾客满意度

调查结果为满意的顾客数占接受调查的顾客总数的比例,以百分数形式表示。顾客满意度衡量顾客对商品、服务的满意程度。

$$顾客满意度 = \frac{调查结果为满意的顾客数}{接受调查的顾客总数} \times 100\%$$

## 二、图文指标

(1)信息发布量。信息发布量是指某一段时间内,公司在某个网络平台上所发布的信息数。

(2) 阅读量。阅读量是指一段时间内某篇文章被阅读的总次数,包含重复阅读次数。

(3) 推荐量。推荐量是指基于平台的推送机制(算法)、文章被推送给某些用户阅读的数量。

(4) 评论数。评论数是指用户对某个在售商品、某篇文章的所有评价数量。

(5) 转发数。转发数通常指文章或消息被用户转发给其他用户的总数量。

(6) 收藏数。收藏数是指某个商品、某篇文章被用户收藏的总数量。

(7) 订阅数。订阅数是指订阅(或关注)某个网络媒体或某个主页的总用户数量。

### 三、流量指标

(1) 点击量。点击量是指某一段时间内某个页面或者某个广告被点击的总次数。

(2) 浏览(page view,PV)量。浏览量是评价网站流量最常用的指标之一,是指网站或网页被浏览的总数量,用户对同一页面的多次访问可累计计算。

(3) 页面停留时间(time on page,TP)。页面停留时间是网站分析中的一个常见指标,用于反映用户在页面上停留时间的长短,可反映页面的黏性和用户体验的高低。

(4) 访问时长(length of visit,LV)。访问时长是指一次访问行为的时间长度。平均访问时长是指在一定统计时间内,浏览网站的一个页面或整个网站时,所有用户所逗留的总时间与该页面或整个网站的访问次数的比值。

(5) 下载量。下载量是指软件或应用在一段时间内被用户下载的总次数,是 App 推广工作的一个重要指标。

(6) 安装量。安装量是指 App 被用户安装的总次数。

### 四、价值指标

#### (一) 基础指标

**1. 销售额(或营业收入)**

门店销售额是指实际产生的销售额,包括线下门店、App、小程序、官网、第三方平台等产生的含税销售额(或营业收入),不包含退货及下单未付款的销售额。

$$线上销售占比 = \frac{线上销售额}{全渠道销售额} \times 100\%$$

销售额(gross merchandise volume,GMV),也称网站成交额,属于电商平台企业成交类指标,是指网页、移动端等线上成交总额,包含付款和未付款的部分,无论商品是实际出售、交付还是退货。具体包含销售额、取消订单金额、拒收订单金额、退货订单金额。GMV 销售额可细分如下。

到家业务销售额:采用到家服务模式产生的销售额。

自提业务销售额:采用自提服务模式产生的销售额。

社区团购销售额:采用社区团购模式产生的销售额。

**2. 客(订)单数(量)**

每日实现的交易笔数。可按用户下单、支付、配送、妥投、线上、线下等多种口径统计,时间维度可分为年、月、日等。

订单数＝访客数×转化率＝展现量×点击率×转化率

**3. 客单价**

$$客单价 = \frac{销售额}{客单数}$$

平均每位顾客的购物金额。根据销售渠道不同,可分为线上客单价和线下客单价。

客单价:如何卖贵与卖多

**(二) 转化率指标**

**1. 线上订单转化率**

$$线上订单转化率 = \frac{完成支付的线上订单数}{访客点击数} \times 100\%$$

线上订单转化率用于衡量线上商品对顾客的吸引力,转化率越高越好。

**2. 线上促销转化率**

$$线上促销转化率 = \frac{完成支付的线上促销订单数}{实际触达人数} \times 100\%$$

线上促销转化率用于衡量线上促销活动效果,转化率越高越好。

**(三) 增长率指标**

同比增长率:本期数值较上年同期数值的变化,以百分数形式表示。依据不同对比周期,指标可分为年度同比、季度同比、月度同比、日同比等。

$$同比增长率 = \frac{本期数值 - 上年同期数值}{上年同期数值} \times 100\%$$

环比增长率:本期数值较上期数值的变化,以百分数形式表示。依据不同对比周期,指标可分为年度环比、季度环比、月度环比、周环比、日环比等。

$$环比增长率 = \frac{本期数值 - 上期数值}{上期数值} \times 100\%$$

可比增长率:基于相同样本的同比增长率,计算方法与同比增长率一致。被纳入统计的样本应满足对比的前后周期全周期运营。

$$可比增长率 = \frac{本期数值 - 上年同期数值}{上年同期数值} \times 100\% (前后两个统计周期样本不变)$$

**(四) 成本收益指标**

(1) 每次安装成本(cost per install,CPI),是引导一名用户安装 App 所花费的平均成本。

(2) 平均获客成本(customer acquisition cost,CAC),主要指企业获取一个客户所花费的成本,是一个影响公司估值的指标。

### 案例分享　　电商获客成本3年增10倍

根据财报测算,2018年,京东获客成本达到1 503元,2016年这一数字为142元。相比之下,阿里2018年的获客成本为390元,尽管比2016年的526元有所下降,但也高出2015年的166元2倍多(图6-1)。

如果说新增活跃用户数量反映电商企业的获客能力,获客成本则是华尔街投资者判断电商企业成长性和盈利前景的重要指标。从获客成本来看,不论是阿里、京东还是唯品会,电商平台纷纷出现获客成本抬升的现象,直接显示出获客之难。

这也是为何 2018 年以来,拼多多会成为电商企业乃至所有互联网公司学习对象的原因。通过用户的人际传播以及激活下沉市场小型商家的供应链,拼多多利用拼购业务节省了大量的获客成本和渠道成本,在阿里和京东两大电商巨头的眼皮底下活生生走出了第三条路。但是,2018 年第四季度拼多多的获客成本已经高达 142.86 元,较 2017 年同期的 17.38 元大幅攀升,全年拼多多销售和营销支出高达 134.418 亿元,超出公司全年营收。

各大电商平台获客成本的抬高,在一定程度上可以反映出获客的难度在升级。

但这一指标往往忽略电商平台老用户留存而付出的费用,因此更合理的计算方式应该是当期营销费用除以当期活跃买家,这一计算方式更能反映电商平台对用户的运营能力。同样以拼多多为例,2018 年的营销费用为 134.42 亿元,相对应的平均月活用户达 4.185 亿元,这意味着拼多多单一用户获取与留存成本为 32.11 元,与阿里(62.54 元)、京东(63.0 元)相比较低(图 6-2)。

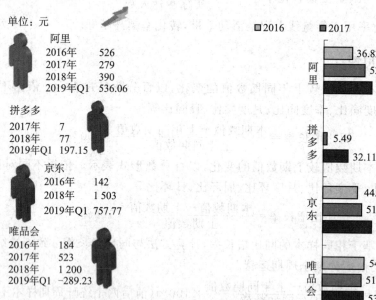

图 6-1  各大电商获客成本

图 6-2  用户获取与留存成本

资料来源:新京报,2019-06-13,经编者整理改编。

(3)每用户平均收入(average revenue per user,ARPU),即每个用户带来平均收入的金额,也可以只针对付费用户来计算 ARPU。

$$每用户平均收入 = \frac{总收入}{App 用户数}$$

(4)客户终身价值(life time value,LTV),指每个购买者在未来可能为企业带来的收益总和。

客户终身价值＝客户收入－（获客成本＋留存成本）

大多数创业公司的倒闭,源自获客成本超过客户终身价值。

(5) 投资回报率(return on investment,ROI):即企业从一项投资活动中得到的经济回报。

$$投资回报率=\frac{年利润或年均利润}{投资总额}\times100\%$$

# 任务二　分析全渠道营销效果

学前思考:如何评价并分析微信公众号推文的营销效果?

随着全渠道营销的普及化,全渠道数据分析已经成为必不可少的环节,它伴随着企业和产品的整个生命周期,通过分析全渠道营销各项数据可得出具有参考价值和执行价值的报告,从而对全渠道营销进行科学的指导。

## 一、全渠道营销效果分析的步骤

全渠道营销效果分析通常需要五个步骤,包括制定目标、挖掘数据、处理数据、分析数据、总结数据。

投放型流量矩阵:品效合一双管齐下

**1. 制定目标**

对于营销效果分析人员而言,全渠道营销效果分析是为了能够更科学地制订营销计划、更精准地评估营销效果。在进行营销效果分析前,首先应当制定目标,即先要知晓进行营销效果分析的原因:是想了解运营情况,还是想了解销售情况。如果没有制定目标,那么做出的数据分析将会不精准。例如,某微信公众号运营人员想要了解近期微信公众号为什么涨粉比较缓慢,通过这个需求可以进一步得出近期微信公众号推广没有做好的结论,那么只需要针对近期推广微信公众号的渠道查找原因,查找哪个渠道出了问题即可。

**2. 挖掘数据**

在制定了分析目标后,数据分析人员就需要根据目标有针对性地挖掘数据。挖掘数据前首先需要进行数据来源分析。例如,要想找到微信公众号营销失误的环节,其对应的数据即为粉丝来源数据、粉丝取消关注数据等;想要确定适合在网上售卖的产品,对应的数据即为产品页面的浏览量、产品的销量、产品的评价数据等。

数据来源分析完成后,数据分析人员就可以进行新媒体数据的挖掘。挖掘数据可以从后台数据、第三方数据及手动统计三方面入手。

(1) 后台数据。如果需要分析的数据在新媒体平台的后台可以找到,就无须花费过多的时间进行挖掘,可以直接在后台下载、复制。常见的可以直接获取的数据包括微信公众号数据、微博阅读数据等。

(2) 第三方数据。当在新媒体后台无法获取某项数据时,就需要借助相关工具,在授权后利用第三方工具进行数据的挖掘。目前可获取的第三方数据主要包括网站的点击数据、访问来源数据以及用户属性数据等。

（3）手动统计。如果需要分析的数据在新媒体后台和第三方数据中都无法获取，就需要数据分析人员进行手动统计，如多平台的阅读总量数据等。

**3. 处理数据**

在挖掘新媒体数据后，往往不能直接使用挖掘的数据，还需要数据分析人员对数据进行处理。处理数据主要包括删除无效数据、合并重复数据、组合相关数据三个部分。

（1）删除无效数据。在统计过程中难免会有一些无用的字符或与目标不相关的数据，那么在数据处理中就需要进行删除，否则多余的数据可能会给后面的工作带来一定难度。例如，在分析网站的流量数据时，就只需要了解其页面的浏览量、访客数等数据。

（2）合并重复数据。合并重复数据是因为有些后台的数据有重复性，合并重复数据后统计出的数据更直观。

（3）组合相关数据。原始数据中会有不同的数据混合在一起，因此需要将相关数据进行组合。

**4. 分析数据**

数据在经过处理后就可以进行分析了，常见的数据分析类别有流量分析、销售分析、内容分析和执行分析。

（1）流量分析。主要是对网站流量和移动端的流量进行分析，对网站流量的分析主要是对跳出率、访问量、访问时间等数据进行分析，对移动端流量的分析主要是对流量、H5访问量等数据进行分析。

（2）销售分析。主要是对网上销售的数据进行分析，销售数据除包括下单数量、二次购买率以及支付比例外，还包括网上预订、线下支付的订单。

（3）内容分析。主要是指对各新媒体平台的内容数据进行统计，如微信公众号阅读量、微博粉丝数、头条号推荐量等。通过对基础数据进行分析，营销人员可以及时调整文章内容、标题。

（4）执行分析。主要是指对营销人员进行考核，包括文章撰写速度、文章质量、软文发布频率等方面。

**5. 总结数据**

在数据分析完成后，还需要总结数据。总结数据不仅有利于沟通新媒体营销的情况，还便于分析全渠道营销结果、总结新媒体营销规律、制订新媒体整体营销规划。一般而言，新媒体的营销情况、同行的新媒体营销情况以及行业的新媒体发展趋势等都对营销有指导意义，只有对数据进行总结，才可以根据数据制订下一环节的营销计划。

## 二、全渠道营销效果分析的方法

常见的新媒体数据分析的方法主要包括直接评判法、对比分析法、结构分析法、漏斗图分析法、雷达图分析法等。

**1. 直接评判法**

直接评判法是指营销人员根据营销经验，直接对具有分析性的数据下定义，判断营销效果是否符合要求，通常是从评估近期阅读量、销量以及当日文章推送量是否正常等方面入手。但是要想用直接评判法进行数据分析,需要满足两个条件:①营销人员必须有丰富的新媒体运营经验,可以对阅读量等信息有正确的评估能力;②经过加工处理的数据要够直观,可以直接代表某数据的某个指标。

例如,某企业于2021年5月18日采用了线上活动进行微信公众号营销,并在营销前后进行了微信公众号粉丝的数量统计。2021年5月12日—2021年5月17日,该公众号日均粉丝增加10个左右,在5月18日当天增加了近2000个粉丝。因此可以直接利用后台粉丝数评估并改善营销活动的效果。

**2. 对比分析法**

对比分析法是将两个或两个以上的数据进行对比,分析差异,进而揭示这些数据所代表的规律的一种方法。对比分析法分为纵向分析法和横向分析法,纵向是指不同时间段同一指标的对比,横向是指同一时间段不同指标的对比。

在进行数据分析时,单个的数据分析只能体现单一的变量,如某一天的流量、销量,如果将某段时间内不同时期的流量、销量进行对比,就可以得到更多的信息,如流量增加或降低、销量提高或减少等。通过比较数据中某个相同的因素,对其他的数据进行对比分析,可以得到企业经营过程中各种数据的变化情况,从而更好地发现并解决问题。

例如,从某企业第四季度的产品销售额对比情况可以看出,11月的销售额最高,12月的销售额最低。那么就要对销售额上升与下降的原因进行分析,包括是否是"双十一"活动导致销售额上升,或是市场行情、引流不佳、竞争对手导致销售额下降,下降的幅度是否正常。分析出原因后再有针对性地解决问题。

通过对比分析法可以直接了解营销的质量以及目前的营销水平。一方面可以找到当前比较有优势的环节,后期予以保持;另一方面可以及时发现当前薄弱的环节,进行优化突破。

**3. 结构分析法**

结构分析法是在统计分组的基础上,将组内数据与总体数据进行对比分析的一种方法。结构分析法分析各分组占总体的比例,分析的是相对指标。

**4. 漏斗图分析法**

漏斗图分析法是指通过对营销各个环节的流程进行对比分析,这种方法能够直观地发现并说明问题,如对营销各个环节的转化(从展现、点击、访问、咨询、成交的角度进行分析,图6-3)和用户各阶段的转化比较等进行分析。漏斗分析法的各项数据是逐步减少的,要想取得更好的效果,可以不断扩展漏斗的开口。

**5. 雷达图分析法**

雷达图分析法常用于指数分析,如通过对新媒体账号的内容质量、领域专注等不同维度的计算得出的客观评分结果。百家号指数、大鱼号星级指数用的都是雷达图分析法。百家号指数(图6-4)通过机器和人工评定相结合的方式评估作者最近30天的表现,从内容质量、活跃表现、领域专注、原创能力、用户喜爱5个维度打分并通过加权计算得出分数,每个维度的满分均为1000分,分数越高代表账号的质量越好,越能获得更优的等级与权益。

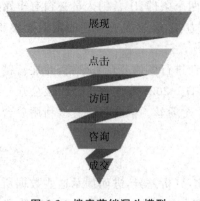
图6-3 搜索营销漏斗模型

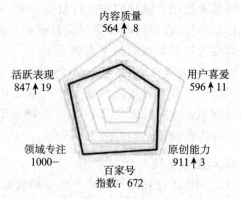
图6-4 百家号指数

 拓展知识　　　　　　　全渠道营销数据分析的常见误区

作为开展与改善营销计划的依据,数据分析要保证分析结果的准确性,因此营销人员必须熟悉数据分析的误区,避免因为自身问题而使分析结果产生误差,下面对常见误区分别进行介绍。

(1) 错误选取分析样本。数据分析的样本选取非常重要,营销人员在分析前一定要明确所选取数据样本的时间和范围等,通过制定相同的抽样规则来保证数据分析结果的准确性、公正性。特别是在使用对比分析法进行数据分析时,必须保证对比条件相同,否则会使结果产生偏差。

(2) 忽略沉默用户。活跃用户的需求并不等同于所有用户的需求,也不等同于产品或服务的核心需求,在以用户需求为中心的前提下进行数据分析时,不要以部分用户的反馈做最终的决策,应该听取不同用户的意见,包括沉默用户,从大部分目标用户的需求出发进行数据分析。

(3) 过度依赖数据。数据是分析的基础,但过度依赖数据可能会限制营销人员本身的创意和能力。网站、新媒体平台、第三方工具等数据分析平台中的数据信息众多,太多的数据不仅会增加营销人员的负担,还会使营销人员浪费大量的时间在没有太多价值的数据上。因此,营销人员在进行数据分析时,还要对数据进行筛选,侧重主要数据,忽略没有价值的数据。

(4) 逻辑关系混乱。数据分析有因果关系和相关关系。因果关系是指A导致了B的发生,相关关系是指由于同一个事件出现了A和B等多种结果。在进行数据分析时,一定要明确各项数据分析指标之间的逻辑关系,避免出现常识性或逻辑性错误,导致最终的营销计划产生偏差。如影响销量的因素可能有产品质量、价格、促销力度、用户评论等,如果只针对某一项因素进行调整,可能并不能达到理想的效果。

# 能 力 训 练

## 微信公众号推文营销效果分析

全渠道营销效果评估的目的不仅用于考核,同时还是优化企业全渠道营销效果的重要手段。只有立足于数据分析的营销效果评估,才能更好地掌握用户需求,发现营销过程中的问题与商机,及时调整营销方向、控制营销成本、提升营销效果。

## 一、训练内容

组建共同学习小组,每个小组选择一个微信公众号平台,对其后台数据进行分析,主要包括用户数据分析、图文数据分析、菜单数据分析、消息数据分析、接口数据分析和网页数据分析6大模块的内容,根据数据分析的结果发现问题并解决问题,提出优化企业微信公众号营销的可行性方案。

## 二、训练步骤

**1. 选择目标微信公众号并收集相关资料**

根据小组具体情况选择目标微信公众号,通过微信公众号后台的"统计"功能获取相关数据。

**2. 整理分析相关资料**

根据前期收集资料,结合企业相关情况,选择微信公众号营销效果评估相关指标,并进行分析,提出优化方案。

**3. 绘制思维导图**

利用百度脑图或其他思维导图绘制工具,绘制微信公众号营销优化方案思维导图。

**4. 撰写营销效果评估方案**

根据前期讨论结果,撰写微信公众号营销效果评估方案。

## 三、训练要求

**1. 训练过程**

通过自主探究、教师辅助指导的方式完成训练任务。

(1) 教师布置任务。
(2) 学生组建共同学习小组(建议 3~5 人),确定小组成员分工。
(3) 初步查找企业资料。
(4) 小组讨论明确目标企业。
(5) 进行二次信息收集。
(6) 根据所学内容,整理分析相关资料。
(7) 共同绘制思维导图。
(8) 提交营销效果评估方案。

**2. 训练课时**

建议训练课时:课内二课时;课外二课时。

## 四、训练成果

(1) 思维导图一份。
(2) ××微信公众号营销效果评估方案一份。

# 参考文献

[1] 魏振锋. 移动营销[M]. 北京:高等教育出版社,2019.

[2] 杨韵. 网络营销:定位、推广与策划(微课版)[M]. 北京:人民邮电出版社,2021.

[3] 肖凭. 新媒体营销实务[M]. 北京:中国人民大学出版社,2018.

[4] 李飞. 零售革命[M]. 北京:经济科学出版社,2018.

[5] 李飞. 全渠道零售设计[M]. 北京:经济科学出版社,2019.

[6] 陈继展. 百货零售全渠道营销策略:实体渠道+线上渠道+移动端渠道[M]. 北京:企业管理出版社,2017.

[7] 时胜利. 新零售全渠道营销实战:获客、成交、复购与裂变[M]. 北京:人民邮电出版社,2019.

[8] 刘亚男,胡令. 新媒体营销:营销方法+平台工具+数据分析(微课版)[M]. 北京:人民邮电出版社,2021.

[9] 刘望海. 新媒体营销与运营:从入门到精通(微课版)[M]. 北京:人民邮电出版社,2018.

[10] 赵轶. 新媒体营销与策划[M]. 北京:人民邮电出版社,2020.

[11] 黑马程序员. 新媒体营销教程[M]. 北京:人民邮电出版社,2017.

[12] 杜一凡,胡一波. 新媒体营销:营销方式+推广技巧+案例解析[M]. 北京:人民邮电出版社,2017.

[13] 秋叶/张向南. 新媒体营销案例分析:模式、平台与行业应用[M]. 北京:人民邮电出版社,2017.

[14] 陈彦宏. 微视频运营与营销:低成本获取海量用户的营销新玩法[M]. 北京:中国经济出版社,2018.

[15] 李桥林. 爆品营销[M]. 天津:天津科学技术出版社,2019.

[16] 营销铁军. 场景营销[M]. 苏州:古吴轩出版社,2020.

[17] 腾大鹏. 移动互联网营销:策略、方法与案例[M]. 北京:人民邮电出版社,2017.

[18] 罗敏. 场景连接一切:场景思维+场景构建+场景营销+案例实战[M]. 北京:电子工业出版社,2018.

[19] 谢涵博,陈松月. 从流量到留量:让你的产品实现低成本持续增长[M]. 北京:电子工业出版社,2020.

[20] 何兴华. 流量制造[M]. 北京:东方出版社,2020.

[21] 李红术. 软文营销与内容运营:移动浪潮下的心智占领法则[M]. 北京:电子工业出版社,2018.

[22] 侯韶图. 新零售时代的智能营销[M]. 北京:中华工商联合出版社,2018.

[23] 王先庆,彭雷清,曹富生. 全渠道零售:新零售时代的渠道跨界与融合[M]. 北京:中国经济出版社,2018.

[24] 谭贤. O2O融合:打造全渠道营销和极致体验[M]. 北京:人民邮电出版社,2018.

[25] 刘导. 新零售:电商+店商运营落地全攻略[M]. 北京:机械工业出版社,2019.

[26] 维克托·迈尔·舍恩伯格,肯尼思·库克耶. 大数据时代[M]. 盛杨燕,周涛,译. 杭州:浙江人民出版社,2012.

[27] 曾弘毅. 淘宝、天猫网上开店爆品爆款一本通[M]. 北京:民主与建设出版社,2019.

[28] 吴越舟,赵桐. 小米进化论:创建未来商业生态[M]. 北京:北京联合出版公司,2021.

[29] 秋叶,秦阳,陈慧敏. 社群营销:方法、技巧与实践[M]. 2版. 北京:机械工业出版社,2016.